臺灣歷史與文化研究輯刊

初　編

第 8 冊

日人在臺企業菁英的社會網絡
（1895～1945）（上）

趙　祐　志　著

花木蘭文化出版社

國家圖書館出版品預行編目資料

日人在臺企業菁英的社會網絡（1895～1945）（上）／趙祐志
著 — 初版 — 新北市：花木蘭文化出版社，2013〔民102〕
目 6+196 面；19×26 公分
（臺灣歷史與文化研究輯刊 初編：第 8 冊）
ISBN：978-986-322-261-3（精裝）
1. 企業　2. 社會網絡
733.08　　　　　　　　　　　　　　　　　102002945

ISBN-978-986-322-261-3

9 789863 222613

臺灣歷史與文化研究輯刊
初　編　第　八　冊　　　　　ISBN：978-986-322-261-3

日人在臺企業菁英的社會網絡（1895～1945）（上）

作　　者　趙祐志
總 編 輯　杜潔祥
出　　版　花木蘭文化出版社
發 行 所　花木蘭文化出版社
發 行 人　高小娟
聯絡地址　235 新北市中和區中安街七二號十三樓
　　　　　電話：02-2923-1455／傳真：02-2923-1452
網　　址　http://www.huamulan.tw 信箱 sut81518@gmail.com
印　　刷　普羅文化出版廣告事業
初　　版　2013 年 3 月
定　　價　初編　30 冊（精裝）新臺幣 60,000 元
版權所有·請勿翻印

日人在臺企業菁英的社會網絡
（1895～1945）（上）

趙祐志　著

作者簡介

趙祐志,國立臺灣師範大學歷史系博士,現任市立新北高中歷史科教師、國立清華大學歷史所兼任助理教授、真理大學人文與資訊學系兼任助理教授,曾任國立三重高中教師會理事長、學務主任、教務主任、康熹版高中歷史教科書編纂委員、《續修臺北縣志文教志》編纂委員,重要著作有:《日據時期臺灣商工會的發展(1895～1937)》(稻鄉出版社,1998年出版)、〈躍上國際舞臺——清季中國參加萬國博覽會之研究〉、〈順和棧在橫濱(1864～1914)〉、〈日治時期高雄陳家的資本網絡分析〉、〈大眾の崛起——日本統治時代臺北商工協會の發展〉、〈洋和尚會唸經:臺灣第一期經建四年計劃與外國顧問〉等70餘篇論文。

提　　要

　　本文運用大量的《人名鑑》、《企業年鑑》及《臺灣實業界》等雜誌,重建日人在臺企業菁英的社會網絡。本文論述社會網絡,大致循親人、熟人、生人三個層次開展,第壹章討論親緣網絡,屬於親人層次的社會網絡,第貳章的地緣網絡、第參章的學緣網絡,屬於熟人層次的社會網絡,而第肆章的政治網絡,則已接近生人層次的社會網絡。在此架構下,各章切入論述下列問題:

　　第壹章將討論親緣網絡,主要論述日人在臺企業菁英如何繼承事業,又如何運用親戚的力量,幫助企業經營與壯大。其下共分三節,第一節將蒐集126個事業繼承事例,並從中歸納繼承人的身份,藉此刻描日人繼承制度看重單嗣繼承、養子繼承、襲名繼承等特性,並述及「同族」企業(即建構涵括「本家」、「分家」、「別家」的企業)在臺逐漸萌芽的事例。再者,將比較臺、日人繼承制度的差異,以及日人不重血緣關係之繼承制度,對企業運作的影響。第二節、第三節將分別蒐集107個兄弟、伯叔姪關係事例及105個姻婭關係事例,並藉此討論這些關係對企業經營與擴大的影響,同時,將與臺人世家的財力,加以比較,藉此討論日人在臺企業菁英的門閥是否強大,再者,亦將討論臺、日人企業菁英通婚的概況,藉此討論臺、日人企業菁英在親緣網絡上的關聯性。

　　第貳章將討論地緣網絡與日人中小型企業營運的關係,論述日人在臺企業菁英如何引用同鄉者,在企業內建立壟斷勢力,又如何返鄉籌措資金、招募人才,利用地緣網絡創業成功的歷程。其下共分三節,第一節以彰化銀行為例,論述坂本魯素哉如何引進20～30名高知縣鄉親,進入彰銀擔任要職,並逐步排除臺人、其他籍貫日人,成功建構高知閥,以壟斷彰銀的領導階層。第二節以日治末期臺北三大商業資本財閥——盛進商行、高進商會、菊元商行為例,論述中辻喜次郎、藤川類藏、高橋由義、高橋豬之助父子、重田榮治等人,如何引進家鄉之財力、人力,建構地緣網絡的企業,導致盛進商行、高進商會、菊元商行的領導幹部,分為富山、德島、香川、千葉、山口等縣人所壟斷。第三節則再舉11個鄉土閥企業,說明賴地緣網絡建置的鄉土閥企業,多為百萬圓以下之企業,同時,存於採煤、雜工業、運輸、銷酒、建材各業中,另外,不止出現於民營會社,官營會社亦曾運用,藉此說明日人在臺企業菁英運用地緣網絡的普遍性。再者,將從日人在臺企業菁英看重府縣人關係、府縣人會,而較輕視町會的史實中,分析日人在臺企業菁英對臺灣的認同問題。

第參章將討論學緣網絡與日人大型企業營運的關係，論述日人在臺企業菁英如何運用學緣網絡提升企業經理人員的素質，又如何運用學閥之勢力控制人事。其下共分二節，第一節以臺銀為分析場域，蒐集 127 個人事升遷事例，論證東京帝大政治科、英法科、東京高商等學閥，在臺銀人事升遷上的優越地位。第二節以臺灣製糖、大日本製糖、明治製糖、鹽水港製糖為分析場域，蒐集 347 個人事升遷事例，論證東京帝大、慶應大學、東京高工、東京高商、札幌農校等五所公私立名校的畢業生，在四大製糖會社人事升遷上的優越地位。

　　第肆章將討論政治網絡與官控會社營運的關係，論述政黨輪替如何影響官控會社的人事更迭，再者，臺灣總督府如何安插大量退職官吏，在官控會社及臺灣企業界建立一個退職官吏網絡，壟斷利益。其下共分三節，第一節以臺電為例，說明政友會、憲政會及民政黨等政黨派閥交替執政，如何遷動官控會社人事的更迭。第二節論說臺灣總督府為掌握香蕉利益，如何在既有的交易秩序中，創置臺灣青果會社、青果同業組合兩個系統，並大量安插退職官吏轉入，導致臺灣青果會社四成的領導幹部皆為退職官吏，藉此退官網絡統制香蕉的銷售網絡，並將香蕉利益重行分配給臺、日兩地日人政商的過程。第三節則蒐集 500 個退職官吏轉入企業界的事例，討論他們或自由創業，或轉進民營企業、官控會社、組合任職，或獲授專賣品批發特權的概況。

　　結論將綜合比較臺、日人菁英在這四類社會網絡上的差異及聯繫。在差異部份將說明臺人菁英雖無緣參與日人的社會網絡，但亦有相應或替代的社會網絡，這些社會網絡不僅難被日人所征服，有時甚或會彰顯相當的主體性。在聯繫部份則討論在這四大社會網絡上臺、日人合作、交集的概況。最後，則討論在臺日人企業菁英對臺灣認同的問題。

　　整體而言，過去日治時期臺灣史的研究，較偏重臺人的活動，而較忽略日人的研究，再者，有關殖民政府如何建構統治體制，以創造日人優勢，亦較偏向有形硬體的研究，本文想從相反的視角出發，以日人企業菁英為研究重點，論述他們如何透過無形的社會網絡，向親戚、鄉親、校友、同志尋求支持的力量，藉以壟斷人事，或賴此籌集資金、人力、物力，以茁壯企業的實力，為日人企業在陌生的臺灣環境中增添發展的機會。其次，本文希望從臺、日社會網絡差異的討論，探索臺、日人群我意識之別的根源及其互動之片影。再者，亦可藉此刻描日人根植臺灣的程度，以及與日本帝國聯繫之狀況。

目次

附　圖

緒　論

　　以往日治時期台灣史的研究，較偏重台人的活動，有關日人的研究則較缺乏，以社會菁英的研究為例，大致以吳文星所著《日據時期台灣社會領導階層之研究》一書較為完整，〔註1〕吳著即是有關台人社會菁英的研究，但日人高居統治者之位，其動向勢必會牽動台灣社會的發展，故惟有亦探討日人的活動才可獲致更周延的研究成果。

　　當筆者抱著研究日人菁英的想法後，正巧翻閱了《台灣實業界》（1929～1941 年）這份雜誌，在此雜誌中，有頗多關於高知縣人、福岡縣人分別壟斷彰化銀行、台灣製鹽兩家公司高層人事的記載，同時，亦有若干東京帝大、慶應大學、東京高工的畢業生，分別掌控台灣製糖、大日本製糖、明治製糖三家公司領導幹部職位的報導，這些資料顯示：日人企業的某些領導階層經常會優先拔擢具有同鄉、同校關係者，並逐漸在公司內部形成派閥，藉以凝聚力量、壟斷人事。其次，筆者在翻查《台灣人士鑑》等名人簡歷資料時，又發現許多日人在台企業菁英的親戚關係，而這些親戚關係亦常與企業的繼承和營運高度相關，於是，筆者又開始注意日人企業菁英的親戚關係。再者，筆者在閱讀黃昭堂的《台灣總督府》一書時，看到在文官總督時代，每當日本中央政府政黨輪替時，經常導致台灣總督府人事更迭的論述，〔註2〕這讓筆者想到當時官營企業的人事是否亦是如此，將此想法印證於《台灣實業界》、《台灣民報》、《台灣新民報》等資料，果然發現也有頗多這類的報導，此又

〔註 1〕吳文星著《日據時期台灣社會領導階層之研究》（台北：正中書局，1992年）。

〔註 2〕黃昭堂著，黃英哲譯，《台灣總督府》（台北：自由時代出版社，1985 年）。

令筆者對日人在台企業菁英的政治網絡感到好奇。

　　其後，筆者看到 1932 年《南瀛新報》記者泉風浪所著《人與閥》一書的微捲，對於日人重視那些閥閱關係有更深刻的理解。該書指出：日人在台的官界、民界中，充斥著各種閥閱，各閥閱之間經常反目對峙，在行政官廳，按畢業學校可分爲赤門派（東京帝大畢業者）、京大派、高師派（東京高等師範畢業者）、私大特進派等，按政黨派閥則可以分爲政友系和民政系；在司法界有京大派和東大派；在農技系統有札幌派〔註 3〕和駒場派（東京帝大農科畢業者）；在醫學界有大學派（包括東大派、京大派）和醫專派（包括內地醫專派、台灣醫專派）；在中、高等教育界有東京高等師範出身的茗溪派和反茗溪派；在初等教育界則有灣製派（台地國語學校畢業者）和內地移入派；另外，泉風浪還詳述了日人如何運用姻戚、同鄉關係結成閨閥、鄉土閥的諸多事例。〔註 4〕

　　筆者將泉風浪在《人與閥》中所討論的閥閱關係，加以歸結、轉化，可以看到閨閥即爲親緣網絡之一，而鄉土閥、學閥、政黨派閥則分別爲地緣網絡、學緣網絡、政治網絡。其實，非正式的社會網絡複雜多元，每一時代、地區所重視者亦往往有別，這四類非正式的社會網絡能被觀察較敏銳的新聞記者泉風浪選中，足見這四類非正式的社會網絡的確是當時日人較看重者，故本文將之作爲討論的重心，自然較易貼近了解當時日人社會網絡的眞貌。

　　晚近，在社會學中有關社會網絡的研究已更加受到重視，〔註 5〕大體而言，社會網絡學者反省了亞當・斯密（Adam Smith）自由競爭、泰勒（Frederick W. Taylor）科學管理、韋伯（Max Weber）科層組織的理論，認爲社會網絡中

〔註 3〕　泉風浪，《人と閥》（台南：南瀛新報社，1932 年），自新渡戶稻造博士引進札幌農校畢業生後，台灣總督府的農務系統即爲該校畢業生所壟斷，1918 年後札幌農學校改制爲北海道帝大，另有部份分入東北帝大農科。札幌農學校畢業生在農業部門任職的狀況，可以參見吳文星，〈札幌農學校と台灣近代農學の展開──台灣總督府農事試驗場を中心として〉，《日本統治下台灣の支配と展開》（名古屋：中京大學社會科學研究所，2004 年），頁 481～522。

〔註 4〕　泉風浪，《人と閥》（台南：南瀛新報社，1932 年）。

〔註 5〕　社會學家對社會網絡的研究，發軔於 1930 年代，但遲至 1954 年，英國學者巴恩斯（J. Barnes）才在有關挪威南部村落的研究，首度使用社會網絡一詞。其後研究漸多，至 1980 年代，美、法學者又從社會網絡的研究中，帶出社會資本的理論，迄今社會網絡、社會資本的研究，已漸成社會學中的顯學，有關社會資本的研究可以參見林南著，張磊譯，《社會資本──關於社會結構與行動理論》（上海：上海人民出版社，2005 年）一書。

的人群，擁有更多的信任與關懷，能比自由競爭、科學管理、科層組織節省更多的成本，例如：企業在尋覓人才、籌集資金時，往往並非直接取自市場，通常是央請值得信賴的夥伴代為尋找，所以是透過社會網絡覓得，而非來自市場。又如：社會網絡常能將冰冷的上司下屬關係，轉換成帶有人情味的學長、學弟關係，或是親密的戚友、鄉親關係，因此，亦常比等級制度更為平等、互惠。再者，縱向聯繫的科層組織，偏重以威權系統監控複雜的交易，常須耗費昂貴的成本，而導致組織的衰敗，反觀橫向聯繫的社會網絡，其成員因具有共同的目標和強烈的團結感，故可滋養更多的信賴和靈活，進而刺激工作熱情和榮辱與共之感，達到降低監控成本的目的。〔註6〕簡言之，善用社會網絡者既較易創造優勢，因此團體中的成員經常會運用各種社會網絡，另外結成關係更緊密的次團體，用以競爭、壟斷資源，故惟有仔細察考團體內部的社會網絡，才可較精準分析各種人事的動向。

　　自從矢內原忠雄《帝國主義下之台灣》〔註7〕、涂照彥《日本帝國主義的台灣》〔註8〕二書，對移植日本資本主義的基礎工程進行研究後，有關日治時期殖民政府如何建構國家統治體制，創造日人優勢，即較偏重有形的基礎工程，如：鐵路、公路、港口、水圳、水道、電力、都市、衛生建設及舊慣、土地林野調查等，或是武力威嚇，如：軍事鎮壓抗日事件、警察監控政治社會運動、建立各種社會動員體制等。然誠如前述，透過社會網絡可更有效凝聚力量，日人為增強競爭、壟斷資源的能力，〔註9〕亦常藉翻製日本內地社會網絡或新創社會網絡，以創造優勢，故從無形之社會網絡的視角切入研究，是值得嚐試的途徑。

〔註6〕周雪光，《組織社會學十講》（北京：社會科學文獻出版社，2003年），第四講。

〔註7〕矢內原忠雄著、周憲文譯，《日本帝國主義下之台灣》（台北：帕米爾書店，1985年）。

〔註8〕涂照彥著，李明俊譯，《日本帝國主義下的台灣》（台北：人間出版社，1991年）。

〔註9〕林忠正，〈威權主義下弱勢團體相互剝削的循環〉，吳忠吉等著，《解剖台灣經濟——威權體制下的壟斷與剝削》（台北：前衛出版社，1992年），頁161～163，言：美國經濟學家史蒂芬‧馬基（Stephen Magee）所言：「經濟人」在角逐利益的同時，亦無不各顯神通，極力破壞市場自由競爭的機制，力圖以「無形之腳」（invisible foot），掙脫「無形之手」的宰制，親緣網絡、地緣網絡、學緣網絡等即可視為是此類的無形之腳，可以加強爭奪資源的能力。

　　以往有關日治時期台灣企業史的研究亦然，對有形之硬體的研究已經不少，但對無形之軟體的研究則甚缺乏，就有形實體的整體研究言，在日治時期以矢內原忠雄、大山綱武、黑谷了太郎、本多保太郎等四人較爲重要，矢內原在《帝國主義下之台灣》一書中，詳論了製糖會社資本主義化的歷程，同時，亦述及台灣電力、台灣銀行、台灣青果等官營企業的發展，大山綱武在〈在台灣的財閥之活動〉一文中，〔註10〕泛論統制經濟前後土地資本型、產業資本型、商業資本型、內地資本型財閥的動向，另外，本多保太郎、黑谷了太郎則分著〈台灣製糖界的企業主體之變遷〉、〈本島銀行界的變遷及其現況〉，釐清了各製糖會社、各銀行的繼承系譜〔註11〕。戰後的學者，以周憲文、涂照彥最爲重要，周憲文所著《台灣經濟史》一書，〔註12〕內有諸多各類企業發展的概論，而涂照彥在《日本帝國主義的台灣》中，則將日人企業分爲國家資本、糖業資本、日本內地財閥資本、台灣本地日系中小資本四大類型，並在糖業資本、日本內地財閥資本如何入台擴張上，尤有精深的探討。

　　就有形實體的個案研究言，此一領域的論文，在碩博士論文上有：黃瓊瑤研究台灣銀行，〔註13〕葉金惠研究台灣青果，〔註14〕游重義、褚塡正、張靜宜研究台灣拓殖，〔註15〕賴建圖研究台灣合同鳳梨，〔註16〕吳政憲、林蘭

〔註10〕大山綱武，〈台灣に於ける財閥の活動〉，台灣經濟年報刊行會編，《台灣經濟年報》昭和 17 年版（東京：國際日本協會，1942 年）。大山綱武另有：〈台灣の事業と內地資本の動向──三菱財閥篇〉，《台灣時報》第 243 號（1940年 3 月）、〈台灣に於ける內地資本の動向（三）三井財閥の台灣資本〉，《台灣時報》第 262 號（1941 年 10 月）、〈台灣に於ける內地資本の動向（四）三井財閥の台灣資本〉，《台灣時報》第 263 號（1941 年 11 月）、〈台灣工業化と內地資本の動向〉，《台灣時報》第 268 號（1942 年 4 月）、〈古河財閥と台灣〉，《台灣時報》第 279 號（1943 年 3 月）等有關日本內地財閥在台灣活動的文章。

〔註11〕黑谷了太郎，〈台灣製糖界の企業主體の變遷〉，《台灣時報》昭和 10 年 1 月號（台北：該社，1935 年 1 月）。本多保太郎，〈本島銀行界の變遷とその現況〉，《台灣時報》昭和 7 年 10 月號（台北：台灣時報社，1932 年 11 月）。

〔註12〕周憲文，《台灣經濟史》（台北：台灣開明書店，1980 年）。

〔註13〕黃瓊瑤，《日據時期的台灣銀行》（台北：國立台灣師範大學歷史研究所，1990年碩士論文）。

〔註14〕葉金惠，《日本殖民經濟體系下台蕉問題研究》（台北：國立台灣師範大學歷史研究所，1992 年）。

〔註15〕游重義，《台灣拓殖株式會社之成立及其前期組織研究》（台北：國立台灣師範大學歷史研究所，1997 年碩士論文）；褚塡正，《戰時「台拓」的嘉義化學

芳研究台灣電力等，〔註 17〕惟這些論文多偏向官營企業的發展。在學者方面有：陳慈玉研究基隆炭礦〔註 18〕、鍾淑敏研究賀田組〔註 19〕、波形昭一研究辻利茶舖等，〔註 20〕這些論著已擴及民營企業的發展。最近，波形昭一更展開從公司歷史看日本經濟史（殖民地篇）的系列研究，重新刊印了台灣倉庫株式會社等戰前企業的社史。〔註 21〕

　　上述有關台灣銀行、台灣青果、台灣拓殖、台灣合同鳳梨、台灣電力、基隆炭礦、賀田組、辻利茶舖、台灣倉庫等公司的研究，都屬企業有形實體發展的研究，然而這些企業的人事和營運，經常受到各種無形社會網絡的影響，例如：台灣銀行的領導幹部多畢業於東京帝大政治、英法兩科，深受學

工場之研究（1938～1945）》（嘉義：國立中正大學歷史研究所，1999 年碩士論文）；張靜宜，《台灣拓殖株式會社與日本軍國主義》（台南：國立成功大學歷史研究所，2002 年博士論文）。另外還有：三日月直之，《台灣拓殖會社とその時代 1936～1946》（福岡：葦書房有限會社，1993 年）；張靜宜，〈台灣拓殖株式會社董事任用之分析〉，《台北文獻直字》民國 89 年 3 月號、〈台灣拓殖株式會社在南洋貸款投資事業之初探〉，《東南亞季刊》民國 87 年 7 月號、〈台灣拓殖株式會社組織推移之探討〉，《台灣風物》民國 87 年 6 月號；林玉茹，〈國家與企業同構下的殖民地邊區開發：戰時「台拓」在東台灣的農林栽培〉，《台灣史研究》民國 92 年 6 月、〈戰爭、邊陲與殖民產業：戰時台灣拓殖株式會社在東台灣投資事業的布局〉，《中央研究院近代史研究集刊》民國 93 年 3 月。

〔註 16〕賴建圖，《日治時期台灣鳳梨產業之研究》（台北：國立台灣師範大學歷史研究所，2001 年碩士論文）。

〔註 17〕吳政憲，《新能源時代——近代台灣電力發展》（台北：國立台灣師範大學歷史研究所，2002 年博士論文）、林蘭芳，《工業化的推手——日治時期的電力建設》（台北：國立政治大學歷史研究所，2002 年博士論文）。另外，還有：林炳炎，《台灣電力株式會社發展史》（台北：台灣電力株式會社資料中心，1997 年）、林蘭芳，〈日治末期台灣電力事業一元化（1940～1944）——台灣電力株式會社合併東西部民營電力事業〉，《台灣風物》第 53 卷第 4 期（台北：台灣風物社，2003 年 12 月），頁 119～145。

〔註 18〕陳慈玉，〈日本植民地時代の基隆炭礦株式會社——台灣土著資本家と日本財閥の事業研究〉，西嶋定生博士追悼論文集編輯委員會編，《東アジアの展開と日本》（東京：山川出版社，2000 年），頁 515～540。

〔註 19〕鍾淑敏，〈政商與日治時期東台灣的開發——以賀田金三郎爲中心的考察〉，《台灣史研究》第 11 卷第 1 期（台北：中央研究院台灣史研究所籌備處，2004 年 6 月）。

〔註 20〕波形昭一編著，《民間總督三好德三郎と辻利茶舖》（東京：日本圖書センター，2002 年）。

〔註 21〕波形昭一編，《社史で見る日本經濟史（植民地編）第六卷台灣倉庫株式會社二十年史》（東京：ゆまに書房，2002 年重刊）。

緣網絡的影響；台灣電力、台灣青果會社的人事更迭，則常受日本內閣政黨輪替的影響，深受政治網絡的支配；賀田組的創始人賀田金三郎利用親緣網絡，以養子賀田以武、賀田直治繼承事業，並重用女婿波多野岩次郎、妹婿中村五九介等人協助經營；台灣倉庫會社則因三卷俊夫擔任專務董事二十餘年，其善用地緣網絡，大量晉用同鄉，故公司的社員中約有 15% 爲山口縣人。從上述各例可知，若能對無形之社會網絡進行研究，當可對日人在台企業的運作有更深刻的了解。

　　本研究指稱之日人在台企業，係指曾將總公司置於台灣者，若依涂照彥的分類，日人企業可分爲國家資本、糖業資本、日本內地財閥資本、台灣當地日系中小資本四大類型。在國家資本企業上，大致涵括了台灣銀行（1899年創立）、台灣日日新報（1900 年創立）、台灣電力（1919 年創立）、台灣製腦（1919 年創立）、台灣青果（1924 年創立）、台灣合同鳳梨（1935 年創立）、台灣拓殖（1936 年創立）、台灣石炭（1941 年創立）等「官控會社」。本文將這些公司稱爲官控會社，其係雜揉御用會社、特殊會社、國策會社、統制會社而成，它們在進入戰時體制前，官方資本介入較多、配合官方政策的公司，文獻上多稱爲御用會社、特殊會社。1936 年，日本政府制定國策會社的相關法律，並依法設立台灣拓殖，又出現國策會社一辭。稍後，台灣總督府爲順遂統制經濟，扶植諸多統制會社，統制會社一辭又漸常見。然無論使用御用會社、特殊會社、國策會社、統制會社任何一辭，皆無法涵概這類公司在戰時體制之前、之後的不同轉變，故本文暫以官控會社一辭，來指稱人事升遷、營業內容深受官方支配的公司。

　　在糖業資本企業上，本文主要討論台灣製糖、大日本製糖、明治製糖、鹽水港製糖等公司。在台灣當地日系中小資本上，林林總總，甚爲繁雜，這些公司的企業主，有的甚至有了特殊美譽，例如：台灣煉瓦會社董事長後宮信太郎號稱磚瓦王、第二代金山王，盛進商行代表董事中辻喜次郎號稱台灣雜貨王，越智商店董事長越智寅一號稱台南雜貨王，菊元商行董事長重田榮治號稱百貨公司王，木村礦業會社董事長木村久太郎號稱第一代金山王、煤礦王，高進商會董事長高橋豬之助號稱鋼材王，大阪組董事長杉本三郎號稱工頭王，三五公司董事長愛久澤直哉號稱農王，植松材木店董事長平戶吉藏號稱木材王，東光興業會社董事長八十川清號稱肥皂王，台灣南部勸業無盡會社董事長栗山新造號稱搖會王，一六軒會社董事長森平太郎號稱糕餅王，

資生堂藥舖董事長中田銀三郎號稱賣藥王，巴商會董事長久米辛號稱鞋王，
賀田組創辦人賀田金三郎號稱東部開拓王，小川組董事長小川浩號稱第二代
花蓮王，杉原商店董事長杉原佐一擁有米穀界飛將軍、蓖麻王的美稱，丸一
組董事長本地才一郎擁有運輸界飛將軍的美稱，打狗整地會社董事長荒井泰
治曾被譽爲台灣的澀澤榮一，〔註22〕台灣產業會社董事長木下新三郎曾被譽
爲台北的澀澤榮一，赤司礦業會社董事長赤司初太郎則被譽爲台灣的淺野總
一郎，〔註23〕辻利茶舖董事長三好德三郎擁有台灣民間總督的美譽，花蓮港
電氣會社董事長梅野清太擁有東台灣民間總督、第一代花蓮王的美譽，關子
嶺軌道會社董事長津田毅一擁有南台灣民間總督的美譽。

　　至於三井、三菱等日本內地財閥資本，其旗下企業若將總公司置於台灣
者，亦屬於本文討論的範疇，這些公司大致如表 0-1-1 所羅列者。然較可惜的
是，三井物產、三菱商事、日本郵船、大阪商船、日本勸業銀行、三和銀行
等六大企業的支店長，在台地位甚高，被時人稱爲「民敕」的企業家，〔註24〕
但因其總公司並未設於台灣，故並不在本文討論之列。綜言之，能在上述企
業中擔任正副董事長、董監事、理事、正副經理、課股長等職位者，即爲本
文所指稱的日人在台企業菁英，亦即爲本文所討論的對象。

表 0-1-1：日本內地財閥旗下企業總公司設置於台灣者　　　單位：萬圓

公　司　名　稱	資　本　額	設立年代	所　屬　財　閥
台灣拓殖製茶	300～45	1918	三井
高砂興業製糖	150	1919	三井
高雄酒精	30	1913	三井

〔註22〕澀澤榮一（1840～1931），早年師事尾高新五郎，幕末初投入尊王攘夷運動，
　　　　後卻成爲末代將軍德川慶喜的家臣，隨團參訪法國萬國博覽會、考察歐洲各
　　　　國，眼界大開，從此立志振興實業，明治維新後官拜大藏少輔（財政部次長），
　　　　但因與大藏卿大久保利通衝突，棄官從商。1873 年，創辦第一國立銀行，其
　　　　後，陸續創立王子製紙、商法會議所，1880 年代後，更各業創立企業，一生
　　　　所創立之企業多達 500～600 家，以擅長創業著稱，其名言爲：論語中有算盤，
　　　　算盤中有論語。
〔註23〕淺野總一郎（1848～1930），富山縣人，1896 年創立東洋汽船，後又將觸角延
　　　　伸至造船、製鋼、水泥等業，並在 1917 年在高雄設立淺野水泥場，以富有經
　　　　營幹才著稱。
〔註24〕《台灣實業界》昭和 12 年 2 月號。

台灣莒麻罌	50	1941	三井
基隆炭礦	1,000～700	1919	三井
台灣火藥	35	1940	三井
圖南產業	50～60	1932	三菱
斗六產業	10	1938	三菱
台灣船渠	100～500	1937	三菱
東台灣電力興業	2,000～3,000	1939	三菱
台灣土地開拓	150	1919	大倉
卓蘭興業	20	1915	鈴木商店
日本拓殖	1,000～200	1919	鈴木商店
朝日製糖拓殖	350	1919	鈴木商店
台灣炭業	600～100	1920	鈴木商店
宜蘭煉瓦	60	1920	鈴木商店
台灣精製樟腦			鈴木商店
嘉義製酒			鈴木商店
高砂化學工業	100～250	1920	古河
台灣有機合成	500	1941	古河
台灣製麻	140	1912	安田
高雄製鐵	500	1943	安田
台灣黃麻	500		安田
台灣地所建物	100	1910	淺野
台灣淺野	500	1937	淺野
台灣肥料	100～200	1910	日產（滿重）
台灣礦業	1,000	1925	日產（滿重）
蓬萊漁業公司	100	1927	日產（滿重）
西村漁業	30	1927	日產（滿重）
台灣化學工業	1,000	1937	日產（滿重）
台灣水產開發	40	1941	日產（滿重）
新高水產開發	100	1942	日產（滿重）

台灣窒素	400	1943	日本窒素
台灣製鹽	500	1919	日本曹達
台灣霓虹	5	1936	理研
南邦工藝	5	1936	理研
台灣理興商事	18	1939	理研
南海興業	400	1940	東洋重工
益興炭礦	150	1920	東洋重工
南方水泥工業	400	1942	東洋重工
台灣重工業	750		東洋重工
南進海運	18	1939	山下汽船
台灣辰馬商會	100～75	1921	辰馬商會
台灣膠印	100	1921	辰馬商會
龜甲萬醬油販售	30	1929	辰馬商會
共同商事	50	1934	辰馬商會
台灣洗濯石鹼配給	19	1942	辰馬商會
日本芳釀	130	1915	安部幸兵衛商店
高砂麥酒	200	1919	安部幸兵衛商店
台灣三共	19	1941	三共製藥
台灣星製藥	125	1935	星製藥
台灣武田製藥	100	1941	武田製藥
台灣紡績	400	1941	伊藤忠
台灣電化	200	1935	電化
酒精運輸	200	1938	日本石油
台灣石油販售	100	1940	日本石油
台灣味之素			新鈴木商店
台灣鳳梨罐頭	20	1912	東洋製罐
台灣水產工業	6～15	1936	東洋製罐
台灣蕃茄製品共販	5	1938	東洋製罐
台灣罐頭共販	15	1938	東洋製罐

西台灣水產	100	1939	林兼商店
蓬萊漁產	16	1939	林兼商店
台灣興業	500～1,200	1935	台灣興業
台灣紙業	100	1933	台灣興業
台灣油脂工業	100	1935	台灣興業
台灣有機化成			住友
台灣纖維	1,000	1935	野村
台灣水泥	500	1937	野村

資料來源：涂照彥《日本帝國主義下的台灣》第四章、大山綱武〈在台灣的財閥之活動〉、周憲文《台灣經濟史》附錄及筆者的補充。

　　日人在台企業資本規模大小不同，其人事和營運主賴的社會網絡亦經常有異，大體而言，日治時期資本額在 500 萬圓以下者屬於中小型企業，資本在 500 萬圓以上者則為大型企業，親緣網絡、地緣網絡在中小型企業收效較宏，學緣網絡則在台灣銀行、製糖會社等大型企業運用較多。

　　再者，這些社會網絡有時亦會重疊，產生加乘效果，有時則會相互競爭與較量。就社會網絡的重疊加乘言，這可以台灣拓殖核心幹部山田拍探為例說明，山田官拜敕任官，其能在台灣總督府的農務系統崛起，既與其出身札幌農校系統，可得學閥之靠山有關，亦因其為台北企業界要角、憲政會眾議員柵瀨軍之佐的姪婿，故能獲得的閨閥支持，而其能娶柵瀨之姪女，又與其為柵瀨岩手縣的同鄉脫離不了干係，山田兼獲親緣、地緣、學緣三大社會網絡的奧援，故能官位扶搖直上（參見第壹章第三節）。再就社會網絡的競爭與較量言，這可以島田茂躓等晉升台灣銀行董事長為例加以說明，台銀董事長之位，原為東京帝大政治、英法兩科畢業生的禁臠，島田茂為東京帝大經濟科畢業生，並非出身此二科，但因其與大藏省次官黑田英雄為岡山縣的同鄉，自學生時代即經常出入黑田家，在岡山閥領袖黑田英雄的支持下，故能突破學閥，以大藏省一個特殊銀行課長的身份，躍升為台銀董事長（參見第參章第一節）。如以上兩例之情形者還有不少，但本文為求聚焦，論述時通常僅以某一社會網絡為主，至於社會網絡的重疊加乘、競爭較量，則論述較少。

　　由於日治時期距今已有相當時日，欲重建日人在台企業菁英的社會網絡實屬不易，筆者主要透過下列三大類資料，重構其生平、投資、任職、企業

營運的概況，並從中尋覓其間的親戚、同鄉、同校、政治關係。首先，就重建日人在台企業菁英生平的資料言，本文大致綜參下列《人名鑑》而成，茲按成書先後臚列如下：

書　　　　　名	成　書　年　代
《台灣實業家名鑑》	1912 年
《新台灣》大正 4 年 11 月號	1915 年
《台灣人物志》	1916 年
《台灣事業界と中心人物》	1919 年
《台灣商工十年史》	1919 年
《南國之人士》	1922 年
《最近の南部台灣》	1923 年
《評論台灣之官民》	1924 年
《新台灣の人人》	1926 年
《台灣の新人舊人》	1928 年
《台灣の事業界と人物》	1928 年
《台灣統治と其功勞者》	1930 年
《台灣官紳年鑑》	1932 年
《台灣人士鑑》昭和 9 年版	1934 年
《台灣の中心人物》	1935 年
《伸び行く台灣》	1936 年
《台灣紳士名鑑》	1937 年
《台灣人士鑑》昭和 12 年版	1937 年
《新台灣を支配する人物と產業史》	1940 年
《台灣人事態勢と事業界》	1942 年
《台灣人士鑑》昭和 18 年版	1943 年

　　第二，就重構日人在台企業菁英投資、任職概況的資料言，本文主要參酌下列三份《企業年鑑》而成：

　　1. 杉浦和作編纂的《台灣銀行會社要錄》（1923～1942 年）。

　　2. 千草默仙編纂的《會社銀行商工業者名鑑》（1928～1943 年）。

3. 竹本伊一郎編纂的《台灣會社年鑑》（1932～1943 年）。

這三份資料各有優劣，杉浦和作之書，成書年代最早，千草默仙之書，蒐錄公司最廣，又列有董監事的籍貫，竹本伊一郎之書，雖成書稍晚，但列有大股東的持股數及營業成績。根據這三份資料，筆者可以建構 1923～1943 年日人在台企業菁英的任職及投資概況，至於 1923 年之前，本文敘述則較爲簡陋，大致以成書年份較早的下列四份資料補白：

1. 杉浦和作編，《台灣商工人名錄》（1912 年）。
2. 鈴木常良編，《台灣商工便覽》（1918 年）。
3. 田中一二編，《台灣產業總覽》（1919 年）。
4. 佐佐英彥編，《台灣銀行會社要錄》（1920 年）。

其次，日治末期大塚清賢所編纂的《台灣大觀》系列作品，既有若干日人企業菁英的生平，亦有企業發展概況的描述，亦爲本文的重要參考資料，茲列於下：

1. 《台灣大觀》（1935 年）。
2. 《躍進台灣大觀（一）》（1937 年版）。
3. 《躍進台灣大觀（二）》（1937 年版）。
4. 《躍進台灣大觀續篇》（1939 年版）。
5. 《躍進台灣大觀續續編》（1941 年版）。
6. 《躍進台灣大觀四編》（1942 年版）。

第三，就重建日人在台企業之營運概況的資料言，主要參考下列三份雜誌報刊，這些雜誌內有頗多政商內幕的報導可供參用，茲羅列如下：

1. 《台灣實業界》昭和 4 年 1 月號～昭和 16 年 12 月號（1929～1941 年）。
2. 《台灣民報》、《台灣新民報》第 1～401 期（1923～1930 年）。
3. 《實業之台灣》第 1 卷第 1 號～第 17 卷第 12 號（1909 年 9 月～1925 年 12 月）。

本文所用之《企業年鑑》的編纂時間，大致在 1912～1943 年之間，故以日治中後期之討論較詳，但許多資料都會追述 1912 年以前的情形，同時，有關日人在台企業菁英的生平資料，亦多從其出生即記起，故載記 1912 年以前之概況者亦不少，再者，本文所述之親緣網絡、地緣網絡係與生俱來，學緣

網絡亦可溯及求學時代，這些社會網絡多在入台前即有所淵源，故綜上因素，本文在時間斷限上仍訂為整個日治時期。其次，由於並無日人在台企業菁英投資概況及任職年份的資料，這方面全係筆者耗費大量時間、精力，逐年翻閱查找三份企業年鑑所得，然限於資料，在 1923 年以前的資料，僅有 1912、1918、1919、1920 四個年份有資料，故任職年份在 1912～1923 年者較不精確，至於 1923 年以後，有時因某一企業菁英在年鑑纂成前即已去職，或是在年鑑纂成後才上任，故任職年份亦會有些微的誤差。此外，由於缺乏 1943 年之後的《企業年鑑》、《名人鑑》，故日人在台企業菁英 1943 年之後的動向，本文大致並未處理。

　　在有關日人在台企業菁英的活動記事方面，本文主要參考《台灣實業界》，然有時亦會與其他著作有所出入，例如：《台灣實業界》對台電董事長松木幹一郎的處事，以不良評價居多（參見第肆章第一節），與傳記《松木幹一郎》中所描述的形象，幾乎完全倒置，但松木的傳記係由其僚屬所編，可能有所偏坦，故本文毋寧採信《台灣實業界》之說較多。

　　本文除在上述史料中，發掘日人在台企業菁英的社會網絡外，還有許多先驅研究，亦有助於筆者觀察或對比日人社會網絡的特性。在親緣網絡上，討論日人特殊家族制度的論述頗多，許烺光早在 1975 年即出版《家元──日本的眞髓》一書，〔註 25〕從人類學的角度，比較日、華家族制度，論說日、華皆具有父子優位的親屬關係，但單嗣繼承和母子亞優位，使日人有別於華人，日人的「家 ie」和華人的「家 home」不同，沒有血緣關係者，亦可變成家的成員，這種「家元型」的人際關係，是近代日本工業化成功的基礎。日人學者堀江保藏在 1984 年出版《在日本經營史中「家」的研究》一書，〔註 26〕從經營史的角度出發，論說日人的特殊家族制度，不僅有助於經營權和所有權分離，同時，亦易於發展出終身雇用制、年功序列等日式企業管理的特色。其次，陳其南在《文化的軌跡》一書中，〔註 27〕比較中國、日本、西方的家族制度與企業組織的關係，他指出：歐美企業組織偏重契約關

〔註 25〕參見許烺光著，于嘉雲譯，《家元──日本的眞髓》（台北：國立編譯館，2000年）。

〔註 26〕參見堀江保藏，《日本經營史における「家」の研究》（京都：臨川書店，1984年初版）。

〔註 27〕參見陳其南，《文化的軌跡》下冊（台北：允晨文化實業股份有限公司，1986年）。

係和個人主義，日本企業組織重身份關係和共同體理念，中國則為「差序關係」導向的純營利經營方式，陳氏並推崇日人的養子制度，是其企業可擇優繼承、富過三代的秘方。再者，李永熾在《日本式心靈》中，〔註28〕從史學的角度，敘述德川時代武士、農夫、町人之家族制度的概要，李氏之文在日人養子的分類及「同族」制度的介紹尤為簡明。此外，在陳燕如的《中元普度與政商之間——日據時期基隆地方領袖的發展》一書中〔註29〕，對基隆台人宗親組織的研究，則可為本文之對照，在陳之論文中，可以看到台人如何利用日人所無的親族網絡——姓氏，凝聚力量，迫使日人統治者對其妥協。

在論述親緣網絡中的家族聯姻上，陳慈玉的〈婚姻與家族勢力：日治時期台灣基隆顏家的婚姻策略〉，敘述基隆煤業鉅子顏雲年、國年兄弟如何安排第二代的婚姻，物色周碧、丁瑞鉄等經營良材為婿，又如何與藍高川、許丙、謝汝詮、魏清德等世家結成兒女親家，互壯家勢，〔註30〕從陳慈玉的論文，可以窺見台人一流企業菁英頗知運用「姻緣」網絡，以助事業版圖的擴張，同時，陳文對於本文研究日人在台企業菁英的閨閥，亦有示範的作用。

再者，本文還參考了若干中、日文有關閨閥之論著，中文著作包括：司馬嘯青的《台灣五大家族》、《櫻花・武士刀》、《中日政商風雲誌》〔註31〕及陳柔縉的《總統是我家親戚》、《總統的親戚》〔註32〕，司馬嘯青之著，介紹了台人二十多個世家崛起的歷程，對板橋林家、基隆顏家、霧峰林家、鹿港辜家、高雄陳家五大家族的介紹尤詳，陳柔縉之書，則包羅當代三、四十個台籍、外省籍權貴之家的姻戚關係。日文著作則參酌：中嶋繁雄的《閨閥的

〔註28〕 參見李永熾，《日本式心靈》（台北：三民書局，1991年）。

〔註29〕 參見陳燕如，《中元普度與政商之間——日據時期基隆地方領袖的發展》（台北：國立台灣師範大學歷史研究所，1997年碩士論文）。

〔註30〕 參見陳慈玉，〈婚姻與家族勢力：日治時期台灣基隆顏家的婚姻策略〉，游鑑明主編，《無聲之聲（II）近代中國的婦女與社會》（台北：中央研究院近代史研究所，2003年），頁173～202。

〔註31〕 司馬嘯青，《台灣五大家族》（台北：自立晚報，1987年）、《櫻花・武士刀》（台北：自立晚報，1988年）、《中日政商風雲誌》（台北：卓越文化事業，1991年）。

〔註32〕 參見陳柔縉的《總統是我家親戚》（台北：鴻鳴館圖書出版社，1994年）、《總統的親戚》（台北：時報文化，1999年）。

日本史》〔註33〕及神一行的《閨閥──特權階級的盛衰之系譜》〔註34〕等書，
中嶋記載了戰前豐臣秀吉等十多個重要家族的聯姻關係，神一行則敘述了戰
後鉅商豐田汽車等二十多個家族的通婚關係，以上這些著作雖與日治時期日
人在台企業菁英之直接關係不多，但有助筆者了解近現代日、台權貴之家如
何利用閨閥拓展勢力。

　　在學緣網絡上，吳文星在〈札幌農學校與台灣近代農學的展開──以台
灣總督府農業試驗場爲中心〉一文中，已指出：在日人治台最初的二十年，
至少有 139 名札幌農學校的畢業生至台灣發展，他們分布於台灣總督府的殖
產局、專賣局、農業試驗場、糖業試驗場、農林學校、高等農林學校、台北
帝大理農學部等機關，其中，尤以在糖業部門特別活躍，〔註35〕從吳氏之文
中可以窺見「札幌農校閥」力量的強大，同時，對於本文研究各製糖會社的
札幌農校閥有啓發作用。另外，法國學者布爾迪厄的《國家菁英──名牌大
學與群體精神》一書，歷述法國各名牌大學壟斷政界職位及知名企業人事的
概況，〔註36〕亦可爲本文研究學緣網絡時的參考。至於，與本文高度相關之
地緣、政治網絡的論著，除前述《台灣總督府》外，則十分缺乏。

　　本論文大致循親人、熟人、生人三個層次開展，第壹章討論親緣網絡，
屬於親人層次的社會網絡，第貳章的地緣網絡、第參章的學緣網絡，則屬於
熟人層次的社會網絡，而第肆章的政治網絡，已接近生人層次的社會網絡。
在此架構下，各章切入論述下列問題：

　　第壹章將討論親緣網絡，主要論述日人在台企業菁英如何繼承事業，又
如何運用親戚的力量，幫助企業經營與壯大。其下共分三節，第一節將蒐集
126 個事業繼承事例，並從中歸納繼承人的身份，藉此刻描日人繼承制度看重
單嗣繼承、養子繼承、襲名繼承等特性，並述及「同族」企業（即建構涵括

〔註33〕參見中嶋繁雄，《閨閥の日本史》（東京：文藝春秋，2002 年）。

〔註34〕參見神一行，《閨閥──特權階級の盛衰の系譜》（東京：角川書店，2002 年
　　　　三版）。

〔註35〕吳文星，〈札幌農學校と台灣近代農學の展開──台灣總督府農事試驗場を中
　　　　心として〉，《日本統治下台灣の支配と展開》（名古屋：中京大學社會科學研
　　　　究所，2004 年），頁 481～522；吳文星，〈札幌農學校與台灣近代農學的展開
　　　　──以台灣農業試驗場爲中心〉，《台灣社會經濟史國際學術研討會──慶祝王
　　　　世慶先生七五華誕》（台北：中央研究院台灣史研究所籌備處，2003 年）。

〔註36〕參見 P.布爾迪厄原著，楊亞平翻譯，《國家菁英──名牌大學與群體精神》
　　　　（北京：商務印書館，2004 年）。

「本家」、「分家」、「別家」的企業）在台逐漸萌芽的事例。再者，將比較日、
台人繼承制度的差異，以及日人不重血緣關係之繼承制度，對企業運作的影
響。第二節、第三節將分別蒐集 107 個兄弟、伯叔姪關係事例及 104 個姻婭
關係事例，並藉此討論這些關係對企業經營與擴大的影響，同時，將與台人
世家的財力，加以比較，藉此討論日人在台企業菁英的門閥是否強大，再者，
亦將討論台、日人企業菁英通婚的概況，藉此討論台、日人企業菁英在親緣
網絡上的關聯性。

　　第貳章將討論地緣網絡與日人中小型企業營運的關係，論述日人在台企
業菁英如何引用同鄉者，在企業內建立壟斷勢力，又如何返鄉籌措資金、招
募人才，利用地緣網絡創業成功的歷程。其下共分三節，第一節以彰化銀行
爲例，論述坂本魯素哉如何引進 20～30 名高知縣鄉親，進入彰銀擔任要職，
並逐步排除台人、其他籍貫日人，成功建構高知閥，以壟斷彰銀的領導階層。
第二節以日治末期台北三大商業資本財閥——盛進商行、高進商會、菊元商
行爲例，論述中辻喜次郎、藤川類藏、高橋由義、高橋豬之助父子、重田榮
治等人，如何引進家鄉之財力、人力，建構地緣網絡的企業，致盛進商行、
高進商會、菊元商行的領導幹部，分爲富山、德島、香川、千葉、山口等縣
人所壟斷。第三節則再舉 11 個鄉土閥企業，說明賴地緣網絡建置的鄉土閥企
業，多爲百萬圓以下之企業，同時，存於採煤、雜工業、運輸、銷酒、建材
各業中，另外，不止出現於民營會社，官營會社亦曾運用，藉此說明日人在
台企業菁英運用地緣網絡的普遍性。再者，將從日人在台企業菁英看重府縣
人關係、府縣人會，而較輕視町會的史實中，分析日人在台企業菁英對台灣
的認同問題。

　　第參章將討論學緣網絡與日人大型企業營運的關係，論述日人在台企業
菁英如何運用學緣網絡提升企業經理人員的素質，又如何運用學閥之勢力控
制人事。其下共分二節，第一節以台銀爲分析對象，蒐集 127 個人事升遷事
例，論證東京帝大政治科、英法科、東京高商等學閥，在台銀人事升遷上的
優越地位。第二節以台灣製糖、大日本製糖、明治製糖、鹽水港製糖爲分析
對象，蒐集 347 個人事升遷事例，論證東京帝大、慶應大學、東京高工、東
京高商、札幌農校等五所公私立名校的畢業生，在四大製糖會社人事升遷上
的優越地位。

　　第肆章將討論政治網絡與官控會社營運的關係，論述政黨輪替如何影響

官控會社的人事更迭，再者，台灣總督府如何安插大量退職官吏，在官控會社及台灣企業界建立一個退職官吏網絡，壟斷利益。其下共分三節，第一節以台電爲例，說明政友會、憲政會及民政黨等政黨派閥交替執政，〔註37〕如何遷動官控會社的人事更迭。第二節論說台灣總督府爲掌握香蕉利益，如何在既有的交易秩序中，創置台灣青果會社、青果同業組合兩個系統，並大量安插退職官吏轉入，致台灣青果會社四成的領導幹部皆爲退職官吏，藉此退官網絡統制香蕉的產銷，並將香蕉利益重行分配給台、日兩地日人政商的過程。第三節則蒐集 500 個退職官吏轉入企業界的事例，討論他們或自由創業，或轉進民營企業、官控會社、組合任職，或獲授專賣品批發特權的概況。

　　結論將綜合比較日、台人菁英在這四類社會網絡上的差異及聯繫。在差異部份將說明台人菁英雖無緣參與日人的社會網絡，但亦有相應或替代的社會網絡，這些社會網絡不僅難被日人所征服，有時甚或會彰顯相當的主體性。在聯繫部份則討論在這四大社會網絡上日、台人合作、交集的概況，藉此突顯台人不同等級世家與日人的關係。最後，則討論日人在台企業菁英對台灣認同的問題。

　　整體而言，過去日治時期台灣史的研究，較偏重台人的活動，常將日人置之於外，再者，有關殖民政府如何建構統治體制，以創造日人優勢，亦較偏向有形硬體的研究，本文想從相反的視角出發，以日人企業菁英爲研究重點，論述他們如何透過無形的社會網絡，向親戚、鄉親、校友、同志尋求支持的力量，藉以壟斷人事，或賴此籌集資金、人力、物力，以茁壯企業的實力，爲日人企業在陌生的台灣環境中增添發展的機會。其次，本文希望從日、台社會網絡差異的討論，探索日、台人群我意識之別的根源及其互動之片影。再者，亦可藉此刻描日人根植台灣的程度，以及與日本帝國聯繫之狀況。

〔註37〕 1913 年，桂太郎、後藤新平收編立憲國民黨大部份人士，組建同志會，1915年，再吸收若干小黨，改組爲憲政會，1927 年，再改組爲民政黨。

第壹章　親緣網絡

　　日人遠來台灣，人數寡少，勢難匹敵台人，雖然台灣總督府屢有特殊保護，但殖民政府的照顧終有窮盡，惟有自己凝聚力量方爲可長可久之計，親緣爲社會凝結的初始準則，親人最受信賴，自爲尋找合作對象時的首選。再者，日人入台面對陌生環境，心靈寂寞，加上，尚未馴化風土，飽受熱帶疾病威脅，亦需溫暖親情的支持。是故，對日人在台企業菁英而言，無論是要獲得實質援助，抑或尋求情感慰藉，透過親緣網絡皆爲最有效的管道。

　　許烺光在《家元——日本的真髓》一書中，推崇日人的家，是近代日本資本主義崛興的基礎。〔註1〕其次，美籍日裔學者法蘭西斯・福山在《信任——社會德性與繁榮的創造》一書中，亦言日人對家族觀念的獨特看法，是日本能形成高度信任社會，進而創造經濟繁榮的基石。〔註2〕再者，陳其南在《文化的軌跡》一書中，更言日人特殊的家業繼承制度，令日本企業可以擇優繼承，爲其富過三代的秘方。〔註3〕究竟日人的家有何獨特之處？其家業又如何繼承？這種制度爲何較能擇優繼承？日治時期日人在台企業菁英是否亦採用此一制度？其大致情況如何？對台人企業有何影響？這些都是本章第一節所欲討論的問題。

　　再者，日人在台企業菁英運用親緣網絡，除體現在繼承方式上，亦表現

〔註1〕 參見許烺光著，于嘉雲譯，《家元——日本的真髓》（台北：國立編譯館，2000年）。
〔註2〕 參見法蘭西斯・福山（Francis Fukuyama）著，李宛蓉譯，《信任——社會德性與繁榮的創造》（台北：立緒文化事業有限公司，2004年）。
〔註3〕 參見陳其南，《文化的軌跡》下冊（台北：允晨文化實業股份有限公司，1986年）。

於利用男系血親、姻戚力量，〔註4〕以茁壯企業的發展，在本章第二、三節中，筆者一共蒐集了二百多個事例，他們或爲父子、兄弟、堂兄弟、伯叔姪，或有岳婿、聯襟、親家關係……，這些日人在台企業菁英利用血親、姻戚的親緣網絡，籌集資金、網羅人才、抬高聲望，對順遂企業的營運發揮很大的功效。

此外，親緣網絡如同一張網，需要編織與經營，日人在台企業菁英歷經五十年之歲月，其究竟已將親緣網絡編織至何種程度，是錯綜複雜或仍稀疏簡單，再者，與台人相較，日人這張親緣網絡是否強固，同時，是否已將台人菁英納入其親緣網絡中，這些問題都將在本章小結中加以討論。

第一節　特殊之家族觀與企業的繼承
——以126個企業繼承事例爲例

日人企業向以百年老店眾多著稱，其能長久存續不墜，在繼承制度上必有別出心裁之處，而日人企業菁英赴台發展風險既高，更須在繼承方式上發展特殊的策略，是故，筆者乃發好奇之心，廣泛蒐集日人企業菁英如何安排繼承的事例，果然發現諸多迥異於華人社會之處。

例如：台灣日人首富、台北商工會長後宮信太郎（1873～1959），因缺乏子嗣繼承，竟以親弟爲養子。後宮氏初賴製瓦業發跡，號稱台灣煉瓦王，〔註5〕其後又因精準投資金瓜石礦山致富，贏得第二代金山王的美譽，〔註6〕1933年，其將金瓜石礦山以1,500萬圓的天價，讓售給內地財閥日本礦業集團，財富因而暴增。〔註7〕據估計後宮氏在1938年時已擁有5,000萬圓的資產，〔註8〕一年所繳的稅金即多達40萬圓，〔註9〕而本年台電的資本額不過4,575萬圓，可見其富裕的程度。然後宮信太郎雖事業一帆風順，卻缺乏子嗣，爲解決龐大事業後繼無人的困境，乃收養兩名養子，其一爲親戚之子後宮武雄，〔註10〕另一則以自己的幼弟——後宮末男爲養子，〔註11〕以親弟爲

〔註4〕　外姻包括：與女系血族、妻之娘家、女兒婆家有親戚關係的人。
〔註5〕　《台灣實業界》昭和4年5月號。
〔註6〕　《台灣實業界》昭和7年11月號。
〔註7〕　《台灣實業界》昭和8年5月號、昭和8年7月號、昭和8年11月號。
〔註8〕　《台灣實業界》昭和14年2月號、昭和15年8月號。
〔註9〕　《台灣實業界》昭和15年12月號。
〔註10〕　《台灣實業界》昭和15年5月號。後宮武雄，曾赴巴西開闢大咖啡園。

養子這在華人社會幾未聽聞，但日治中後期台灣日人首富後宮家卻以這種方式解決了繼承問題。

又如：台灣鋼材王高橋豬之助（1875～1941），以婿養子的身份繼承家業。高橋豬之助，原僅高進商會的夥計，其在日人領台之初，隨高進商會主人高橋由義（1859～1930）渡台，在台北經營製造銅鐵器具的小本生意，〔註12〕經十餘年發展，高進商會竟成台北首屈一指的機械批發商。然高橋由義雖事業頗為順利，但卻僅育有一女，因此，高進商會面臨無人繼承的危機，為化解此一難題，高橋由義乃收養豬之助為養子，並將獨女嫁給豬之助。以女婿為養子，這在華人社會亦從未見過，因為豬之助若被收為養子，其與高橋由義之女即為兄妹，兄妹結婚實屬亂倫，無法以見容於華人社會。

再如：台灣賣藥王資生堂藥舖，〔註13〕其少東竟襲父名繼承家業。資生堂藥舖原為陸軍軍醫總監松本順在1873年所創，1892年，由經理西村虎四郎繼承。1897年，資生堂藥舖在台北開設支店，以中田銀三郎為經理。1900年，西村虎四郎病逝，資生堂藥舖乃由中田銀三郎繼承，中田氏經營有術，資生堂藥舖販售網遍及全台，漸成知名的藥舖。1908年，中田銀三郎過世，其嗣子年僅16歲，竟更名為中田銀三郎，與父同名，並以此繼承家業。在華人社會中，父親名號為一種忌諱，人子不可直呼父親名號，但資生堂藥舖主人卻父子同名，這對華人而言實不可思議。

另外，台南雜貨王越智寅一，視無血緣關係的店員為家族一員，此亦甚為奇特。越智寅一在日人領台之初即已渡台，後於1897年在台南開設越智商店，販售和洋雜貨，並逐漸發跡，成為台南商界的大老，長期壟斷台南商工會副會長一職。越智寅一對於店員獨立創業都給予多方援助，故店員視越智夫婦如父母，這些店員在1927年設立「越智一致會」，相約彼此支援，並奉戴越智寅一為家長，而越智亦視這些沒有血緣關係的店員如同親子，准許他們懸掛越智商店的「暖廉」（書有商店字號，懸於店口的布條，相當於招牌）〔註14〕，列為越智商店的別支。越智寅一與店員的關係，不僅親似父

〔註11〕《台灣實業界》昭和7年4月號。後宮末男，1924年慶應大學經濟學部畢業，有後宮二世之稱。

〔註12〕岩崎潔治，《台灣實業家名鑑》（台北：1912年），頁49。

〔註13〕上村健堂，《台灣事業界と中心人物》（台北：台灣案內社，1919年），頁173～174。

〔註14〕林明德，《日本的社會》（台北：三民書局，1997年），頁57。

子，並且已實際構建一個家族，這在強調家為血脈傳承的華人社會中，亦甚少見。

　　以上四例，對華人而言實難以理解，其是否只是特例，頗值得探討，若非特例，其背後必有異與華人社會的家族觀。為更深入討論，本節將分為繼承身份、嗣子襲名、家之範疇三大部份加以討論，在各部份先蒐集實例，再歸結若干原則，或與前人的研究對話。

一、繼承身份之分析

　　為討論後宮、高橋兩家以弟養子、婿養子繼承企業是否只是特例，筆者廣泛翻查資料，共蒐得 126 個事例，可供分析日人在台企業繼承人與被繼承人的親屬關係，茲將其整理成表 1-1-1。根據此表可知：以弟養子（含妻弟養子）繼承者共 4 例，以婿養子繼承者亦 4 例，以姪（甥）養子繼承者 3 例，以一般養子繼承者 19 例，合計所有養子繼承的事例，共計 30 例，[註15] 約佔總數的 23.8%，換言之，有將近 1／4 的日人企業係由養子繼承。此一比例與日本本土相近，根據湯澤雍彥對江戶至明治初期一般家業繼承的研究，在日本本國亦是每四個繼承人即有一個是養子。[註16] 再者，在台的日人企業菁英中，未以養子身份繼承事業，但具有養子身份者，亦蒐得 30 個例子（參見表 1-1-2），足見在日治時期台灣的日人企業菁英，以養子繼承或認養之風亦十分盛行，與日本內地無異，這和華人社會強調由具有血緣關係者繼承家產，頗為不同。

表 1-1-1：日治時期日人在台企業菁英繼承事業的身份分析

編號	繼承者身份類型	被繼承者	繼 承 者	繼承場域	相關繼承人
1	一般養子	高橋豬之助	高橋尚秀（本名橫光尚秀）	高進商會	
2	一般養子	後宮信太郎	後宮武雄	台灣煉瓦	後宮末男（弟養子）芝原仟三郎（姪婿）
3	一般養子	安場保和	安場末喜	台東製糖	
4	一般養子	大川平三郎	大川鐵雄	台灣興業	大川義雄（親子）

[註15] 日人養子的分類，可參見李永熾，〈日本德川時代的家族〉，《日本式心靈》（台北：三民書局，1991 年）。

[註16] 李卓，《中日家族制度比較研究》（北京：人民出版社，2004 年 8 月），頁 195。

5	一般養子	第一代 西村武士郎	第二代 西村武士郎	西村商會	
6	一般養子	館野弘六	館野松十（生父 加藤米十郎）	竹迺家旅館	館野小捨（妻）
7	一般養子	古賀三千人	古賀照造	古賀組 台灣商工銀行	古賀千代子（妻） 古賀武德（姪養子） 古賀達朗（親弟）
8	一般養子	長谷川春二	長谷川彌兵衛	基隆荷役	
9	一般養子	三輪富太	三輪雄吉	三輪養元堂	三輪良（妻）
10	一般養子	高石忠慥	高石威泰	高石組	
11	一般養子	澤全雄	澤學	大日本製糖	
12	一般養子	杉本音吉	杉本三郎（本名 河崎三郎）	台灣運輸	杉本綱子（妻）
13	一般養子	赤濱惠壽	赤濱元一	小笹商店	
14	一般養子	藤井登美惠	藤井悟一郎（生 父大和辰之助）	吾妻旅館	
15	一般養子	鍵山今朝吉	鍵山愛吉	鍵山商店	
16	一般養子	古川安松	古川房次郎	越智鐵工所	
17	一般養子	山本壽太郎	山本榮	五端第二支店	
18	一般養子	岡十郎	岡秋介 （原姓前田）	水產業	
19	一般養子	安部幸兵衛	安部三男	安部幸兵衛商店	
20	婿養子	高橋由義	高橋豬之助	高進商會	
21	婿養子	森平太郎	森利吉	一六軒	森繁一郎（親子）
22	婿養子	宮添環	宮添猴	南部台灣海產	宮添右六（親弟）
23	婿養子	德田政十郎	德田傳四郎（生 父栗原米三郎）	德田商店 日本鳳梨	
24	弟養子	後宮信太郎	後宮末男	台灣煉瓦	後宮武雄（養子） 芝原仟三郎（姪婿）
25	弟養子	中辻喜次郎	中辻喜策	盛進商行	
26	弟養子	小川浩	小川愼一	小川商店	
27	妻弟養子	坂本素魯哉	坂本信道	彰化銀行	坂本清（親子） 坂本千鶴子（妻）
28	姪甥養子	賀田金三郎	賀田以武	賀田組	賀田直治 （養子，本姓市島）

29	姪甥養子	植松新十郎	平戶吉藏	植松材木店	
30	姪甥養子	鈴木定吉	鈴木新兵衛	生蕃屋本店	鈴木泉（養子）
31	女婿	近江時五郎	常見辨次郎	近江商事	
32	女婿	船越倉吉	江原節郎	太田組	船越慶亮（親子）
33	女婿	添田壽一	柳生一義	台灣銀行	
34	女婿	越智寅一	岡部徹	越智商會	越智一義（親子）
35	女婿	古金德松	福島鹿藏	共同組	
36	女婿	山本悌二郎	筧干城夫	台灣製糖	
37	女婿	岳母藤田時與子	入江俊明	櫻榕社吳服店	
38	女婿	後藤某	柏熊福太郎	柏熊商事	
39	妻	長谷川直	長谷川高千代	文明堂	
40	妻	小塚兼吉	小塚青	小塚商店	
41	妻	第一代 中田銀三郎	中田堅子	資生堂藥舖	第二代 中田銀三郎（親子）
42	兒子	安土直次郎	安土實	肥後屋吳服店	小室興（女婿）
43	兒子	上田熊次郎	上田光一郎	高砂商店	岡崎文雄（女婿） 上田東平（親子） 上田勝平（親子）
44	兒子	河東利八	河東富次	辰馬商會	
45	兒子	川端伊之助	川端昇太郎	辰馬商會	
46	兒子	第一代 近藤喜惠門	第二代 近藤喜惠門	近藤商會	近藤勝次郎 （婿養子）
47	兒子	重田榮治	重田平太郎	菊元商會	
48	兒子	武智直道	武智勝	台灣製糖	武智貞三（養子）
49	兒子	益田孝	益田太郎	台灣製糖	
50	兒子	益田太郎	益田克信	台灣製糖	
51	兒子	高島小金治	高島直一郎	新高製糖	高島礦橘（親子）
52	兒子	樋口典常	樋口常彌	台灣農林	
53	兒子	高橋是清	高橋是賢	台灣生藥	
54	兒子	藤山雷太	藤山愛一郎	大日本製糖	伊吹震（親子） 藤山勝彥（親子）
55	兒子	杉森與吉	杉森與一	日之丸旅館	

56	兒子	新原龍太郎	新原謙相	新原泰生堂	
57	兒子	三好德三郎	三好正雄	辻利茶舖	
58	兒子	澤井市造	澤井市良	澤井組	
59	兒子	第一代 明比實平	第二代 明比實平（本名 明比憲吾）	明比商店	
60	兒子	楠田金之丞	楠田卓哉	不動產商	
61	兒子	第一代 田尻與八郎	第二代 田尻與八郎（本 名田尻光次）	運輸事業	田尻信次（親子）
62	兒子	大坪與一	大坪佐苦樂	日東商船組	
63	兒子	笹川熙雄	笹川忠雄	和洋食品酒類販售	
64	兒子	樋口仁三郎	樋口二郎三郎	樋口運輸合名	
65	兒子	上瀧宇太郎	上瀧利雄	水產事業	
66	兒子	安場末喜	安場保健	台東製糖	
67	兒子	田村千之助	田村作太郎	田村組	
68	兒子	住吉秀松	住吉勇三	住吉組〔註17〕	
69	兒子	赤司初太郎	赤司大介	赤司礦業	
70	兒子	橫井勝治郎	橫井綱一	橫井商店	
71	兒子	柴田勝太郎	柴田稔	山田金物店	
72	兒子	平田源吾	平田剛太郎	天狗庵	
73	兒子	丹羽孝之允	丹羽一孝	和泉時計舖	
74	兒子	青山銀藏	青山金太郎	福助號	
75	兒子	田中某	田中德次郎	肥前商會	
76	兒子	梅野清太	梅野平	花蓮港電氣	
77	兒子	吉鹿善次郎	吉鹿則行	台灣勸業無盡	
78	兒子	永原喜太郎	永原周次郎	日東商船組	
79	兒子	小鹽元太郎	小鹽三治	小鹽商會	
80	兒子	川合良男	川合良藏	川合合名	

〔註17〕 據《台灣大觀》（台南：台南新報社，1935年），頁264，言：1935年，長期
　　　　在住吉組任職的中井清枝，取代姪兒住吉勇三經營住吉組，中井清枝與住吉
　　　　秀松爲兄弟，出繼中井家。

81	兒子	第一代 藤崎三郎助	第二代 藤崎三郎助	鹽水港製糖	
82	兒子	二改某	二改一男	煉瓦業	
83	兒子	海野三次郎	海野銀次郎	海野組	
84	兒子	西光石松	西光廣治	西光堂	
85	兒子	河合熊吉	河合治雄	鳥伊本店	
86	兒子	中林政太郎	中林鶴次郎	陶磁製造	
87	兒子	三谷新八	三谷芳太郎	台北檢番	
88	兒子	佐佐木紀綱	佐佐木正綱	佐佐木材木店	
89	兒子	藤川類藏	藤川重五郎	盛進商行	
90	兒子	淺尾豐一	淺尾英夫	台灣膠印	
91	兒子	宇治原志郎	宇治原亮	近江屋吳服店	
92	兒子	柴田泰資	柴田敏男	柴田商會	
93	兒子	多木龍二	多木萬三	多木合名	
94	兒子	槇武	槇有恆	新竹拓殖軌道	槇有智（親子）
95	兒子	白井一	白井進	白井藥局	
96	兒子	大江森藏	大江誠一	土木承包商	
97	兒子	安達善次郎	安達良之助	升屋吳服店	
98	兒子	行成彌之助	行成忠夫	行成商行	
99	兒子	矢頃正之	矢頃爲治郎	矢傾商店	
100	兒子	松田幸一郎	松田長次郎	松田園主	
101	兒子	田中慶太郎	田中正茂	田中吳服店	
102	兒子	伊ケ崎虎吉	伊ケ崎虎信	伊ケ崎商店	
103	兒子	坂本榮太郎	坂本大藏	坂本吳服店	
104	兒子	調政次郎	調進	調商店	
105	兒子	松田八左衛門	松田鐵基	合資松田油脂工業	
106	兒子	村崎長昶	村崎敏昶	新高堂書店	
107	兒子	松井金次郎	松井正次	松井保生堂	
108	兒子	口井常楠	口井房太郎	口井材木店	
109	親弟	新原直次郎	銀屋慶之助	新原金物店	
110	親弟	高松與吉	堀內文平	堀內商會	

111	親弟	古川松次郎	古川正義	古川洋服店	
112	親弟	阿波屋種次郎	山下豐三郎	雜貨襪商	
113	親弟	荒木寅吉	荒木萬三郎	高雄花壇旅館	
114	親弟	桑田松二郎	桑田剛助	桑田商店	
115	親弟	兒玉某	兒玉音五郎	玉二材木店	
116	親弟	藤井廣治	永井宗吉	藤井商會	藤井台藏（親子）
117	親弟	清水直太郎	清水榮一	雜貨商	
118	親弟	清水榮一	清水眞二	雜貨商	
119	親弟	池地斧彥	福地載五郎	嘉義旅館	
120	親弟	玉理某	玉理三造	玉福商店	
121	親女	藤井奈美	藤井登美惠	吾妻旅館	
122	堂弟	田中慶太郎	田中床應	田中商店支店	
123	親孫	櫻井貞次郎	櫻井光夫	櫻井組	
124	姪甥	小出錠太郎	小出平左衛門	小出大勸工場	
125	妹婿	愛久澤直哉	津田素彥	三五公司	
126	妹婿	田島岸太郎	石橋直造	木箱製造	

表 1-1-2：日治時期日人在台企業菁英具有養子身份者

編號	企業菁英姓名	企　業　頭　銜	生父姓名	養父姓名
1	武智直道	台灣製糖董事長	林正男	
2	平山寅次郎	台灣製糖常務董事		平山靖彥
3	清水政治	台灣製糖董事	原姓鳥居	
4	田村藤四郎	東洋製糖副董事長	原姓下阪	
5	久宗董	台灣拓殖副董事長	後藤第藏	久宗朝光
6	高山三平	台灣拓殖理事	森下壽平	高山伊勢吉
7	松本虎太	台灣電力董事長	高橋傳二	松本武次郎
8	平澤越郎	台灣電力理事	田中敬治郎	平澤道次
9	土居政次	台灣電力理事	嘉善平	
10	白勢黎吉	台灣青果董事長	今井文三	
11	津田毅一	台灣製鹽董事長	津田健治	津田左右衛門

12	星野直太郎	台灣合同鳳梨常務董事	西島熊治郎	星野佐紀
13	竹藤峰吉	福大公司專務董事	小林代治郎	
14	赤司初太郎	赤司礦業董事長	小山龍	
15	邨松一造	台灣儲蓄銀行董事長	橋本富貴	村松美代
16	原田歲壽	台灣儲蓄銀行董事兼經理	板畠歲光	原田常樹
17	中津德治	彰化銀行常務董事	樺山助八郎	
18	長尾景德〔註18〕	台灣瓦斯監事		長尾龍次郎
19	西川純	武丹坑炭礦主	秋山清八	
20	高石忠慥	高石組主	田中儀八	
21	銀屋慶之助	台北信用組合長	原姓新原	
22	西山久二	台灣硝子販售專務董事	前田久吉	
23	持田二郎	台灣製麻董事	赤司欽一	
24	越智寅一	越智商會主	樋口太夫	
25	幕內菊太郎	尾產洋行主	原姓高島	
26	神木次郎	神木洋行主	松本千代藏	神木彥三郎
27	福地載五郎	嘉義商工會長	若林茂樹	
28	川浪易藏	共同組主	原姓岸川	
29	阿波屋種次郎	阿波商行主	原姓山下	
30	平田源吾	天狗庵主	柳原傳兵衛	

　　以下將分別從一般養子、弟養子、婿養子等三類事例中，各擇一例，以深入說明日人企業迥異於華人社會的繼承方式。再者，華人社會由女婿繼承雖亦常見，但多因缺乏男嗣才會勉強由招贅之女婿繼承，然本文在此所選之例卻非如此，例中的企業主船越倉吉，共育有 5 子，皆頗具才能，但船越氏卻捨親子，改擇更優秀的女婿江原節郎繼承，此亦可證明日人企業之繼承較不重血緣的特性。

（一）一般養子繼承

　　以一般養子繼承事業，可以大川平三郎家族之事例爲代表。大川平三郎（？～1937），號稱台灣造紙王，他雖有親子大川義雄，但卻選擇更有能力的

〔註18〕長尾景德娶長尾龍次郎長女はつ子，故長尾景德爲長尾龍次郎的婿養子。

養子大川鐵雄繼承大部份事業，此正突顯日人家業繼承較不重血緣的特色，以下申述之。

大川平三郎，貴族院議員，王澀澤榮一之甥，[註19] 爲日本造紙工業的先知。1930 年代初，他與另一資本家松本眞平合作，[註20] 在台灣羅東籌設造紙工廠。1933、1935 年，先後創設了台灣紙業（資本額 100 萬圓，後增爲 300 萬圓）、台灣興業（資本額 500 萬圓）兩家造紙公司。1937 年，大川家族又將兩家公司合併，並增資爲 1,200 萬圓的台灣興業，該公司以昭和製糖、帝國製糖供應之蔗渣紙漿造紙，[註21] 爲台灣規模最大的製紙公司。

大川平三郎，於 1937 年初過世，留下將近 4,000 萬圓的遺產，[註22] 繼承問題乃浮上檯面。大川平三郎共有二子，一爲養子大川鐵雄，一爲親子大川義雄，在 1900 年義雄未誕生前，大川平三郎即領養了鐵雄，[註23] 故養子鐵雄爲長子，親子義雄反爲次子。親子義雄，東京高師附中畢業、慶應義塾肄業，又娶大實業家大村五左衛門之次女爲妻，在大川平三郎過世前，已任台灣紙業、台灣興業兩家公司的專務董事，在公司的排名僅次於大川平三郎、松本眞平。

但大川平三郎認爲義雄個性好社交，導致慶應義塾的學業竟未能完成，而鐵雄留學美國，爲堅實的技術家，又深受部下擁戴，故大川平三郎乃捨親子義雄，而以無血緣關係的鐵雄爲嗣子，[註24] 身後家業亦多由鐵雄繼承。

在台灣興業的繼承方面，義雄由專務董事退爲一般董事，持股數亦由 12,700 股減爲 2,200 股；反觀鐵雄，原未參與台灣興業的經營，但在父親過世

[註19] 《台灣實業界》昭和 12 年 3 月號。

[註20] 《台灣人士鑑》1937 年版（台北：台灣新民報社），頁 347～348。松本眞平，1878 年生，埼玉縣大里郡熊谷町人。1900 年，東京高商畢業後，任大倉商業學校教諭。1906 年，開始從事製粉業。1923 年，併購千代田製粉。松本在群馬、埼玉縣製粉、造肥成爲鉅富，曾任埼玉縣眾議員、熊谷銀行董事長、東京商工會議所常議員、武州銀行董事、埼玉縣共濟會理事、台灣興業董事長、台灣紙業董事長、貴族院議員等職。

[註21] 大塚清賢編，《躍進台灣大觀（二）》昭和 12 年版、《台灣實業界》昭和 13 年 4 月號。

[註22] 《台灣實業界》昭和 12 年 3 月號，大川平三郎過世時，捐款 200 萬圓，以爲國防經費及社會慈善事業之用，可見大川家族之富有。

[註23] 《台灣實業界》昭和 12 年 3 月號。

[註24] 據《台灣實業界》昭和 15 年 10 月號、16 年 1 月號。

前夕，即發表為專務董事，1940 年，再升任董事長〔註25〕；持股數亦由零股增為 52,435 股，台灣興業可說幾乎完全交由鐵雄繼承。

在其他事業的繼承方面，大川義雄，在 1937 年父過世時，除台灣興業的職位外，僅為樺太工業常務董事兼營業部長、樺太汽船董事、大川合名社員。〔註26〕反觀大川鐵雄，1941 年時，已是大川合名、台灣證券、台灣油脂、武州瓦斯、熊本電氣軌道等 5 家公司的董事長，王子製紙、大日本電力、東京人造絹絲、朝鮮鐵道、武州銀行、武州儲蓄、東京灣埋立、上毛電力、上毛電氣鐵道、昌德礦業、自動車工業、西五鐵道、日出紡織、日本製粉、佑木枚紙、日本醋酸、滿洲日東製粉等近 20 家公司的董事。〔註27〕大川平三郎將事業大半交給養子鐵雄，而未交給具有血緣親子關係的義雄，這在華人社會實不太可能發生。

（二）婿養子繼承

以婿養子繼承事業，這在華人社會幾乎未見，雖前已舉高進商會高橋豬之助之例，但為更深入討論，此處再舉「台灣菓子王」森平太郎、森利吉父子為例，加以說明。

森平太郎，1869 年生，佐賀縣小城郡人。1902 年渡台，〔註28〕在古亭町設立製菓工廠，並在本町設立一六軒，作為門市部，銷售製品。〔註29〕趁著一次大戰的景氣，一六軒奠下事業基礎，並分別在台北新起町、千歲町、台中再設銷售據點。1915 年，森平太郎又投巨資，將古亭町工廠擴大為新高製菓商會。一六軒、新高商會所製糕點糖菓，由於口味特殊，漸成台灣知名的糕餅商，甚至贏得台灣糕餅王的美譽。〔註30〕

森平太郎，雖有親子森繁一郎，但因婿養子森利吉更具才幹，〔註31〕故

〔註25〕《台灣實業界》昭和 15 年 10 月號，大川平三郎過世後，松本眞平繼任董事長，1940 年 1 月，松本發生肥料不正事件，故黯然辭退台灣興業董事長，由大川鐵雄接任。

〔註26〕《台灣人士鑑》1937 年版（台北：台灣新民報社），頁 30。

〔註27〕《台灣實業界》昭和 16 年 1 月號。

〔註28〕内藤素生，《南國之人士》（台北：台灣人物社，1922 年），頁 169，言：森平太郎 1902 年渡台；大園市藏，《台灣の中心人物》，頁 14 則言：森平太郎 1905 年渡台。

〔註29〕内藤素生，《南國之人士》（台北：台灣人物社，1922 年），頁 169。

〔註30〕橋本白水，《台灣の事業界と人物》（台北：南國出版協會，1928 年），頁 487。

〔註31〕太田肥洲，《新台灣を支配する人物と產業史》（台北：台灣評論社，1940

森平太郎僅令森繁一郎負責台中支店的業務，而將整個事業交給婿養子森利吉。森利吉初假養父之名行事，至 1930 年左右，養父森平太郎始退隱故里，完全交棒。此後，森利吉在有村端、木塚丸等重要幹部的協助下，〔註 32〕一六軒、新高商會所製之糕餅，不僅在台知名，更聲名遠播至日本內地，每年純益高達三十餘萬圓，一六軒企業集團在 1935 年時，已有 270 萬圓以上的資產。〔註 33〕

在日治末期，森利吉又不斷擴展事業版圖，1936 年，投資台北土地，被推為董事。〔註 34〕1938 年，亦創設了資本額 30 萬圓的日本石綿工業，從事石綿的製造。1940 年，再設立資本額 15 萬圓的東亞企業，經營不動產仲介買賣，〔註 35〕成為跨足製菓、不動產、石綿製造等業的小型財閥。總結言之，森平太郎雖有親子森繁一郎，但卻收養女婿森利吉為養子，尤有甚者竟以婿養子繼承家業，這在華人社會實不可能見到。

（三）弟養子繼承

以弟養子繼承事業，除前述後宮信太郎之例外，還可舉第二代花蓮王小川浩立其幼弟小川慎一為養子之例，加以說明。

小川浩，1879 年生，宮城縣仙台市人。1901 年，東京成城中學畢業後，即進入第二師團第四聯隊服役。1904 年，奉派為步兵少尉，後以日俄戰爭軍功，獲頒勳六等單光旭日章。1912 年，晉升步兵中尉。1915 年，退役渡台，進入澤井組任職，〔註 36〕不久，赴花蓮港經營土木承包業。1917 年，又開設五金行。

此後，小川浩逐漸投入企業界，投資花蓮港製紙合資（資本額 2.14 萬圓）、花蓮港電氣（資本額 100～300 萬圓），事業日有成就，再者，小川亦積極參與公共事務，歷任花蓮港廳協議會員、帝國在鄉軍人會花蓮港聯合分會會長、花蓮港土木建築協會會長等職。

中日戰爭爆發後，小川浩敏於掌握時局，事業更加發達，在有「東部民

　　年），頁 247，言：森利吉，1878 年生，佐賀縣小城郡生，1912 年渡台，協助岳父經營一六軒。
〔註 32〕千草默仙，《會社銀行商工業者名鑑》（台北：圖南協會）1928～1940 年版。
〔註 33〕大園市藏，《台灣の中心人物》（台北：日本植民地批判社，1935 年），頁 14。
〔註 34〕《台灣實業界》昭和 13 年 4 月號。
〔註 35〕《台灣會社年鑑》（台北：台灣經濟研究會）1938、1940 年版。
〔註 36〕橋本白水，《台灣の事業界と人物》（台北：南國出版協會，1928 年），頁 46。

間總督」、「花蓮王」等美稱的梅野清太過世後，繼任花蓮港電氣（後更名爲東部電氣）董事長，[註37] 並任小川商店（資本額 19.5 萬圓）、小川興產（資本額 18 萬圓）代表者、東台灣無盡（資本額 15 萬圓）、東台灣新報社（資本額 6 萬圓）、台灣農產工業（資本額 100 萬圓）、花蓮港物產（資本額 15 萬圓）、台灣鋼材配給（資本額 45 萬圓）、台灣鐵鋼製品統制（資本額 100 萬圓）等公司董事，花蓮港自動車運輸（資本額 75 萬圓）、台灣農機具製造統制（資本額 100 萬圓）等公司監事、倉庫信用組合理事等職（參見表 1-1-3）[註38]，成爲花蓮港日人企業家的新領袖，並獲得「第二代花蓮王」之美譽。

小川浩雖事業有成，但與妻富代（1890 年生）之間，並未生育兒子，小川浩遂以比自己年輕 23 歲的親弟小川愼一爲養子。[註39] 小川愼一，1902 年生於仙台市，1926 年，明治大學商學部畢業，一度在日本內地任職，後渡台爲兄小川浩的養子，並逐漸繼承養父事業。1939 年，小川愼一被選爲花蓮港街防衛分團副分團長，1940 年，再被推爲花蓮港市會議員。1941 年，又繼承小川商店，擔任董事長，並兼任小川興業專務董事，[註40] 逐步接手兄養父小川浩的事業。

表 1-1-3：日治時期小川浩所經營和投資的事業

公司名稱	公司地點	設立年代	登記資本（萬圓）	職　務	個人持股	公司持股	任職年份	備　註
小川興產有限公司	花蓮港	1941	18	代表者			1941～1943	核心企業
小川商店有限公司	花蓮港	1941	19.5	代表者			1941～1943	核心企業
合名小川組	花蓮港	1939	10	出資社員			1939～1943	核心企業
花蓮港電氣、東部電氣	花蓮港	1920	100 (1920) 124 (1923) 300	董事 (1920) 常務董事 (1937) 董事長 (1940)	800 (1923) 1,500 (1937) 3,500 (1942)		1920～1942	旁系轉直系

[註37] 大園市藏，《台灣人事態勢と事業界》（台北：新時代台灣支社，1942 年），頁 46。
[註38] 《台灣人士鑑》1943 年版（台北：興南新聞社），頁 49。
[註39] 《台灣人士鑑》1937 年版（台北：台灣新民報社），頁 488。
[註40] 《台灣人士鑑》1943 年版（台北：興南新聞社），頁 48。

台東澱粉	花蓮港	1935	25	董事			1935〜	旁系
花蓮港物產	花蓮港	1936	15	董事			1936〜1943	旁系
台灣鋼材配給	台北市	1938	45	董事	300 (1939)		1938〜1943	旁系
台灣鐵鋼製品統制	台北市	1942	100	董事			1942〜1943	旁系
台灣農產工業	花蓮港	1936	100	監事 (1938) 董事 (1940)	350 (1941)		1938〜1943	旁系
東台灣無盡	花蓮港	1926	15	董事 監事	110 (1940)		1926〜1943	旁系
東台灣新聞社	花蓮港	1923	6	董事 監事			1923〜1943	旁系
台灣農機具製造統制	台北市	1941	100	監事			1941〜1943	旁系
花蓮港自動車運輸	花蓮港	1942	75	監事			1942〜1943	旁系
合資花蓮港製紙	花蓮港	1914	2.14	出資社員			1920〜1929	旁系

資料來源：竹本伊一郎，《台灣會社年鑑》（台北：台灣經濟研究會）；千草默仙，《會社銀行商工業者名鑑》（台北：圖南協會）；杉浦和作，《台灣銀行會社錄》（台北：台灣實業興信所）相關各版。

（四）女婿繼承

捨棄有血緣關係的親子，而以女婿繼承事業，這可舉台灣土木界泰斗、太田組主船越倉吉爲例說明，船越倉吉育有 5 名兒子，並不缺子嗣繼承，然其卻捨長子船越秀松（後更名爲慶亮），改由女婿江原節郎繼承太田組，此亦日人企業繼承較不重血緣的絕佳註腳。

船越倉吉（1866〜1930），埼玉縣大里郡太田村人，得大阪土木界鉅子澤井市造之知遇，在澤井組任職，負責奈良鐵路龜瀨隧道、北陸鐵道等工程，1896 年完工後渡台。〔註41〕入台後，船越倉吉成爲澤井組台灣支店的領袖，承包台地鐵路、土木工程，後獨立創設太田組。〔註42〕1910 年晚期起，澤井

〔註41〕大園市藏，《台灣人物志》（台北：谷澤書店，1916 年），頁 327。
〔註42〕岩崎潔治，《台灣實業家名鑑》（台北：1912 年），頁 90。

組的工程，〔註43〕幾全由太田組轉包，船越倉吉並在澤井市造後，襲任台北消防組會長，〔註44〕成為台北土木界的領袖。

　　船越倉吉，共有5男2女，長男秀松（後更名為船越慶亮），1895年生，娶台北運輸界要角岡田組主人岡今吉之女，〔註45〕台北一中、東京築地工手學校土木科畢業，本欲繼承太田組，後轉入旅館業。1919年，收購朝比奈正二經營的朝陽號，〔註46〕轉營旅館業，後任台北南旅館組合組合長、台灣旅館組合聯合會會長。〔註47〕二男武藤三五郎，台北一中、台北醫專畢業，任台北醫院醫師10年，1934年獨立開業，〔註48〕娶台北市尹武藤針五郎女美智子，〔註49〕並為武藤氏的婿養子。三男晉太郎，為太田組的幹部。四男正一，台灣農林專門學校畢業，在總督府營林所任官。五男嘉一，經營基隆船越旅館。〔註50〕船越倉吉擁有五位才具不差的男嗣，但卻仍以手腕更高明的女婿

〔註43〕據佐佐英彥編，《台灣銀行會社要錄》（台北：台灣興信所，1920年），船越倉吉亦為「澤井組」（資本額30萬圓）的重要股東，1920年時，倉吉投資1.5萬圓。

〔註44〕木村健堂，《台灣事業界と中心人物》（台北：台灣案內社，1919年），頁229。

〔註45〕據岩崎潔治，《台灣實業家名鑑》（台北：1912年），頁27；大園市藏，《台灣人物志》（台北：谷澤書店，1916年），頁287；木村健堂，《台灣事業界と中心人物》（台北：台灣案內社，1919年），頁195；內藤素生，《南國之人士》（台北：台灣人物社，1922年），頁29：岡今吉，1879年生，香川縣木田郡庵治村人，原營木材業，1896年渡台，初為官衙御用商，1903年，在台北創立「岡田組」，經營海陸運輸業，並在基隆、打狗等地設立支店，漸成台灣運輸界要角。岡今吉亦熱心公共事務，曾任台北運輸同業組合評議員、台北中央公會議員、台北消防組副頭取等職。1930年，船越倉吉過世後，更接任台北消防組頭取。

〔註46〕內藤素生，《南國之人士》（台北：台灣人物社，1922年）。另根據岩崎潔治，《台灣實業家名鑑》（台北：1912年），頁102：朝比奈正二，1852年生，鹿兒島市西田人，曾任橫須賀鎮守府御用商，1895年，隨樺山總督渡台，經營朝陽號旅館。正二兄為朝比奈正一，慶應大學畢業後，即進入三井物產台北支店，任樟腦、茶輸出部主任。

〔註47〕1940年，船越慶亮還創立資本額10萬圓的東亞產業，自任代表者。

〔註48〕《台灣人士鑑》1937年版（台北：台灣新民報社），頁526。

〔註49〕《台灣人士鑑》1943年版（台北：興南新報社），頁389。另根據《台灣大年表》（台北：台灣經世新報，1925年）；大園市藏，《台灣人物志》（台北：谷澤書店，1916年）言：武藤針五郎，1870年生，愛知縣人，1890年，明治法律學校畢業，1895年，以陸軍省雇員渡台，1896年起，歷任台中縣屬、斗六廳屬、阿猴廳總務課長、恒春廳長、台北廳庶務課長、桃園廳長、台北市尹，1925年以市尹退官。

〔註50〕太田肥洲，《新台灣を支配する人物と產業史》（台北：台灣評論社，1940

江原節郎繼承太田組，[註51] 並將次男三五郎送給武藤針五郎爲婿養子，這在重視血緣關係的華人社會亦是不可能發生。

　　江原節郎，1882 年生於埼玉縣大里郡明石村，爲船越倉吉之鄉人，自幼即與倉吉長女德子一起長大，後更娶德子爲妻。早稻田工手學校畢業之後，[註52] 在 1906 年渡台，於鐵道部短暫工作後，轉入太田組任職。[註53] 江原節郎思慮周密，襄助岳父承包日月潭水力發電工程，獲利甚多，1929 年時，江原夫妻兩人合計已有 170 萬圓的現金存款。[註54] 1930 年，岳父船越倉吉在紀念台北市實施市制十週年的宴會上意外辭世，[註55] 江原節郎繼承太田組。1933 年時，江原節郎被《台灣實業界》評選爲台地扣除糖界以外的四大富翁，與金山王的後宮信太郎、彰化銀行的坂本素魯哉、盛進商行的中辻喜次郎並列富豪。[註56]

　　至日治末期，江原節郎除經營土木建築業，還將事業版圖跨足鐵路、汽車、紡織、貿易、電力等業，他擔任太田組主人，並兼任台北工業（資本額 10～20 萬圓）、台北鐵道（資本額 100 萬圓）、南邦自動車（資本額 30 萬圓）、台灣合同電氣（資本額 200 萬圓）、東亞商工公司（資本額 50 萬圓）、台灣苧麻紡織（資本額 200 萬圓）等 6 家公司的董事，台灣纖維工業（資本額 200 萬圓）、台灣日產自動車（資本額 48 萬圓）等 2 家公司的監事（參見表 1-1-4）。

年），頁 648～651。

〔註51〕船越倉吉次女豐子嫁户水昇，據大園市藏，《台灣人事態勢と事業界》（台北：新時代台灣支社，1942 年），頁 3；太田肥洲，《新台灣を支配する人物と產業史》（台北：台灣評論社，1940 年），頁 170。户水昇，1890 年生，石川縣鹿島郡人，1915 年，東京帝大政治科畢業，次年，高等文官考試行政科及格，進入鐵道部任職，後轉入遞信部，任監理課長兼儲金課長。1928 年，出差歐美、印度、海峽殖民等地。返國後，1930 年，任殖產局商工課長。次年，轉鐵道部庶務課長兼總務課長。其後，再轉任台北州內務部長。1936 年，升任遞信部長。1940 年，以台北州知事退官，轉任資本額高達 2,000 萬圓的東台灣電力興業專務董事。

〔註52〕橋本白水，《台灣の事業界と人物》（台北：南國出版協會，1928 年），頁 492。

〔註53〕橋本白水，《台灣統治と其功勞者》（台北：南國出版協會，1930 年），頁 125。

〔註54〕《台灣實業界》昭和 4 年 5 號。

〔註55〕太田肥洲，《新台灣を支配する人物と產業史》（台北：台灣評論社，1940 年），頁 648～651。

〔註56〕《台灣實業界》昭和 8 年 7 月號。另據《台灣實業界》昭和 8 年 9 月號言，江原節郎曾召開宴會，二日即費三千圓，被認爲是台北社交界奢豪宴會的代表。

表 1-1-4：日治時期江原節郎所經營和投資的事業

公司名稱	公司地點	設立年代	登記資本（萬圓）	職務	個人持股	公司持股	任職年份	備註
合名太田組	台北市	1923	20	代表者（1934）			1932～1943	核心企業
台北鐵道	台北市	1919	100	董事（1932）	475（1932）		1932～1943	旁系
東亞商工公司	台北市	1937	50	董事（1938）	500（1939）		1938～1943	旁系
台灣苧麻紡織台灣纖維工業	台北市	1935	200	董事（1936）監事（1941）			1936～1943	旁系
南邦自動車	台北市	1936	30	董事（1937）	500（1937）		1936～1938	旁系
台灣日產自動車	台北市	1938	48	監事（1939）			1939～1943	旁系
台灣合同電氣	桃園	1920	200	董事（1933）股東（1934）	976（1933）1,000（1935）		1933～1939	旁系轉個人投資
台北工業	台北市	1920	10（1932）20（1937）	股東（1932）董事（1934）	140（1932）210（1934）		1932～1939	個人投資轉旁系

資料來源：竹本伊一郎，《台灣會社年鑑》（台北：台灣經濟研究會）；千草默仙，《會社銀行商工業者名鑑》（台北：圖南協會）；杉浦和作，《台灣銀行會社錄》（台北：台灣實業興信所）相關各版。

　　從上述四例可以看到：華、日社會的繼承方式差異頗大。就華人社會言，其繼承特別看重血緣關係，故即使親子憨愚，仍為繼承家產的首選。若無子嗣，華人將優先選擇收養兄弟之子，第二考慮則是招贅女婿，認為至少尚有女之血脈與己相通，只有在萬不可已的情況下，才會以毫無血緣關係者為養子。〔註 57〕其次，由於華人認為父子是一個生命的連續，故嗣子必為同宗，有「異姓不養」的原則，同時，養子的昭穆亦須相當，在選擇收領養子時，

〔註57〕許烺光著，于嘉雲譯，《家元——日本的真髓》（台北：國立編譯館，2000 年），頁 32～34。

絕少違反輩份原則，故在華人社會絕無弟養子之例。〔註58〕再者，若非極度貧困，鮮有男子願意接受招贅，更遑言改隨妻家姓氏，成為岳父的養子，故婿養子在華人社會亦甚罕見。〔註59〕

但在日本社會，因採單嗣繼承，非嗣子無緣繼承家業，故嗣子以外諸子離家自立或轉入他家甚為普遍。同時，因日人對家的看法，較輕血緣而重家業的傳承，家的進出亦較為自由。當缺乏子嗣或親兒無能時，為了家業的繼承，日人可以不計血緣，挑選優秀者繼承家業，〔註60〕故在日本社會以異姓養子或女婿繼承家業之風頗為興盛。再者，由於嗣子與非嗣子之間階級鮮明，若弟之年紀夠小，違反世代原則，以弟為養子亦不足為奇。〔註61〕

二、嗣子襲名繼承

前面提及資生堂藥舖少東，在父親過世後更名，襲父之名，並以此繼承家業，這在華人社會亦從未聽聞，其背後到底有何思想基礎？這可由許烺光的研究得到解答。許烺光在其名著《家元——日本的真髓》中，比較了華人、日人命名與親屬體系的關係。許氏言：對華人來說，不僅所有氏族成員都姓相同的姓，親兄弟、堂兄弟在名字中，亦有一個共同的元素（即昭穆），別人從他的名字，即可看出其在氏族中的輩份。許烺光舉自己家族為例，他們家族的昭穆為：景、運、際、光、天、家、傳、德、配、先，許烺光之父、伯叔父、堂伯叔父皆有「際」字，許烺光和兄弟、堂兄弟亦都有「光」字，其一下代的男性則將都有「天」字。華人的命名方式，顯示了父系擴展親族集團的包容性和連續性。其具包容性，係因：親族集團所有男性成員與其配偶都被姓氏所拘束，而該親族團體所有同代的男性成員，都可以名字中的共同元素來辨認。其具有連續性，係因：氏族成員永遠保持相同的姓，而不同世代的男子，亦由其名字中預先系列化的共同元素，加以聯結。〔註62〕

〔註58〕滋賀秀三著，張建國、李力譯，《中國家族法原理》（北京：法律出版社，2003年），頁254～259。

〔註59〕許烺光著，于嘉雲譯，《家元——日本的真髓》（台北：國立編譯館，2000年），頁53。

〔註60〕許烺光著，于嘉雲譯，《家元——日本的真髓》（台北：國立編譯館，2000年），頁38～39。

〔註61〕許烺光著，于嘉雲譯，《家元——日本的真髓》（台北：國立編譯館，2000年），頁53。

〔註62〕參見許烺光著、于嘉雲譯，《家元——日本的真髓》（台北：國立編譯館，2000

　　但日人的命名習慣，則較不連續性，亦更具排他性。大多數的日人在德川時代以前，並沒有家或族的姓。德川時代後，雖有具包容性的姓，但日人的名字在親族集團中，則未顯現包容性，日人常在特定世系團所有嗣子的名字中，規定一個共同的字，武士階級尤為如此。例如：諸侯池田由之的嫡系，全共用「由」這個字，他的長嗣子為由成，長孫繼承人則為由孝等，其次的世系團，則從忠次這個名字開始，他的嗣子為忠繁，孫子則為忠貞。〔註 63〕德川幕府之初，武士階級有襲名繼承的習慣，其後，商家為避免財本分散，亦仿武士階級發展出長嗣繼承和襲父名的習慣。〔註 64〕

　　華人的命名方式：同一世代的男性成員，名字中有一共同的元素，顯示華人社會中，同一世代者共有家產，即家是同居共財的組織，諸子均有繼承財產的權利。而日人的命名方式，則排除了旁系親戚，使得日人的單嗣繼承更加明確，只有嗣子擁有財產繼承權，同時，亦突顯嗣子的優越地位，使得一般兒子對嗣子更為屈從。

　　在這種思想基礎下，日人的命名習慣與華人迥異，而日人這種父子通名的習慣，在日治時期台灣的日人企業菁英中，亦甚普遍，筆者蒐羅各類資料，共尋得 29 個父子名字共用一個元素的例子，其中，同一元素、同位置者，共有 25 例（參見表 1-1-5 之 1～25），同一元素、但位置相異者，則有 4 例（參見表 1-1-5 之 26～29）。甚至為了更明確表示繼承關係，嗣子甘脆更名，與父親同名，這種嗣子襲父名以繼承家業的情況，亦可得到 6 例。

　　日人父親與嗣子之名，共用一個元素，以確立繼承關係，如上所述可得 29 例，茲以上田熊次郎家族為例，說明如下。上田熊次郎，1874 年生，大阪府堺市人，14 歲即赴東京，學習股票證券買賣，並成為股票仲買商。1912 年渡台，在台北設立高砂商店，為台灣股票證券業者之先驅。〔註 65〕

　　上田熊次郎共有三子，嗣子上田光一郎（1904 年生，1928 年慶應大學經濟科畢業）、次子東平（1906 年生）、三子勝平（1907 年生）。上田熊次郎與光一郎共用「郎」字，確立了兩者的繼承關係，故 1937 年上田熊次郎過世後，

年），頁 27～29。

〔註 63〕 參見許烺光著、于嘉雲譯，《家元——日本的真髓》（台北：國立編譯館，2000年），頁 27～29。

〔註 64〕 堀江保藏，《日本經營史における「家」の研究》（京都：臨川書店，1984 年初版），頁 38。

〔註 65〕 大園市藏，《台灣人物志》（台北：谷澤書店，1916 年），頁 337。

家業株式會社高砂商店亦由上田光一郎繼任董事長，〔註66〕而次子東平、三子勝平，則以「平」字，另啓一系，在父親去世後，兩人皆僅任株式會社高砂商店的董事。〔註67〕

此外，上田熊次郎還有一傑出的女婿——岡崎文雄，〔註68〕娶其長女靜子，岡崎較嗣子上田光一郎年長甚多，自1922年株式會社高砂商店（資本額50萬圓）創立後，一直擔任專務董事，爲株式會社高砂商店的第二號人物。1929年，上田熊次郎夫婦又與岡崎文雄夫婦，共同創立資本額2萬圓的合資會社高砂商店，並由岡崎文雄擔任代表社員，〔註69〕可見女婿岡崎文雄亦可分享高砂商店的這塊金字招牌的聲譽。

表1-1-5：日治時期日人在台企業菁英父子通名繼承的狀況（同一元素）

編號	關係	姓　　名	曾任之企業職位	曾任之公職職位
1	養父	中辻「喜」次郎	盛進商行（100萬）代表董事 盛進商事（30萬）顧問、董事長 台北鐵道（100萬）董事、代表董事 東光油脂（50萬）董事長 東光興業（60萬）董事長 台北交通（35萬）代表者 日本活性碳（25萬）代表者 台灣高級硝子（18萬）代表者 台灣油脂（15萬）代表者 資生堂台灣販售（10萬）代表者 台灣煉瓦（300萬）董事 台灣製鹽（250～500萬）董事 台灣苧麻紡織、台灣纖維工業（200萬）董事 台北州自動車運輸（150萬）董事 台灣膠印（100萬）董事 台灣肥料（100萬）董事 台灣鐵鋼製品統制（100萬）董事 東海自動車運輸（80萬）董事 台灣爆竹煙火（65萬）董事	台北實業會會長 台北市協議會員 台北州協議會員 台北州會議員

〔註66〕竹本伊一郎編，《台灣會社年鑑》昭和12年版（台北：台灣經濟研究會，1937年）。

〔註67〕《台灣人士鑑》1943年版（台北：興南新聞社），頁37。

〔註68〕杉野嘉助，《台灣商工十年史》（台北：編者，1919年）。

〔註69〕參見杉浦和作編，《台灣會社銀行錄》（台北：台灣實業興信所）、千草默仙編，《會社銀行商工業者名鑑》（台北：圖南協會）相關各號。

			台灣野蠶（50 萬）董事 台灣鋼材配給（45 萬）董事 台灣精機工業（18～100 萬）董事 台灣商工銀行（500 萬）董事、監事 台南製麻（200 萬）監事 高砂麥酒（150～300 萬）監事 台灣瓦斯（100 萬）監事 共同商事（50 萬）監事	
	弟養子	中辻「喜」策	盛進商行（100 萬）董事 盛進商事（30 萬）代表董事 金瓜石礦山（200 萬）董事	
2	父	佐佐木紀「綱」 〔註70〕	佐佐木商店 台南煉瓦（100～10 萬）董事長、監事 台灣鳳梨罐頭製造（20 萬）董事長 台灣木材共同販售所（19.2 萬）董事長 台南興信社組合長 台灣織布（150～15 萬）董事 台灣製鹽（250～500 萬）董事 台灣合同電氣（516～200 萬）董事 日本拓殖（1,000～200 萬）監事 台灣漁業（50～55 萬）監事 北港製糖（300 萬）監事 高雄地所（60 萬）監事 朝日製糖拓殖（350 萬）監事 台中製糖（300 萬）監事 帝國ラミ紡織（300 萬）監事 台南製冰合名（2 萬）社員	台南州協議會員 土地建築請負組合長 台南商工組合長 台南商工會長
	子	佐佐木正「綱」 〔註71〕	佐佐木商店主 台南煉瓦（100～10 萬）董事長	
3	父	川合「良」男 〔註72〕 （1866～？）	後藤組（50 萬）董事長 阿猴拓殖（100 萬）董事長 台灣合同電氣（516～200 萬）董事	

〔註70〕綜合岩崎潔治，《台灣實業家名鑑》（台北：1912 年）、林進發，《台灣官紳年鑑》（民眾公論社，1932 年）、《最近の南部台灣》（台南：台灣大觀社，1923 年）、《台灣人士鑑》1937 年版（台北：台灣新民報社）、《台灣人士鑑》1943 年版（台北：興南新聞社），佐佐木紀綱，1860 年生，和歌山海草郡紀伊村人。1895 年，隨近衛師團以陸軍監理部員身份渡台，後對軍部，進入大阪石田商會，負責台南支店業務，經營木材、砂糖生意。1896 年，石田商會改組為大阪共立物產支店。1897 年，獨立創設佐佐木材木店，經營木材生意，在各地都設有木材支店，為台灣木材業的泰斗，與越智寅一並稱台南實業界兩大成功者。

〔註71〕佐佐木正綱，慶應大學畢業。

〔註72〕岩崎潔治，《台灣實業家名鑑》（台北：1912 年），頁 35。川合良男，1866 年

			台灣織物（150 萬）董事 東海自動車運輸（80 萬）董事 台北製作所（50 萬）董事 台灣電氣工業（40 萬）董事 台灣鳳梨罐頭（20 萬）董事 台灣爆竹煙火（15～65 萬）董事 新竹產業（15 萬）董事 宜蘭殖產（45 萬）監事 川合合名（20～48 萬）代表社員	
	子	川合「良」藏 〔註 73〕 （1900～？）	川合合名（20～48 萬）代表社員 台灣爆竹煙火（65 萬）董事 台灣織物（15 萬）監事	
4	養父	神木彥三「郎」	大阪神木洋行主（化粧品商）	
	養子	神木次「郎」 〔註 74〕 （1890～？）	神木洋行（15 萬）主人 台灣化粧石鹼（15 萬）董事長 台灣清掃具（19 萬）董事長 台灣高爾夫特定品販售（2 萬）代表者 興南企業董事長 台灣纖維統制常務董事 台灣紡績（400 萬）監事	台北商工會議所評議員
5	父	永原喜太「郎」 〔註 75〕	日東商船組（100～200 萬）專董 合資嘉義牧畜（5 萬）代表社員 合資嘉義產業（50～5 萬）代表者 麻豆合同運送（5 萬）代表者 新竹州自動車運輸（100 萬）董事	嘉義街（市）協議會員 台灣運輸同業組合常議員
	子	永原周次「郎」	日東商船組（100～200 萬）台中支店長	

生，岡山縣人。京都同志社畢業後，即進入後藤組神戶本店。二年後轉赴泰國從事貿易。1895 年渡台，創立後藤組，經營運輸業。

〔註 73〕《台灣人士鑑》1943 年版（台北：興南新聞社），頁 96。川合良藏，1900 年生。1923 年，同志社大學畢業，歷任後藤迴漕店店員、豐國火災台灣派駐員、參事。1936 年，創立川合合名，就任代表社員。

〔註 74〕《台灣人士鑑》1943 年版（台北：興南新聞社），頁 93。神木次郎，1890 年生，大阪人。原爲大阪府松本千代藏二男，後爲兵庫縣神木彥三郎養子。1913年，大阪高商畢業後，在父大阪神木洋行任職，經營化粧品業。1932 年，神木洋行改組爲株式會社，並就任董事長。

〔註 75〕大園市藏，《台灣人事態勢與事業界》（台北：新時代台灣支社，1942 年），頁7。永原喜太郎，佐賀縣人。1901 年渡台，任基隆商船組（日東商船組前身）組員。1913 年，升任日東商船組嘉義支店長兼水上支店長。1932 年，日東商船組改爲股份公司，升任專務董事。另外，亦曾任嘉義街（市）協議會員、台灣運輸業組合常議員。

6	父	上田熊次「郎」 （1874～？）	高砂商店（50 萬）董事長 打狗土地（50 萬）董事	
	子	上田光一「郎」 （1904～？）	高砂商店（50 萬）董事長 打狗土地（50 萬）董事、代表董事 東亞商工公司（50 萬）常務董事 台灣日產自動車（48 萬）常務董事	
7	父	杉森「與」吉 〔註 76〕 （1868～？）	日之丸旅館（100 萬）董事長 台灣蠶絲（5 萬）董事長 台灣自動車監事	
	子	杉森「與」一 〔註 77〕 （1900～？）	日之丸旅館（100 萬）董事長 初春旅館董事長	台北南旅館組合長
8	父	山移「定」政	新高製紙（300 萬）專務董事 日本拓殖（1,000 萬）董事 台中製糖（300 萬）董事 海南製粉（140 萬）董事 台灣果物（60 萬）監事	
	子	山移「定」良	彰化銀行桃園支店長、台中支店長	
9	父	石川「昌」次	台東製糖（175 萬）董事長 東洋製糖（3,400 萬）董事 台中製糖（300 萬）董事 新興製糖（120 萬）董事 打狗土地（50 萬）董事	
	子	石川「昌」一	台東製糖（175 萬）股東	
10	父	中林政太「郎」 〔註 78〕 （1869～？）	陶磁製造商	
	子	中林鶴次「郎」	陶磁製造商	

〔註76〕 大園市藏，《台灣人物志》（台北：谷澤書店，1916 年），頁 150～151；內藤素生，《南國之人士》（台北：台灣人物社，1922 年），頁 77～78。杉森與吉，1864 年生，三重縣人。1895 年渡台，在台北任官衙御用商。後販售縱貫鐵路工程用品。1896 年，兼營旅館業，家號為日之丸。縱貫鐵路完成後，不再販售鐵路工程用品，專營旅館業。1911 年，台灣總督府發布「蠶業獎勵規則」，與吉配合政策，創立台灣蠶絲，任專務董事。1914 年，旅館遭受火災打擊，重建旅館。1916 年，佔地 1200 坪的新館落成。1919 年，將日之丸旅館改為株式會社。

〔註77〕 《台灣人士鑑》1943 年版（台北：興南新聞社），頁 207。杉森與一，1900 年生於台北市。1941 年，繼承父業經營日之丸旅館。

〔註78〕 內藤素生，《南國之人士》（台北：台灣人物社，1922 年），頁 176～177。中林政太郎，愛知人，1869 年生。1912 年渡台，從事陶磁販售生意。

11	父	海野三「次郎」〔註79〕（1864～？）	海野組土木承包商	
	子	海野銀「次郎」	海野組土木承包商	
12	父	笹川熙「雄」〔註80〕（1869～？）	和洋食品酒類販售	總督府鐵道部事務官 苗栗煙草批發商同業組合長
	子	笹川忠「雄」	和洋食品酒類販售	
13	父	樋口仁「三郎」	台中運輸業者 台中劇場董事長	
	子	樋口二郎「三郎」（1885～？）	樋口運輸合名代表社員 台中鑄造董事	
14	父	澤井「市」造〔註81〕（1850～？）	澤井組主	
	子	澤井「市」良〔註82〕	澤井組合資（30萬）代表社員 台北鐵道（100萬）董事	
15	父	高橋「是」清		藏相、首相、政友會總裁
	子	高橋「是」賢	鹽水港製糖（2,500～2,925萬）董事 台灣生藥（50萬）董事長	子爵

〔註79〕岩崎潔治，《台灣實業家名鑑》（台北：1912年），頁498；內藤素生，《南國之人士》（台北：台灣人物社，1922年），頁338。海野三次郎，靜岡縣人，1864年生。1900年渡台，承包鐵道部打狗出張所工程。1907年，辭經營水泥製造販售。

〔註80〕大園市藏編，《台灣人物志》（台北：谷澤書店，1916年），頁117。笹川熙雄，1869年生，茨城縣人。曾在東京四十四銀行、第三銀行、鐵道局任職。1897年渡台，歷任總督府鐵道部囑託、運轉事務員練習所講師、汽車課庶務係長、鐵道部事務官。1914年退官，轉營和洋食品酒類販售，後又被指定為苗栗街煙草專賣批發商。

〔註81〕岩崎潔治，《台灣實業家名鑑》（台北：1912年），頁110。澤井市造，1850年生，京都府加佐郡人。1895年，以有馬組組員的身份渡台，1898年，獨立設立資本額30萬圓的澤井組，承包縱貫鐵路工程、埤圳、築港等大型土木工程，對本島土木界貢獻良多。

〔註82〕大園市藏，《台灣人物志》（台北：谷澤書店，1916年），頁121。澤井市良，大阪人，市良為市造的嗣子，其在中央本店發號司令，台北支店則由毛利千代次負責。

16	父	今澤「正」秋〔註83〕（1877～？）	城南信用組合長	台東廳警務課長
	子	今澤「正」雄〔註84〕（1909～？）	台北帝大預科教授	
17	父	松方「正」義		公爵
	子	松方「正」熊〔註85〕	帝國製糖（1,500～2,700萬）董事長 南北商事（20萬）顧問	
18	父	太田「重」助〔註86〕（1868～？）	記者、律師 新竹庶民信組合長	新竹市協議會員 新竹市會議員
	子	太田「重」夫〔註87〕（1902～？）		新竹州農林課長
19	父	中倉野次「郎」	大倉家執事	
	子	中倉恭一「郎」	大倉家不動產管理人	
20	養父	鍵山今朝「吉」〔註88〕（1869～1917）	鍵山商店主 米穀醬油不動產商	

〔註83〕《台灣人士鑑》1943年版（台北：興南新聞社），頁32。今澤正秋，1877年生。1901年渡台，歷任廳巡查、警視、台南、台北各警察署長、台東廳警務課長。1929年退官，轉入實業界。1935年，任城南信組合長。

〔註84〕《台灣人士鑑》1943年版（台北：興南新聞社），頁32。今澤正雄，1909年生於山梨縣。1932年，台北帝大文政學部畢業後，即任該校助手，1933年，轉任農林專門部講師。1942年，升任台大預科講師，後又升預科教授。

〔註85〕《台灣人士鑑》1943年版（台北：興南新聞社），松方正熊，公爵松方正義的八男，妻美代為群馬縣素封家新井領一郎長女。

〔註86〕《台灣人士鑑》1943年版（台北：興南新聞社），頁64。太田重助，廣島縣人，1868年生。1889年，法大法科畢業後，曾任《山形民報》記者。1909年，遷台北市。1929年，再轉新竹任開業律師。1942年，任新竹庶民信用組合長。亦曾任新竹街（市）協議會員。

〔註87〕《台灣人士鑑》1943年版（台北：興南新聞社），頁64。太田重夫，1902年生於山梨縣。1926年，京都帝大英法科畢業。1930年，任總督府屬。1940年，升任總督府理事官。1942年，轉任新竹州產業部農林課長。

〔註88〕岩崎潔治，《台灣實業家名鑑》（台北：1912年），頁39。鍵山今朝吉，佐賀縣人，1869年生。1896年渡台，1900年，經營米穀生意，取得故鄉佐賀米的一手販賣權。1903年，又取得熊本玉城常八氏醬油的一手販賣權，並自行製造醬油，供應台灣守備隊。1906、1907年，又分別跨足房地產、精米業。

	養子	鍵山愛「吉」〔註89〕（1879～？）	鍵山商店主 米穀醬油不動產商	
21	父	松田幸一「郎」	松田園主	
	子	松田長次「郎」	松田園主	
22	父	伊ケ崎「虎」吉	伊ケ崎商店主	
	子	伊ケ崎「虎」信	伊ケ崎商店主	
23	父	村崎長「昶」	新高堂書店主 台灣書籍（10 萬）董事長 台北中央市場（40 萬）監事 東海自動車運輸（80 萬）監事 台北信用組合理事 台北倉庫信用組合監事	台北市協議會員 台北實業會理事 大同會會長
	子	村崎敏「昶」	新高堂書店幹部	
24	父	坂本「信」道	彰化銀行（480 萬）董事長 新高水產開發（100 萬）董事 台灣製麻（140 萬）監事 台灣土地建物（150 萬）監事	
	子	坂本「信」男		
25	父	松井金「次」郎	松井保生堂店主 新港運輸組（2.5 萬）代表者	
	子	松井正「次」	松井保生堂幹部	
26	父	越智寅「一」	越智商店主人 南部台灣海產（32 萬）代表者 台南越智商店（19 萬）代表者 台北越智商店（19 萬）代表者 高雄越智商店（19 萬）代表者 台灣味之素販售（200 萬）代表者 台灣製鹽（250～500 萬）董事 台灣膠印（100 萬）董事 台灣瓦斯（100 萬）董事 東光興業（60 萬）董事 高雄地所（60 萬）董事 台灣鳳梨罐頭（20 萬）董事 台南製麻（200 萬）監事 台灣苧麻紡織（200 萬）監事	台南商工會副會長 台南市協議會員 台南州協議會員 台南州會議員

〔註89〕 內藤素生，《南國之人士》（台北：台灣人物社，1922 年），頁 127。鍵山愛吉，今朝吉的嫡男，1879 年生。1917 年，繼承家督，經營米穀醬油味增販售。

	子	越智「一」義	高雄越智商店（19 萬）代表者	
27	父	樋口典「常」	台灣農林（200 萬）董事長 台灣製鹽（250 萬）董事	眾議員 政友會福岡支部幹事長 新竹州稅調查委員 台灣總督府評議員
	子	樋口「常」彌 （1898～？）	律師 台灣農林（200 萬）監事 台灣製鹽（250～500 萬）董事	
28	父	伊藤博「文」		首相、朝鮮統監
	子	伊藤「文」吉	金瓜石礦山（200 萬）董事 台灣礦業（1000～2000 萬）董事長 日本礦業（24,015～36,023 萬）董事長 台灣化學工業（1,000 萬）董事 日產生命保險（100 萬）董事	男爵、貴族院議員
29	父	丹羽「孝」之允 〔註 90〕 （1880～1919）	和泉時計舖主	
	子	丹羽一「孝」 〔註 91〕 （1910～？）	和泉時計舖主	

　　嗣子為更明確顯示繼承的關係，特別更名，襲父之名，並以此繼承，這類例子共獲得 6 個，即：近藤商會的近藤喜惠門、西村商會的西村武士郎、明比商店的明比實平、資生堂藥舖的中田銀三郎、基隆運輸界元老的田尻與八郎、鹽水港製糖監事的岡崎三郎助。由於前已說明資生堂藥舖中田銀三郎之例，而鹽水港製糖監事岡崎三郎助之例，因資料過少，難徵其詳，故在此僅說明其餘 4 例。

　　首先，看近藤商會之例。近藤商會與台灣宅商會、台灣辰馬商會並稱台灣三大酒商，近藤商會的創始人為第一代近藤喜惠門。其為大阪堺市人，

〔註90〕 內藤素生，《南國之人士》（台北：台灣人物社，1922 年），頁 119。丹羽孝之允（1880～1919），神戶人。1900 年渡台，在台北販售鐘錶、寶石、眼鏡、腳踏車，家號為和泉時計舖。後在台南、神戶設立支店，並將台北支店改為中央本店。

〔註91〕 內藤素生，《南國之人士》（台北：台灣人物社，1922 年），頁 119。丹羽一孝，兵庫縣人，孝之允長男，1910 年生。1919 年，父過世繼承家督，並由經理松井氏協助經營。

〔註 92〕1895 年渡台，在台北北門街開設共同商會，經營日本銀行的現金押送、郵政電信等業務，後亦販售清酒。1897 年，將共同商會改為近藤商會，專營酒類生意，同時，為繼續運送業務，乃與金子圭介、賀田金三郎、山下秀實等人，設立台灣驛傳社。此外，第一代近藤喜惠門還發起創設帝國製糖、台灣儲銀、台灣倉庫等公司，〔註 93〕為日治初期台北商界的名人。

第一代近藤喜惠門的嗣子，為近藤喜千松。其 1887 年生，1913 年，第一近藤喜惠門因病過世，喜千松乃襲父名繼承家業，〔註 94〕是為第二代近藤喜惠門。第二代近藤喜惠門繼承近藤商會後，為擴大營業，在 1921 年，將近藤商會的組織，變更為資本額 100 萬圓的股份公司，並關閉大阪堺市本店，改以台北京町支店為本店，〔註 95〕將近藤商會的事業重心遷至台灣。

近藤商會雖由第二代近藤喜惠門所繼承，但實際經營業務者則為近藤勝次郎。其 1885 年生，本籍大阪堺市人，舊名勝間勝次郎，原為第一代近藤喜惠門的表弟。〔註 96〕1905 年渡台，〔註 97〕在近藤商會見習。後娶第一代近藤喜惠門之女，並成為其婿養子，更名為近藤勝次郎。勝次郎受第一代近藤喜惠門倚重，分擔近藤商會台北支店經營之責。1921 年，近藤商會改組時，更被養兄第二代近藤喜惠門任命為專務董事。近藤勝次郎在台北商界、政界頗為活躍，歷任：台北實業會理事、台北商工會常議員〔註 98〕、京町建築信用組合專務理事、酒類賣捌人組合理事、組合長、台北市協議會員、啤酒販賣專務董事、高砂啤酒董事、實業信用組合組合長〔註 99〕、共同商事專務董事、國際映畫董事、台北市會議員、京町會會長、台灣酒罇統制董事長〔註 100〕、台北州會議員等職。〔註 101〕

近藤勝次郎原為第一代近藤喜惠門的表弟，後成為其婿養子，近藤勝次

〔註 92〕岩崎潔治，《台灣實業家名鑑》（台北：1912 年），頁 96。

〔註 93〕大塚清賢編，《台灣大觀》（台北：台南新報社，1935 年），頁 245。

〔註 94〕内藤素生，《南國之人士》（台北：台灣人物社，1922 年），頁 64。

〔註 95〕大塚清賢編，《台灣大觀》（台北：台南新報社，1935 年），頁 245。

〔註 96〕《台灣實業界》昭和 7 年 4 月號，言近藤勝次郎為第一代近藤喜惠門的表弟。橋本白水，《台灣統治と其功勞者》（台北：南國出版協會，1930 年），頁 65，言：近藤勝次郎為第一代近藤喜惠門的女婿。

〔註 97〕《台灣人士鑑》1937 年版（台北：台灣新民報社），頁 141。

〔註 98〕《台灣人士鑑》1937 年版（台北：台灣新民報社），頁 141。

〔註 99〕唐澤信夫，《台灣紳士名鑑》（台北：新高新報社，1937 年），頁 232。

〔註 100〕《台灣實業界》昭和 14 年 1 月號。

〔註 101〕《台灣人士鑑》1943 年版（台北：興南新聞社），頁 160。

郎的年紀，雖長第二代近藤喜惠門 2 歲，但因第二代近藤喜惠門繼承了近藤
商會的家業，故近藤勝次郎反必須稱第二代近藤喜惠門爲兄長，此亦顯示出
家業的至高無上，故嗣子可因繼承家業而高貴。

　　其次，看西村商會之例。西村商會爲日治時期台地的知名雜貨商，創始
人爲第一代西村武士郎。其 1878 年生，福井市永上町人，廣島中學畢業。
1900 年渡台，〔註 102〕收購石內商店，〔註 103〕並將之更名爲西村商會，此
後，遂以經營雜貨批發逐漸發跡，在基隆、台南、埔里、北海道等地都設有
支店。〔註 104〕1919 年，投資新高釀造（資本額 25 萬圓），被推爲董事。1920
年，再投資大正醬油（資本額 100 萬圓），又被選爲董事。1925 年，第一代
西村武士郎的事業大有突破，除創設森永製品台灣販賣，促使本島糖糖菓者
的覺醒外，〔註 105〕亦將高砂油脂工業合資（資本額 6 萬圓，1920 年創立）
〔註 106〕，改組爲東光油脂工業，並被推舉爲董事長。〔註 107〕

　　然就在事業順遂之際，第一代西村武士郎卻在 1929 年突然因病辭世，由
其養子襲名繼承西村商會。第二代西村武士郎，1906 年生，原爲福井縣人猪
坂吉太郎的次子，後過繼給第一代西村武士郎爲養子。他台北商業學校畢業
後，〔註 108〕即助父經營事業，1929 年，初繼家業時，其父東光油脂工業、森
永製品台灣販售的董事長之位，分爲櫻井貞次郎、吉川榮次郎所奪，〔註 109〕
他僅任這兩家公司的股東。第二代西村武士郎經數年努力，始逐漸復興家
業，1934 年，終獲推爲東光油脂工業董事。〔註 110〕根據《台灣實業界》的調

〔註 102〕 大塚清賢編，《台灣大觀》（台南：台南新報社，1935 年），頁 258，言：第一
　　　　　代西村武士郎 1900 年渡台；但《新台灣》1915 年 11 月號，頁 30 則言：1907
　　　　　年渡台。
〔註 103〕 内藤素生，《南國之人士》（台北：台灣人物社，1922 年），頁 19。
〔註 104〕 木村健堂，《台灣事業界と中心人物》（台北：台灣案内社，1919 年），頁
　　　　　186。
〔註 105〕 大園市藏，《台灣の中心人物》（台北：日本植民地批判社，1935 年），頁
　　　　　28。
〔註 106〕 内藤素生，《南國之人士》（台北：台灣人物社，1922 年），頁 19。
〔註 107〕 參見杉浦和作，《台灣會社銀行錄》昭和 5 年版（台北：台灣實業興信所，
　　　　　1930 年）。
〔註 108〕 《台灣人士鑑》1943 年版（台北：興南新聞社），頁 311。
〔註 109〕 參見杉浦和作編，《台灣會社銀行錄》大正 14 年版（台北：台灣實業興信所，
　　　　　1925 年）。
〔註 110〕 參見竹本伊一郎編，《台灣會社年鑑》昭和 9 年版（台北：台灣經濟研究會，
　　　　　1934 年）。

查估計，第二代西村武士郎已有 70～80 萬圓的資產。〔註 111〕1938 年，再將西村商會的組織，變更爲資本額 30 萬圓的股份公司，並投資台灣味之素販售，被推爲監事。〔註 112〕1939 年，又投資森永製品台灣販售，亦被推舉爲董事。〔註 113〕

　　第三，看明比商店之例。第一代明比實平（1862～1924），愛媛縣松山市人，爲基隆實業界的元老。1895 年渡台，〔註 114〕創立明比商店，經營雜貨、糧食、煤炭的銷售。〔註 115〕第一代明比實平發跡後，歷任基隆水產（1911 年創立，資本額 30 萬圓）專務董事、基隆製冰（1911 年創立，資本額 20 萬圓）、台北魚市監事（1915 年創立，資本額 10 萬圓）、基隆輕鐵董事（1918 年創立，資本額 20 萬圓）、發動機船保險（1919 年創立，資本額 20 萬圓）董事長、太陽興業信託（1919 年創立，資本額 50 萬圓）監事、基隆劇場（1919 年創立，資本額 20 萬圓）董事、澎湖海運（1920 年創立，資本額 10 萬圓）顧問、台灣水產（前身爲基隆水產，增資爲 72.75 萬圓後更名）董事（參見表 1-1-6）。

　　1924 年，第一代明比實平辭世，嗣子明比憲吾繼承家督（繼承戶長地位），並更名爲實平，是爲第二代明比實平。第二代明比實平，1890 年生，西條中學〔註 116〕、慶應大學理財科畢業後，1914 年，進入三越吳服店任職。1916 年渡台，輔佐父親經營明比商店。1918 年，進入木村礦業，1919 年，再轉入基隆鐵工所。〔註 117〕1924 年，第二代明比實平繼承家業後，未能接收父親在各企業的董監事頭銜，但另創內台通運合資，擔任代表社員。

　　經過第二代明比實平的努力，家業逐漸振興，他所兼之企業董監事、公共事務職銜亦日漸增多。在企業董監事職務方面，歷任基隆劇場監事（1930 年起）、台灣水產董事（1933 年起）、基隆冷藏董事（1937 年起）、內外運輸董事長（1939 年起）、倉庫信用利用組合組合長（參見表 1-1-7）。在公共事務

〔註 111〕《台灣實業界》昭和 12 年 3 月號、5 月號。

〔註 112〕參見竹本伊一郎編，《台灣會社年鑑》昭和 13 年版（台北：台灣經濟研究會，1938 年）。

〔註 113〕參見竹本伊一郎編，《台灣會社年鑑》昭和 14 年版（台北：台灣經濟研究會，1939 年）。

〔註 114〕岩崎潔治，《台灣實業家名鑑》（台北：1912 年），頁 105。

〔註 115〕《新台灣》1915 年 11 月號，頁 39～40。

〔註 116〕《台灣人士鑑》1937 年版（台北：台灣新民報社），頁 4。

〔註 117〕《台灣人士鑑》1943 年版（台北：興南新聞社），頁 7。

職務方面，歷任：基隆市協議會員（1926 年起）〔註 118〕、官選基隆市會議員（1935、1939 年兩度當選）、基隆市中三區長（1936 年起）〔註 119〕、財團法人基隆公益社理事、基隆神社奉贊會氏子總代、方面委員、町委員〔註 120〕、州稅調查委員、台灣礦業會評議員等職。〔註 121〕

表 1-1-6：日治時期第一代明比實平經營和投資的企業

公司名稱	公司地點	創立年代	登記資本（萬圓）	職務	個人持股	公司持股	任職年份	備註
明比商店	基隆			店主			1895～	核心企業
發動機船保險	基隆	1919	20	董事長			1919～	直系
基隆水產	基隆	1911	30	專務董事	104（1911）		1911～1920	旁系
台灣水產	基隆	1911	72.75	董事			1920～1924	旁系
基隆製冰	基隆	1911	20	監事			1911～	旁系
基隆輕鐵	基隆	1912	20	董事	100（1923）		1918～1924	旁系
太陽興業信託	基隆	1919	50	監事			1919～	旁系
台北魚市	台北	1915	10	監事			1920～1924	旁系
基隆劇場	基隆	1919	20	董事（1919）監事（1930）董事（1932）			1919～1924	旁系
澎湖海運	澎湖	1920	10	顧問			1923～1924	旁系

資料來源：佐佐英彥，《台灣銀行會社要錄》（台北：台灣興信所，1920 年）；杉浦和作，《台灣銀行會社錄》（台北：台灣實業興信所）相關各版。

〔註 118〕《台灣人士鑑》1937 年版（台北：台灣新民報社），頁 4。
〔註 119〕《台灣人士鑑》1943 年版（台北：興南新聞社），頁 7。
〔註 120〕《台灣人士鑑》1937 年版（台北：台灣新民報社），頁 4。
〔註 121〕唐澤信夫，《台灣紳士名鑑》（台北：新高新報社，1937 年），頁 248。

表 1-1-7：日治時期第二代明比實平經營和投資的企業

公司名稱	公司地點	創立年代	登記資本（萬圓）	職　務	個人持股	公司持股	任職年份	備　註
內台通運合資	基隆	1924	0.51（1924）2.5（1929）	代表社員	500（1924）2,450（1929）		1924～1942	核心企業
內外運輸	基隆	1939	15	董事長			1939～1943	核心企業
台灣水產	基隆	1911	72.75	董事			1933～1937	旁系
基隆劇場	基隆	1919	20	董事（1920）監事（1930）董事（1932）			1930～1939	旁系
基隆冷藏	基隆	1930	30	董事			1937～1943	旁系

資料來源：竹本伊一郎，《台灣會社年鑑》（台北：台灣經濟研究會）；千草默仙，《會社銀行商工業者名鑑》（台北：圖南協會）；杉浦和作，《台灣銀行會社錄》（台北：台灣實業興信所）相關各版。

　　第四，看田尻與八郎之例。田尻與八郎，兵庫縣節麻郡人，其為基隆運輸業者的先驅，經多年辛勤奮鬥後，終在 1913 年底，創設資本額 3 萬圓的合資會社郵船荷捌所，經營船運、勞力代辦業務。〔註 122〕田尻與八郎共有二子，長子為田尻光次、次子為田尻信次。次子信次在 1908 年，即渡台繼承田尻與八郎所經營之運送店，〔註 123〕長子光次則至 1914 年，始渡台經營米穀業。〔註 124〕

　　1924 年，田尻與八郎過世，長子光次襲父名，更名為與八郎，同時，繼承父親經營的米穀批發、海運、水產、造船等業。〔註 125〕次子信次則以基隆館運送店為基地，擴展事業版圖，〔註 126〕此後，兄弟二人各有發展。

〔註 122〕《台灣會社銀行錄》（台北：台灣實業興信所，1923 年），頁 44。
〔註 123〕太田肥洲，《新台灣を支配する人物と產業史》（台北：台灣評論社，1940年），頁 194。
〔註 124〕《台灣人士鑑》1943 年版（台北：興南新聞社），頁 220。
〔註 125〕唐澤信夫編，《台灣紳士名鑑》（台北：新高新報社，1937 年），頁 142。
〔註 126〕《台灣人士鑑》1943 年版（台北：興南新聞社），頁 220。

　　長子第二代田尻與八郎（1886 年生，大阪難波精華實業補習學校畢業），縱橫於基隆的水產、金融二業，歷任：台北州水產會總代、基隆漁業組合專務理事、基隆冷藏董事、基隆水產業者建築信購利用組合理事、基隆信用組合專務理事〔註 127〕、長命軒董事長、基隆劇場監事、台灣海陸運輸監事、國際通運囑託等職。在公職方面，則曾任：基隆市協議會員、基隆市會議員、基隆市參事會員、基隆公益社理事、入船區長等職。〔註 128〕

　　次子田尻信次（1891 年生，姬路師範附小畢業），在繼承其父的運送店後，即專心經營運輸業，歷任：基隆運送團監事長、基隆住宅利用組合監事、台灣運輸業組合監查員、基隆信用組合理事、基隆通關代表董事、台北州自動車運輸監事、基隆合同運送代表社員。〔註 129〕在公職方面，亦曾任明治町方面委員、基隆市會議員、基隆商工會議所評議員等職。〔註 130〕

　　綜上所述，日人嗣子襲名繼承的習慣，使得單嗣繼承更為確定，日人的單嗣繼承，可避免家業為諸子所均分，家業得以累積不散，不致零細化，有助於日人企業的持續擴大。再者，襲名繼承家業將各世代嗣子連結起來，各世代嗣子因持有家業而能等量齊觀，此亦顯示日人看重家業的傳承，企業生命的延續，更勝於家族骨肉的連綿。

三、「同族」企業的萌芽

　　在前述大川平三郎、船越倉吉兩個事例中，可以看到兩人皆有親子，卻選擇更優秀的養子或女婿繼承，顯示日人企業繼承較不重血緣的特性，與華人社會強調由血親繼承家產不同。再者，小川浩、森平太郎以弟養子、婿養子繼承，以及 6 個襲父名繼承家業之例，亦顯現日人的家族觀與華人迥異，而日人特殊的家族觀，還體現在「同族」企業，以下申述之。

　　日人對家的看法，較類似法人團體，進出較為自由，具有血緣關係者，若離家遠居，則較具有「住緣」關係者，更為疏遠。透過儀式性的收養，有住緣關係的雇傭者，亦能加入家，與雇主形成「同族」，雇主即為此「同族」的

〔註 127〕《台灣人士鑑》1943 年版（台北：興南新聞社），頁 220。
〔註 128〕《台灣人士鑑》1937 年版（台北：台灣新民報社），頁 208；唐澤信夫編，《台灣紳士名鑑》（台北：新高新報社，1937 年），頁 142。
〔註 129〕竹本伊一郎，《台灣會社年鑑》（台北：台灣經濟研究會），1937～1943 年各版。
〔註 130〕參見《台灣人士鑑》1943 年版（台北：興南新聞社），頁 220；《新台灣を支配する人物と產業史》，頁 194。

「本家」，雇主之兄弟爲「分家」，獨立創業後的雇傭者則爲「別家」。〔註131〕本家常會提供分家、別家開業資金，或其他物力、人力的援助，並讓分家、別家分享商號的「暖廉」，甚至分給「分家」、「別家」顧客和販賣區域，准許經營同類的商品，而「分家」、「別家」則會永遠從屬、臣服於「本家」。〔註132〕

若干日人企業菁英，亦在台建構出連結「本家」、「分家」、「別家」的企業集團，這可以：越智寅一家族、河東利八家族、江里口秀一家族、西村武士郎家族、中辻喜次郎家族等五個家族的企業爲代表，加以說明。

首先，再細看前述所提的越智寅一家族之例。越智寅一，1870 年生，愛媛縣越智郡人，原爲以神職爲家業的樋口太夫之四男，不久過繼給鄰近的別家越智氏爲養子。〔註133〕1889 年，進入大阪糖業任職。1895 年底，以大阪香野商店店員身份渡台，1896 年，升任基隆支店主任。1897 年底，辭任自立，在台南本町開設越智商店，販售和洋雜貨。〔註134〕1900 年，並在高雄旗後町開設支店，以夫人鶴子故里之名，命名爲岡部商店，但該店後又歸併越智商店。〔註135〕

越智經營有術，越智商店業務日漸發達，奠下其事業之基礎，並以此蓄積資金，再投資或經營其他事業，其歷任：打狗巡航船監事（1911 年起），台灣鳳梨罐頭董事（1912 年起），南部台灣海產董事、專務董事、董事長（1918

〔註131〕 堀江保藏，《日本經營史における「家」の研究》（京都：臨川書店，1984 年初版），頁 39，言：日人企業強調長子繼承，是爲了避免家業和家產的分散，但日人分家、別家的習慣又會分割家產，故發展出「同族」，以解決兩者的矛盾，「同族」可將本家、分家、別家連結在一起。

〔註132〕 參見許烺光著，于嘉雲譯，《家元──日本的眞髓》（台北：國立編譯館，2000 年），頁 32～36；李永熾，《日本式心靈》（台北：三民書局，1991 年），頁 72。另根據堀江保藏，《日本經營史における「家」の研究》（京都：臨川書店，1984 年初版），頁 46，言：別家可以分爲兩類，一類爲中級商家的別家，此類別家是商家使用人在任職一定年數後，可以獨立，從主家處獲取開業資金，並分享暖廉，另一類稱爲「通勤別家」，此類多爲大商家的別家，主家爲防資金分散，並留住經營幹才，故給予番頭、支配人的頭銜，並仍在主家任職。

〔註133〕 大塚清賢編，《躍進台灣大觀》四編（1942 年版，成文出版社複刻版），頁 335。

〔註134〕 《台灣人士鑑》1937 年版（台北：台灣新民報社），頁 29；《台灣大觀》（台南：台南新報社，1935 年），頁 250～251。

〔註135〕 大塚清賢編，《躍進台灣大觀》四編（1942 年版，成文出版社複刻版），頁 335。

年起），台灣製鹽專務董事、董事（1919 年起），利發洋行董事（1919 年起），吉野屋商店監事（1922 年起），台灣電化監事（1922 年起），台南電鐵監事（1922 年起），台南煉瓦董事（1923 年起），台灣膠印董事（1924 年起），麥酒販售監事（1930 年起），台灣瓦斯董事（1934 年起），台灣苧麻紡織（後更名為台灣纖維工業）董事（1935 年起），東光興業董事（1936 年起），台南製麻董事、監事（1937 年起），日本興業董事（1937 年起），台灣味之素董事長（1938 年起），高雄地所董事（1938 年起），共同商事監事（1940 年起），興亞製鋼董事（1942 年起）等職（詳參見表 1-1-8）。

在公職方面，由於其為台南商界元老，被推為台南商工會副會長，其他公職頭銜尚有：台南縣地方稅調查委員（1900 年起）、台南市協議會員（1920 年）、台南州稅調查委員（1921 年）、台南市所得稅調查委員（1921 年）、台南州協議會員（1922 年起）、台南州會議員（1936 年起）等。〔註 136〕

越智寅一夫婦待越智商店的店員如親子，店員們亦視越智夫婦如父母，〔註 137〕店員即使獨立創業，亦可得越智寅一夫婦的援助，甚至分享越智商店的「暖廉」，例如：1903 年，越智寅一曾助越智商店雜貨零售部主任古川安松，創設鐵工場，〔註 138〕古川安松為感謝舊主越智寅一之後援，乃將鐵工場命名為越智鐵工所。1912 年，安松辭世，養嗣子房次郎繼承家業，親友多人建議更名為古川鐵工所，房次郎不為所動，仍名為越智鐵工所。〔註 139〕

越智商店其他店員，獲得越智寅一夫婦援助者亦不少，1927 年，這些出身越智商店而獨立創業的店員們，創立「越智一致會」，既感謝越智寅一之舊恩，亦彼此相互支援，加強對台南雜貨市場的壟斷。越智一致會在創立之初，資

〔註 136〕《台灣人士鑑》1937 年版（台北：台灣新民報社），頁 29。
〔註 137〕大塚清賢編，《躍進台灣大觀》四編（1942 年版，成文出版社複刻版），頁 335。
〔註 138〕杉野嘉助，《台灣商工十年史》（台南：編者，1919 年），頁 467。但《台灣大觀》（台南：台南新報社，1935 年），頁 260～261。內藤素生，《南國之人士》（台北：台灣人物社，1922 年）、《最近の南部台灣》、大園市藏，《台灣人物志》（台北：谷澤書店，1916 年）言：越智鐵工所創立於 1902 年。
〔註 139〕《台灣大觀》（台南：台南新報社，1935 年），頁 260～261。越智鐵工所資本額 30 萬圓，佔地一千坪，販售各種機械、鋼鐵、生鐵、銅、材料、工具。古川房次郎，歷任台南鐵工同業組合組合長、台南市協議會員、台南建築組合會員、台灣製鹽、台南煉瓦等社重役。1932 年，年僅 44 歲即英年早逝。越智鐵工所由親戚高木政彥任庶務、會計主任，工場主任則由古川氏之甥汐埼守、高木武男擔任。

本額 6 萬圓，後更增爲 10 萬圓，〔註140〕店員們推越智寅一爲顧問，〔註141〕並越智寅一女婿岡部徹爲代表社員。〔註142〕前述之古川房次郎，在越智一致會中亦任重要幹部。〔註143〕越智一致會的成員，堪稱是越智商店的「別家」。

　　另外，在 1939 年，越智寅一亦對越智商店旗下三個本支店作了安排，台南本店由自己親任董事長，高雄支店以其親子越智一義擔任董事長，台北支店則由女婿岡部徹負責，〔註144〕另外，其堂弟越智總二〔註145〕、越智修三則任台南本店的董事。〔註146〕越智一義、岡部徹、越智總二、越智修三等人，可以說是越智商店的「分家」，而加入越智一致會者則堪稱是越智商店的「別家」，這些越智商店的相關企業，甚至規定 12 月 18 日爲開店紀念日，當日各店皆會舉行慶祝活動，〔註147〕可見其十分親密，若照此繼續發展下去，即可能形成一個「越智同族」。

表 1-1-8：日治時期越智寅一所經營和投資的企業

公司名稱	公司地點	創立年代	登記資本（萬圓）	職　務	個人持股	公司持股	任職年份	備　註
越智商店	台南	1897		店主			1897〜1943	直系
南部台灣海產	屏東	1917	32	董事（1917）專務董事（1923）董事長（1932）	220（1923）		1917〜1932	直系
台灣味之素	台北	1938	200	董事長			1938〜1943	直系
台南越智商店	台南	1938	19	董事長			1938〜1943	直系

〔註140〕參見竹本伊一郎，《台灣會社年鑑》（台北：台灣經濟研究會），相關各號。
〔註141〕《台灣大觀》（台南：台南新報社，1935 年），頁 250〜251。
〔註142〕《新台灣》1915 年 11 月號，頁 52。岡部徹，1887 年生，後任越智商店台北支店董事長。
〔註143〕《台灣大觀》（台南：台南新報社，1935 年），頁 260〜261。
〔註144〕岡部徹尚任「越智一致會」代表者、台灣味之素販售監事。
〔註145〕越智總二在 1939 年創立共進商事，經營雜貨生意，登記資本 10 萬圓。
〔註146〕大塚清賢編，《躍進台灣大觀》四編（1942 年版，成文出版社複刻版），頁335。
〔註147〕《台灣人士鑑》1937 年版（台北：台灣新民報社），頁 29：《台灣大觀》（台南：台南新報社，1935 年），頁 250〜251。

高雄越智商店	高雄	1939	19	董事長			1939～1940	直系
台北越智商店	台北	1939	19	董事長			1939～1943	直系
台灣製鹽	台南	1919	250	專務董事（1920）董事（1926）	1,510（1932）2,005（1934）1,000（1937）		1919～1943	旁系
麥酒販售	台北	1930	200	監事			1930～	旁系
東光興業	台北	1936	60	董事	1,000（1937）700（1940）		1936～1943	旁系
台灣瓦斯	台北	1934	100	董事	900		1934～1941	旁系
台南製麻	台南	1935	200	董事（1937）監事（1938）	800		1937～1943	旁系
高雄地所	高雄	1936	60	董事	500（1938）		1938～1943	旁系
共同商事	台北	1934	50	監事			1940～1943	旁系
興亞製鋼	台北	1939	80	董事			1942～	旁系
日本興業	台南	1937	50	董事	800		1937～1943	旁系
台灣膠印	台北	1921	100	董事	300（1932）		1924～1943	旁系
台灣苧麻紡織	台北	1935	200	監事			1935～1943	旁系 1939年更名為台灣纖維工業
打狗巡航船	高雄	1911	5	監事	70（1911）		1911～	旁系
利發洋行	台南	1919	15	董事			1919～	旁系
吉野屋商店	台北	1922	10	監事			1922～1925	旁系
台南煉瓦	台南	1920	100	董事			1923～1931	旁系
台灣鳳梨罐頭	鳳山	1912	20	發起人 董事	365（1923）765（1932）		1912～1934	旁系，越智鶴子持有100股

資料來源：竹本伊一郎，《台灣會社年鑑》（台北：台灣經濟研究會）；千草默仙，《會社銀行商工業者名鑑》（台北：圖南協會）；杉浦和作，《台灣銀行會社錄》（台北：台灣實業興信所）相關各版。

　　其次，看河東利八家族之例。河東利八爲辰馬財閥的「分家」，辰馬財閥爲崛起於兵庫縣西宮市的財閥，由家長辰馬吉左衛門統領，辰馬財閥以經營製酒、船舶、保險業爲著，轄下有三大企業，即：辰馬本家酒造、辰馬汽船〔註148〕、辰馬海上火災保險。

　　辰馬財閥早在 1896 年，即爲了行銷辰馬本家酒造所製造的白鹿清酒，〔註149〕在台南設立辰馬商會支店，並由辰馬吉左衛門的「分家」河東利八負責業務。〔註150〕辰馬商會台灣支店與近藤商會、宅商會台灣支店並稱台灣三大酒商，宰制了台灣酒類市場。1921 年，辰馬商會台灣支店以業務興隆，乃獨立創設資本額 100 萬圓的台灣辰馬商會。

　　辰馬財閥在台的關係企業，除台灣辰馬商會外，還有資本額 100 萬圓的台灣膠印（創立於 1921 年）及資本額 30 萬圓的龜甲萬醬油販售（創立於 1929 年），另外，1930、1934 年，曾爲了壟斷台灣啤酒市場，聯合近藤商會、宅商會先後設立麥酒販賣（資本額 200 萬圓）、共同商事（資本額 50 萬圓）兩家公司。

　　辰馬商會台灣支店的歷任總經理爲：河東利八（1896～1911 年）、川端伊之助（1911～1919 年）〔註151〕、河東富次（1919～1921 年，河東利八長男）〔註152〕，台灣辰馬商會創設後，則由淺尾豐一任董事長，並先後由河東富次

〔註148〕 大塚清賢編，《躍進台灣大觀》四編（1942 年版，成文出版社複刻版），頁 313。辰馬汽船創立於 1916 年，1942 年時，資本額已達 1,000 萬圓、船隻 26 艘，總噸數爲 13 萬噸。

〔註149〕 大塚清賢編，《台灣大觀》（台南：台南新報社，1935 年），頁 247。

〔註150〕 《新台灣》1915 年 11 月號。

〔註151〕 岩崎潔治，《台灣實業家名鑑》（台北：1912 年），頁 35、《新台灣》1915 年 11 月號，頁 21。川端伊之助，1865 年生，兵庫縣多紀郡篠山町人。1896 年，以辰馬商會台南支店主任身份渡台，1911 年，繼河東利八成爲台灣支店的總經理，1919 年，返回辰馬商會本家任經理。

〔註152〕 據《新台灣》1915 年 11 月號，頁 51；岩崎潔治，《台灣實業家名鑑》（台北：1912 年），頁 477；內藤素生，《南國之人士》（台北：台灣人物社，1922 年），頁 36；橋本白水，《台灣統治と其功勞者》（台北：南國出版協會，1930 年），頁 66～67。河東富次（1881～1933），兵庫縣武庫郡人，辰馬商會台灣支店經理河東利八的嫡男，河東家爲貴族院議員辰馬吉兵衛的「分家」。富次，在 1911 年，繼川端伊之助後，接任辰馬商會台南支店主任，1919 年，再升任辰馬商會台灣支店總經理。1921 年，台灣辰馬商會創立後，擔任常務董事，此外尚曾任台灣膠印監事、龜甲萬販賣專務董事、合資河東家本家代表社員、啤酒販賣董事長、台灣酒賣批發組合組合長。

（1921～1933 年）、川端昇太郎（1933～1943 年，川端伊之助長男）任常務董事〔註153〕，負責實際業務。台灣辰馬商會的人材，河東利八、河東富次父子爲辰馬財閥的「分家」，其他：川端伊之助、川端昇太郎、淺尾豐一、山縣勝見（1933～1943 年任董事）、大塚茂十郎（1921～1943 年任董事）、中西藤吉（1933～1943 年任監事）等人，都是出身辰馬財閥本店者，可以說是辰馬財閥的「別家」。

台灣膠印的領導幹部，在曾任董、監事的 15 名幹部中，出身辰馬商會本店者，至少有 8 人，即：淺尾豐一（董事長，1921～1941 年）、山縣勝見（董事，1933～1941 年；董事長，1942～1943 年）、藤井松之介（專務董事 1921～1943 年）、川端伊之助（監事，1921～1933 年）、河東富次（監事，1921～1933 年）、川端昇太郎（監事，1938～1943 年）、淺尾英夫（監事，1941 年；董事，1942～1943 年，淺尾豐一長男）、淺尾佐代子（董事，1942～1943 年，淺尾豐一妻）。

另外，龜甲萬醬油販售、麥酒販賣、共同商事，辰馬商會雖未能掌握過半的董、監事席次，但亦皆由辰馬商會掌握經營權，如：龜甲萬醬油販售的專務董事：河東富次（1929～1932 年）、川端昇太郎（1932～1943 年），麥酒販賣、共同商事的董事兼經理：大塚保二，都來自辰馬商會本店。

綜上所述，辰馬商會「本家」支援了在台關係企業所需要的經費及人才，〔註154〕台灣辰馬商會、台灣膠印、龜甲萬醬油販售可稱爲辰馬財閥的「分家」、「別家」企業。同時，台灣辰馬商會等「分家」、「別家」企業，亦奉辰馬商會「本家」的家長辰馬吉左衛門爲顧問。〔註155〕

第三，再看江里口秀一家族之例。江里口秀一，1851 年生，佐賀縣小城郡人，曾爲西南戰爭、甲午戰爭的紙張文具御用商。〔註156〕1895 年底渡

〔註153〕《台灣人士鑑》1943 年版（台北：興南新聞社），頁98。川端昇太郎，1890 年生，兵庫縣多紀郡篠山町人。1910 年，神戸商業學校畢業後，隨即進入辰馬商會。1933 年，渡台，繼河東富次後，接任台灣辰馬商會常務董事，此外，還任龜甲萬醬油專務董事、台灣膠印監事、麥酒販賣董事、共同商事董事。

〔註154〕在台灣辰馬表現優異的幹部，亦可返回辰馬商會「本家」擔任要職，例如：根據古川涉，《台灣商工發達史》（台南：台南新報社，1916 年），頁294，可知：川端伊之助即返回「本家」任經理，再如：台灣辰馬、台灣膠印重要幹部山縣勝見，後亦任辰馬汽船董事長，顯見「本家」與「分家」間有人事交流。

〔註155〕大塚清賢編，《台灣大觀》（台南：台南新報社，1935 年），頁247。

〔註156〕岩崎潔治，《台灣實業家名鑑》（台北：1912 年），頁98。

台，在台北北門街開設江里口商會，經營紙類文具批發零售。1905 年，將江里口商會遷至府中街，〔註157〕增置印刷、製書工廠。1919 年，秀一與波多野岩次郎、銀屋慶之助、簡阿牛、郭廷俊等人，籌資創立日本製材燐寸（火柴）（資本額 50 萬圓），並被推爲董事長。〔註158〕1936、1941 年，秀一又分別創設蓬萊紙業（資本額 19.5 萬圓）、台灣紙業（資本額 19 萬圓，本社設於台北市）〔註159〕，這兩家公司讓江里口秀一成爲北台紙類文具印刷商的泰斗之一。

江里口秀一在創業成功後，曾返回故里招募店員，其親族、鄉人應募者頗多，尤以其弟江里口德市、鄉人江里口利三郎最著，兩人獨立創業後，分享江里口商會的「暖廉」，堪稱是江里口商會的「分家」、「別家」。

先看江里口德市之事例，其 1879 年生，爲秀一之親弟。1902 年，渡台輔兄經營江里口商會。1906 年，轉往朝鮮京城創業。1915 年，再度渡台，在京町開設江里口商店，後更名爲江里口德市商店。德市一家奉本町的江里口商會爲「本家」，〔註160〕而江里口德市商店堪稱爲江里口商會的「分家」。

再看江里口利三郎之事例，其 1870 年生，1896 年，其應江里口秀一招募赴台，進入江里口商會擔任店員。1900 年，利三郎獲秀一之助，自立創業，亦以販售紙類文具爲業，利三郎其後並在朝鮮京城本町設有支店。〔註161〕由於利三郎的創業係得秀一之助，始能成功，遂奉江里口商會爲「本家」，而其設於榮町的商店，可以說是江里口商會的「別家」。

綜上所述，江里口秀一經營江里口商會成功後，協助親弟德市、鄉人店員利三郎獨立創業，創業成功後的利三郎、德市感念秀一之助，亦皆奉江里口商會爲「本家」，共用江里口商會的暖廉，三者彼此支援，在營業上獲致不少便利。

除越智寅一家族、河東利八家族、江里口秀一家族等三例外，西村商會、盛進商行亦有類似狀況，出身西村商會的店員，爲感念西村武士郎父子

〔註157〕大園市藏，《台灣人物志》（台北：谷澤書店，1916 年），頁 306。

〔註158〕佐佐英彥，《台灣銀行會社要錄》（台北：台灣興信所，1920 年），頁 148。

〔註159〕竹本伊一郎，《台灣會社年鑑》（台北：台灣經濟研究會）相關各號。

〔註160〕橋本白水，《台灣の事業界と人物》（台北：南國出版協會，1928 年），頁 490；内藤素生，《南國之人士》（台北：台灣人物社，1922 年），頁 148。

〔註161〕岩崎潔治，《台灣實業家名鑑》（台北：1912 年），頁 98；内藤素生，《南國之人士》（台北：台灣人物社，1922 年），頁 147。江里口利三郎，亦爲佐賀縣小城郡岩松村人。

二代的恩情與援助，曾組織「西村有緣會」，〔註162〕「有緣會」的會員，堪稱
為西村商會的「別家」。而出身盛進商行的店員（盛進商行及其董事長中辻喜
次郎的詳細事跡，參見第貳章第二節），更常能獨當一面，甚至成為鉅商，這
些店員為示不忘舊恩，每年定期舉辦主人招待會，1929 年時，即有 22 個店員
家族參加，構成「盛進商行閥」，讓盛進商行壟斷了台灣的雜貨界。〔註163〕
這些獨立創業的店員，聲名較著者有：丸住商店的逢坂住次郎〔註164〕、吉井
商店的吉井善松〔註165〕、村井商行的村井房吉〔註166〕、長谷川商店的長谷川
熊吉〔註167〕、竹腰商店的竹腰進一〔註168〕、中辻商店的中辻勇次郎、松原商
行的松原作藏、瀧村商店的瀧村政次郎兄弟、愛輪商會的鹿毛嘉一〔註169〕、
盛進茶舖〔註170〕、中村商行、吉島商店、谷野商店、間方商店、松岡商店

〔註162〕大塚清賢編，《台灣大觀》（台南：台南新報社，1935 年），頁 258。
〔註163〕《新台灣》1915 年 11 月號（台北：該雜誌社，1915 年 11 月），頁 19～21。
〔註164〕內藤素生，《南國之人士》（台北：台灣人物社，1922 年），頁 126。逢坂住次
郎，德島縣美馬郡重清村人，1889 年生，1905 年，應盛進商行招聘入台，1918
年獨立，創立丸住商行。
〔註165〕內藤素生，《南國之人士》（台北：台灣人物社，1922 年），頁 191。吉井善松，
富山縣冰見郡太田村人，1889 年生，1905 年，應盛進商行招聘入台，1914
年獨立，創設吉井商店，經營鞋業。
〔註166〕內藤素生，《南國之人士》（台北：台灣人物社，1922 年），頁 109；岩崎潔治，
《台灣實業家名鑑》（台北：1912 年），頁 67。村井房吉，廣島市人，1881
年生，1899 年渡台，進入盛進商行，1903 年獨立，經營歐美雜貨，建立村井
商行，1921 年火災後，並不氣餒，反而擴大營業。
〔註167〕內藤素生，《南國之人士》（台北：台灣人物社，1922 年），頁 105～106；大
園市藏，《台灣人物志》（台北：澀谷書店，1916 年），頁 32。長谷川熊吉，
香川縣人，1872 年生，1897 年入台，進入盛進商行，1899 年辭職，經營歐
美雜貨業，創立長谷川商店，銳意改進，事業漸隆，1907 年，在台南下橫街
開設支店，販售燈泡，後廢歐美雜貨部，創立綿布批發部。
〔註168〕《台灣實業界》昭和 15 年 8 月號：竹腰進一（1897～？），1912 年進入盛進
商行大阪支店任職，後入奉天支店工作一年。1916 年渡台，在本店零售係
任職，負責處理官用品、棉布批發，多年奮鬥始存足 10,000 圓，並在 1929
年以此資金，創立竹腰商店，經營毛織、棉布、官用品的販售。1940 年時
為竹腰商店董事長、竹腰紡織董事長、國防被服董事長、利用更生專務董
事。
〔註169〕內藤素生，《南國之人士》（台北：台灣人物社，1922 年）。
〔註170〕盛進茶舖其後由中村教一郎繼承，他為年輕的傑出理財者，他收購宮前町中
村養浩堂附近的水田 4,000 坪，加上，父親留下大安、六張犁的土地，兩者
合計約有 40～50 萬圓的資產。他後來又創立東邦拓殖，向土地業進軍，大展
鴻圖。

（台中）、岡崎商店（基隆）等，〔註171〕以上這些店員所創設的事業，廣義上來說，都可說是盛進商行的「別家」。

　　從上述五個事例，可以看到日人的「同族」，將有血緣關係的「本家」、「分家」和無血緣關係的「別家」，配置序列並加以連結，共同為家名、家譽、家業努力。無血緣者亦得納入日人的家中，此亦為日人社會「家」位階高於家庭成員的具體表現。〔註172〕

第二節　家閥與企業之經營與擴大
——以 107 個兄弟、伯叔姪關係為例

　　本節所指稱之家閥，係指同一家族男系成員，相互援助，擴大家族影響力，並藉以壟斷利益。而所謂同一家族的男系成員，大致可包括：父子、兄弟、堂兄弟、伯叔姪等四類關係，但因本章第一節已概述過父子關係（包括養父子關係）對日人企業營運的影響，故為避免重複，在此並不擬討論父子關係對日人在台企業菁英事業的影響。

　　男系親屬為同族至親，具有濃烈的親情，自為事業之最有力支持者，故日治時期在台灣的日人企業中，不乏父子、伯叔姪、兄弟合力經營某一公司之例，如：大日本製糖即是著例，該公司的董事長為藤山雷太（1863～1938），其有三子：伊吹震、藤山愛一郎（1897～1985）、藤山勝彥。其中，藤山雷太雖讓伊吹震隨雷太養父姓，但還是很疼愛伊吹震，其安排伊吹震進入日糖，歷任董事、常務董事，並曾短暫擔任日糖董事長。〔註173〕而藤山雷太最鍾愛的則是藤山愛一郎，其令愛一郎遊學歐美多年，廣泛歷練，並在愛一郎入社四年後，即迅速將董事長之位交給愛一郎。藤山雷太對次子藤山勝彥亦有所栽培，其令勝彥在慶應大學畢業後，繼續進入耶魯大學深造，由於勝彥並非雷太的繼承人，故命其從基層做起，歷任係長、工場長、董事，最後將其升為常務董事，協助兄長愛一郎經營日糖。另外，藤山雷太還有一名姪子——藤山九一，雷太最早安排其進入日糖，並循序晉升，歷 13 年

〔註171〕《台灣實業界》昭和 4 年 6 月號。

〔註172〕參見李永熾，《日本式心靈》（台北：三民書局，1991 年），頁 62。

〔註173〕藤山雷太曾為伊吹家養子，故其將一子隨養父家姓，此即為伊吹震，藤山愛一郎為伊吹震同父異母兄弟，伊吹震長期擔任日糖常務董事，在 1933 年短暫接任董事長，隔年即將董座讓給藤山愛一郎。

升任董事，再 8 年升任常務董事，亦躋身日糖經營核心。由上述可知：藤山雷太家族起用子、姪多人擔任日糖要職，彼此通力合作，壟斷日糖的經營權。

又如：高雄商工會長董事長古賀三千人（1869～1936），原賴古賀組承包土木工程而發跡，其後為安心轉往他業發展，乃漸將古賀組交由親弟古賀達朗、族親古賀林平、古賀邦二等人經營，在他們的協助下，古賀三千人漸有餘力多方投資，擔任將近 20 家公司的董監事，其中，尤以曆任台灣商工銀行董事長而聞名全台。再者，古賀三千人還曾在憲政會的支持下，當選福岡縣的眾議員，在日本政壇上亦頗活躍。由於古賀氏事業繁多，為分擔經營壓力，故其亦收養兄長之子古賀武德為養子，更重要的是，古賀武德歷任台灣銀行、林本源製糖、昭和製糖、大日本製糖等社之要職，為古賀家族之事業爭取不少業務。另外，古賀三千人尚有一名養子古賀照造，古賀三千人則安排其繼承有價證券、土地、不動產等事業〔註174〕。由上述可知：古賀三千人事業能夠獲致成功，實有賴親弟、姪養子、養子、堂兄弟的支持。

其次，某些日人企業菁英雖因被人收養轉入他家，但舊有親情仍然未斷，故亦經常緊密合作、相互援助，例如：土木界巨商高石組的董事長高石忠慥，他的親弟金原豐藏被人收養，然兩人兄弟親情仍在，而金原又恰亦為土木承包商，故兩人在事業上經常相互奧援，壟斷台南、高雄兩地的土木工程。〔註175〕又如：東洋製糖董事長下阪藤太郎，與田村藤四郎為親兄弟，故當田村藤四郎所任職的斗六製糖併入東洋製糖後，下阪氏即拔擢親弟為董事兼經理，承擔經營東洋製糖的重任，為當時製糖界有名的兄弟檔。〔註176〕再如：台南著名藥舖愛生堂主人高島鈴三郎，其親弟為幕內菊太郎，幕內氏入台後，即在其兄的支援下，創立尾產商行，經營棉布生意，其後，又與其兄合力設置台南第一座屠宰場，兩人並聯手炒作台南的土地，獲利豐厚，〔註177〕同時，高島氏亦漸成台南商界一方之霸，在 1923 年創設台南實業協和

〔註174〕根據《台灣實業界》昭和 11 年 9 月號，古賀三千人過世時，約有價值 200 萬圓的有價證券、土地、不動產。

〔註175〕《新台灣》大正 4 年 11 月號（神戶：新台灣社神戶支局，1915 年 11 月），頁 51。

〔註176〕上村健堂，《台灣事業界と中心人物》（台北：台灣案內社，1919 年），頁 208 ～209。製糖界尚有另一對有名的兄弟檔，即新高製糖董事兼主事牧山熊二郎與帝國製糖專務董事牧山清砂。

〔註177〕杉野嘉助，《台灣商工十年史》（台北：作者自印，1919 年），頁 477～478。

會，並任會長十多年。〔註178〕這類兄弟關係的探究頗具意義，因爲這類事例無法從名字的外觀即判斷他們爲兄弟，但若知其有兄弟關係後，就可以了解爲何他們會在事業上合作如此緊密，或者何以某人的學經歷並不起眼，但卻會被優先晉升。

爲更深入討論家閥對日人在台企業的影響，本文乃蒐羅各類資料，扣除父子關係不計，共得 107 個家閥關係之事例，其中，兄弟關係 86 例，堂兄弟關係 4 例，伯叔姪關係 17 例，茲將其整理爲表 1-2-1、表 1-2-2、表 1-2-3。

本節將具有家閥關係者，按其出身背景畫分爲：商、御、政、教、軍、醫、宗等類，其中，「商」代表民營企業菁英，「御」代表官控企業菁英，「政」代表政界菁英，「教」代表教育界菁英，「醫」代表醫界菁英，「軍」代表軍界菁英，「宗」代表宗教界菁英，若在其上加上「*」者，則爲官員退休轉任者。

在本節蒐羅的 107 例家閥關係中，其兄弟、堂兄弟、伯叔姪，曾爲政界、官界菁英者，共 17 例，佔總數的 15.9%，爲教育界菁英者，共 2 例，爲軍界菁英者，共 1 例，爲醫界菁英者，共 1 例，爲宗教界菁英者，共 1 例，其餘 84 例全爲企業界菁英者（參見表 1-2-1～1-2-3），換言之，即有 78.5% 的日人在台企業菁英，其兄弟、堂兄弟、伯叔姪亦爲企業菁英。此顯示日治時期日人在台企業菁英，他們的男系親屬多半仍固守在企業界活動，向其他領域滲透的情況還不普遍，亦即此時日人企業菁英尚難獲得企業界以外之多元力量的支持。

表 1-2-1：日治時期日人在台企業菁英的家閥：兄弟關係

兄	最主要頭銜	弟	最主要頭銜	雙方身份類型	事業影響類型
藤山雷太	大日本製糖董事長	藤山德太郎	士族	商政	無形助力
伊吹震	大日本製糖董事長	藤山愛一郎	大日本製糖董事長	商商	協助經營完全繼承
藤山愛一郎	大日本製糖董事長	藤山勝彥	大日本製糖董事	商商	協助經營
槙武	新竹電燈董事長、鹽水港製糖董事	槙哲	鹽水港製糖董事長	商商	協助經營

〔註178〕趙祐志，《日據時期台灣商工會的發展》（台北：稻香出版社，1998 年），頁16。

槇武	新竹電燈董事長	槇熊三郎	新竹拓殖軌道董事	商商	支援資金人力
槇哲	鹽水港製糖董事長	槇熊三郎	新竹拓殖軌道董事	商商	支援資金人力
槇有智	慶應大學教授	槇有恒	鹽水港製糖董事	教商	無形助力
牧山熊二郎	新高製糖董事兼主事	牧山清砂	帝國製糖專務董事	商商	支援資金人力
牧山熊二郎	新高製糖董事兼主事	牧山耕藏	眾議員	商政	無形助力
牧山清砂	帝國製糖專務董事	牧山耕藏	眾議員	商政	無形助力
後宮信太郎	台灣煉瓦董事長	後宮淳	陸軍大將	商軍	無形助力
後宮信太郎	台灣煉瓦董事長	後宮末男（弟養子）	後宮合名社員	商商	協助經營部份繼承
後宮末男	後宮合名社員	後宮武雄（養弟）	台灣煉瓦董事	商商	無形助力
上山勘太郎	大日本除蟲菊董事長	上山英三	台灣銀行副董事長	商御	無形助力
上山英三	台灣銀行副董事長	上山英夫	大日本除蟲菊副董事長	御商	無形助力
古賀三千人	古賀組主台灣商工銀行董事長	古賀達朗	古賀組代表社員	商商	協助經營部份繼承
古賀武德（養兄）	昭和製糖經理	古賀照造	台灣商工銀行股東	商商	無形助力
上田熊次郎	高砂商行董事長	上田東平	高砂商行董事	商商	協助經營
上田熊次郎	高砂商行董事長	上田勝平	高砂商行董事	商商	協助經營
吉鹿善次郎	台灣無盡董事長	吉鹿敬太郎	台北輕鐵炭礦專務董事	商商	無形助力
吉鹿則行	大正醬油重役	吉鹿善太郎	聖公會牧師	商宗	無形助力
中辻喜次郎	盛進商行董事長	中辻喜策（弟養子）	盛進商行董事	商商	協助經營部份繼承
桑田松二郎	桑田商店主	桑田剛助	桑田商店主	商商	協助經營完全繼承
小川浩	小川商店董事長	小川慎一（弟養子）	小川商店幹部	商商	協助經營部份繼承
荒木寅吉	旅館業	荒木萬三郎	旅館業、高雄信用組合長	商商	協助經營完全繼承
新原直次郎	新原金物店主	銀屋慶之助	新原金物店主、台北信用組合長	商商	協助經營完全繼承

柵瀬軍之佐	眾議員、柵瀬兄弟商會主	柵瀬和太理	柵瀬兄弟商會主	政商	協助經營部份繼承
杉原佐一	杉原商店董事長	杉原清三郎	杉原商店專務董事	商商	協助經營部份繼承
田中庄吉	後藤運送店代表社員	田中鐵之助	後藤運送店支店長	商商	協助經營部份繼承
宮添環	南部台灣水產專務董事	宮添右六	南部台灣海產基隆支店長	商商	協助經營部份繼承
小原富太郎	台灣織布董事長	小原藤平	台灣織布董事	商商	協助經營部份繼承
大川鐵雄（養兄）	台灣興業董事長	大川義雄	台灣興業專務董事	商商	協助經營
高島直一郎	新高製糖董事	高島礦橘	新高製糖常務董事	商商	協助經營
賀田以武	賀田組董事長	賀田直治（養弟）	賀田組監事	商商	協助經營
櫻井貞次郎	櫻井組主	櫻井賢一郎	櫻井組支店長	商商	協助經營
第二代近藤喜惠門	近藤商會董事長	近藤勝太郎（養弟）	近藤商會專務董事	商商	協助經營
住吉秀松	住吉組主	中井清太郎	住吉組主	商商	協助經營
江里口秀一	江里口商會主	江里口德市	江里口德市商店主	商商	協助經營
宇治原志郎	近江吳服店主	宇治原要太	近江吳服店主	商商	協助經營
廣田幸平	台灣水產販售專務董事	廣田爲吉	台灣水產販售董事	商商	協助經營
鈴木定吉	生蕃屋店主	鈴木泉（養弟養子）	生蕃屋店主	商商	協助經營完全繼承
鈴木泉	生蕃屋店主	鈴木新兵衛（養弟）	生蕃屋店主	商商	協助經營
下阪藤太郎	東洋製糖董事長	田村藤四郎	東洋製糖董事兼經理	商商	手取職位或升遷
酒勾常明	大日本製糖董事長	酒勾吉藏	大日本製糖出納係主任	商商	手取職位或升遷
小原直	內務大臣	平澤越郎	台灣電力理事	政御	手取職位或升遷
松方五郎	台北製糖董事長	松方正熊	帝國製糖董事長	商商	支援資金人力
加藤某	朝鮮銀行董事長	安達房治郎	台灣電力副董事長	御商	支援資金人力

高石忠慥	高石組主	金原豐藏	土木承包商	商商	支援資金人力
前田豐作	水產界巨商	岡秋介	台灣水產專務董事	商商	支援資金人力
高島鈴三郎	藥材商、愛生堂主	幕內菊太郎	尾產商行主	商商	支援資金人力
田尻與八郎	基隆漁業組合專務理事	田尻信次	基隆館運送店主	商商	支援資金人力
內ケ作三郎	眾議員	內ケ崎良平	鹽水港製糖常務董事	政商	無形助力
一宮鈴太郎	正金銀行副董事長	一宮銀生	大日本製鹽董事長	御商	無形助力
松木茂俊	台南廳長	松木幹一郎	台灣電力董事長	政御	無形助力
坂本素魯哉	彰化銀行董事長	坂本志魯雄	眾議員	商政	無形助力
福井文雄	台灣商工銀行東京支店長	福井四磨	高雄大地主	商商	無形助力
池田寅四郎	大審院長	池田又四郎	台灣土地建物專務董事	政商	無形助力
平山殼	東北帝大教授	平山泰	台北州知事退官，台灣紡績董事長	教商*	無形助力
加福豐次	台灣總督府專賣局技師退官 台灣肥料董事兼經理	加福均三	台北廳長	商*政	無形助力
橫光吉規	台中州知事濱松市長	高橋尚秀	基隆稅關長退官、高進商會董事長	政商*	無形助力
津島壽一	大藏省次官	津島吉兵衛	台中醬油製造商	政商	無形助力
速水和彥	台灣總督府鐵道部技師	速水久彥	台灣銀行副支店長	政御	無形助力
船越秀松	朝陽號旅館主	武藤三五郎	醫師	商醫	無形助力
小宮山德太郎	丸源水上回漕店主	小宮山武磨	丸源水上回漕店主	商商	協助經營 完全繼承
岸田多一郎	岸田兄弟商會主	岸田光太郎	岸田兄弟商會主	商商	協助經營 完全繼承
朝比奈正一	朝陽號旅館主	朝比奈正二	朝陽號旅館幹部	商商	協助經營
小杉金助	小杉吳服店主	小杉金太郎	小杉吳服店主	商商	協助經營 完全繼承
古川松次郎	古川洋服店主	古川正義	古川洋服店主	商商	協助經營 完全繼承
兒玉某	玉二材木店	兒玉音五郎	玉二材木店	商商	協助經營 完全繼承

高松與吉	堀內商會主	堀內文平	堀內商會幹部	商商	協助經營部份繼承
橫山隆一	橫山商店主	吉田與太郎	橫山商店幹部	商商	協助經營部份繼承
池田斧藏	日之出旅館主	福地載五郎	嘉義旅館主	商商	支援資金人力
角梅次郎	三日月堂主	角正太郎	朝日堂主	商商	支援資金人力
角梅次郎	三日月堂主	角熊次郎	紙商	商商	無形助力
進藤數男	敷寄屋銀行董事兼經理	進藤鼎	進藤工作主	商商	無形助力
清水直太郎	雜貨批發商	清水榮一	雜貨批商	商商	協助經營完全繼承
清水榮一	雜貨批發商	清水眞二	雜貨批發商	商商	協助經營完全繼承
酒井利吉郎	酒雜貨批發商	酒井吉助	酒、雜貨批發商	商商	協助經營完全繼承
島田伍八	基隆土木承包商	島田又喜	基隆土木承包商	商商	協助經營完全繼承
阿波屋種次郎	製鞋商	山下豐三郎	製鞋商	商商	協助經營完全繼承
永井廣治	雜貨批發商	永井宗吉	雜貨批發商	商商	協助經營完全繼承
玉理某	玉福商店主	玉理三造	玉福商店主	商商	協助經營完全繼承
鈴木壽作	新竹實業家	鈴木某	新竹實業家	商商	協助經營
田尻甚太郎	經營當舖	田尻五作	鞋商	商商	無形助力

表 1-2-2：日治時期日人在台企業菁英的家閥：堂兄弟關係

堂兄	最主要頭銜	堂弟	最主要頭銜	雙方身份類型	事業影響類型
坂本素魯哉	彰化銀行董事長	坂本登	台灣新聞經理	商商	爭取職位或升遷
藤山九一	大日本製糖董事	藤山愛一郎	大日本製糖董事長	商商	協助經營
田中慶太郎	田中吳服店主	田中床應	田中吳服店幹部	商商	協助經營部份繼承
上瀧柳作	五金建材商	上瀧利雄	澎湖水產業者	商商	支援資金人力

表 1-2-3：日治時期日人在台企業菁英的家閥：伯叔與姪甥

伯叔	最主要頭銜	姪	最主要頭銜	雙方身份類型	事業影響類型
古賀三千人	古賀組主、台灣商工銀行董事長	古賀武德（姪養子）	昭和製糖經理	商商	爭取職位或升遷
古賀達朗	古賀組主	古賀武德	昭和製糖經理	商商	無形助力
古賀達朗	古賀組主	古賀照造	台灣商工銀行股東	商商	無形助力
荒井泰治	台灣商工銀行董事長	福井文雄	台灣商工銀行東京支店長	商商	協助經營
荒井泰治	台灣商工銀行董事長	福井四磨	打狗土地、打狗整地重役	商商	協助經營
植松新十郎	植松材木店主	平戶吉藏（姪養子）	植松材木店主	商商	協助經營完全繼承
中井清太郎	住吉組主	住吉勇三	住吉主組	商商	協助經營完全繼承
小出錠太郎	小出勸工場主	小出平左衛門	小出勸工場主	商商	協助經營完全繼承
鈴木定吉	生蕃屋店主	鈴木新兵衛（姪養子）	生蕃屋店主	商商	協助經營完全繼承
中辻喜次郎	盛進商行董事長	廣瀨政二	盛進商行董事	商商	協助經營
宮添右六	南部台灣海產基隆支店長	宮添猴	南部台灣水產董事長	商商	協助經營
藤山雷太	大日本製糖董事長	藤山九一	大日本製糖董事	商商	爭取職位或升遷
槇哲	鹽水港製糖董事長	槇有恒	鹽水港製糖董事	商商	爭取職位或升遷
上瀧宇太郎	澎湖電燈董事長	上瀧柳作	五金建材商	商商	支援資金人力
金原豐藏	土木建材承包業者	高石威泰	高石組主	商商	支援資金人力
吉鹿敬太郎	台北輕鐵炭礦專務董事	吉鹿則行	大正醬油重役	商商	無形助力
望月恒造	高等法院資深判官	望月九一	東洋製糖庶務課長	政商	無形助力

　　在家閥對日人在台企業菁英事業的影響上，可以分為：一、初協助經營，後繼承部份或全部事業；二、給予資金、人力、觀念的援助；三、有助於爭取職位或升遷；四、無形助力等四類。根據表 1-2-1～1-2-3 統計，屬於第一類

者，共 54 例，其中，協助經營並繼承全部事業者 23 例，協助經營並繼承部份事業者 12 例，僅協助經營者 19 例；屬於第二類者，共 14 例；屬於第三類者，共 7 例；屬於第四類者，共 32 例。從上述統計可知：對日人在台企業菁英而言，男系親屬在協助企業的經營和繼承事業上最為重要，亦即家閥的影響力仍停留在家族中，較欠缺向外擴張勢力的活動。

再者，欲建立力量強大的家閥，必須同一家族多人相互援助，始能建立，僅賴某一兄弟、某一堂兄弟或某一伯叔姪實力有未逮，故本節所述之日人在台企業菁英的家閥，多為上述三種關係的交互組合，茲選取資料較多、較具代表性之 6 例，加以說明。此 6 例，為：田中庄吉－田中鐵之助；杉原佐一－杉原清三郎－本地才一郎；荒井泰治－福井文雄－福井四磨；槇哲－槇武－槇熊三郎－槇有恒；上瀧宇太郎－上瀧利雄－上瀧柳作；鈴木定吉－鈴木泉－鈴木新兵衛。大體而言，第一例為兄弟關係；第二例亦為兄弟關係，加上準兄弟關係；第三例為伯叔姪關係；第四例兄弟關係為主，伯叔姪關係為輔；第五例伯叔姪關係為主、堂兄弟關係為輔；第六例較為特殊，有原為叔姪關係其後轉為養父子關係，亦有原為叔姪關係轉為養兄弟關係。

一、田中庄吉－田中鐵之助之事例

田中庄吉，1879 年生，愛知縣名古屋市人。在修習二年商業簿記後，進入神戶後藤迴漕店任職。1899 年渡台，在該企業基隆支店任職。1902 年，升任基隆支店長。1914 年，後藤回漕店台灣支店，變更為合資後藤組，由川合良男任代表社員，田中庄吉則任基隆支店長。1918 年，投資新竹產業（資本額 15 萬圓），並被推為監事。1920 年，後藤組代表社員川合良男退休，由田中庄吉繼任代表社員。1922 年，創立合資旭商會（資本額 2 萬圓），並任代表社員。

1924 年，庄吉又與川合良男等人，籌資 80 萬圓，創立台灣海陸運輸，並由庄吉出任常務董事；本年，庄吉亦被選為基隆市協議會員。1925 年，庄吉又獲推為基隆劇場監事。1926 年，庄吉將合資後藤組變更為資本額 50 萬圓的股份公司，並由庄吉擔任專務董事。此時，田中庄吉經營後藤組頗有成績，故有「後藤組的田中，田中的後藤組」之美譽，再者，在台灣運輸界亦有「北後藤、南日東」之說，田中庄吉所領導的後藤組與高雄大坪與一家族所經營之日東商船組，並稱台灣島內南北兩大船運公司。

1930 年，田中庄吉爲求更大的發展，忍痛將後藤組併入資本額高達 1,550 萬的國際通運，僅任參事兼基隆支店長。1933 年，田中庄吉獲推爲基隆信用組合理事。1934 年，再任基隆協議會員，同時，兼任帝國運輸董事、基隆劇場董事。1935 年，又獲推爲基隆中央市場董事、台灣水產加工董事及基隆市會議員，成爲基隆運輸、水產業的代表人物之一。〔註 179〕

田中庄吉事業能夠成功，得力於其弟田中鐵之助甚多。田中鐵之助，1889 年生，1907 年，追隨兄長渡台，進入後藤組工作。1915 年，以成績優良，被擢升爲嘉義支店長，當時嘉義有東洋製糖、鹽水港製糖、大日本製糖等會社，業務十分繁重，鐵之助能獲此要職，其兄田中庄吉著力甚深。1926 年，合資後藤組資本額由 5 萬增爲 15 萬圓，田中鐵之助出資 1.5 萬圓，躍升爲該會社的合夥人，不再僅是受雇員工。再者，在株式會社後藤組中，鐵之助亦被推選爲監事，襄助任專務董事的親兄田中庄吉頗多。〔註 180〕

二、杉原佐一－杉原清三郎－本地才一郎之事例

杉原佐一，1892 年生，兵庫縣多紀郡人。原在大連伊丹商店任職，後爲該公司派往台中，販賣豆粕肥料。伊丹商店沒落後，佐一轉往高雄。1920 年，創立杉原商店，販售植物油及肥料。然肥料生意並未獲利，乃改營蓬萊米輸日貿易。此時，佐一銷米，既須與台人土壟間米商瑞泰合資（1922 年創立，資本額 30 萬圓）、株式會社和泉組（1923 年創立，資本額 50 萬圓）奮戰，亦須對抗三井物產、三菱商事、加藤商會等日人大米商。

1921 年，佐一與井出松太郎、本地才一郎共同創立高雄海陸物產合名（資本額 5 萬圓），並被推爲代表社員。1925 年，又投資台灣鳳梨（資本額 1 萬圓），並膺任監事。1926 年，再投資高雄製冰（資本額 50 萬圓），並出任董事。

1927 年，台人土壟間米商瑞泰、和泉組破產，台灣蓬萊米輸日貿易由日

〔註 179〕田中庄吉之生平，係綜參橋本白水，《台灣統治と其功勞者》（台北：南國出版協會，1930 年），頁 130；橋本白水，《台灣の事業界と人物》（台北：南國出版協會，1928 年），頁 482、《台灣人士鑑》1937 年版（台北：台灣新民報社），頁 209；唐澤信夫，《台灣紳士名鑑》（台北：新高新報社，1937 年），頁 136 等資料寫成。

〔註 180〕田中鐵之助之生平，係綜參內藤素生，《南國之人士》（台北：台灣人物社，1922 年），頁 301；唐澤信夫，《台灣紳士名鑑》（台北：新高新報社，1937 年），頁 136 等資料寫成。

人四大米商壟斷，至 1930 年代中期，日人四大米商已寡佔九成左右的蓬萊米輸日貿易（參見表 1-2-4）。在此日人四大米商中，只有杉原商店屬個人商店性質，杉原佐一在米穀業的迅速崛起，爲其贏得了米穀界飛將軍的美譽。〔註 181〕

表 1-2-4：日治時期四大日人米商壟斷蓬萊米輸日貿易的概況（千袋 / %）

輸　日　商	1935		1936		1937	
	處理量	百分比	處理量	百分比	處理量	百分比
三井物產	2,735	28.75	2,937	28.02	3,045	27.90
三菱商事	2,041	21.45	2,159	20.60	2,280	20.89
加藤商會	1,915	20.13	2,231	21.28	2,159	19.78
杉原產業	2,135	22.44	2,356	22.47	2,055	18.83
其他輸日商（22 社店）	686	7.21	840	8.01	1,375	12.60
總計	9,513	100.00	10,483	100.00	10,914	100.00

資料來源：涂照彥著，李明俊譯，《日本帝國主義下的台灣》（台北：人間出版社，1991 年），頁 202。

　　杉原佐一發跡後，亦跨足其他行業，1928 年，投資高雄興業合名會社（資本額 0.5 萬圓）。1930 年，投資高雄劇場（資本額 8.33 萬圓），被選爲監事。1931 年，投資高雄共榮自動車（資本額 15 萬圓），並被推爲董事。1933 年，創立高雄中央批發市場（資本額 20 萬圓），榮膺董事長（參見表 1-2-5）。此外，佐一亦在高雄堀江町購買大量土地，《台灣實業界》估計佐一至少擁有 30 萬圓的不動產，與福井四磨、吉井長平、船橋武雄並列爲高雄四大地主。〔註 182〕

　　1936 年，杉原佐一爲擴大營業，將資本額 200 萬圓的杉原商店，改組爲資本額 500 萬的杉原產業，並將公司總部遷往台北。再者，佐一亦爲杉原產業布置了雙專務董事，台北、高雄分由井出松太郎〔註 183〕、親弟杉原清三郎

〔註 181〕《台灣實業界》昭和 7 年 6 月號。
〔註 182〕《台灣實業界》昭和 7 年 6 月號。
〔註 183〕根據《台灣人士鑑》1943 年版（台北：興南新聞社），頁 14、《台灣實業界》昭和 11 年 3 月號，言：井出松太郎，1896 年生，大阪府泉北郡人。其在大正初年，以神戶音伍社肥料穀物部主任赴台，在大連伊丹商店破產後，快速與該公司關係商店聯繫，在肥料界建立地盤。其後歷任德田商店台灣工場主

負責，自己則返回神戶，爲公司業務奔波於台、日兩地。〔註184〕

1937 年，杉原佐一又轉向汽車業發展，在取得豐田汽車在台的一手代理權後，即與台拓、台銀、台電共同籌資 50 萬圓，創立台灣國產自動車。該公司杉原佐一壟斷 70% 的股權，台拓、台銀、台電三家公司則分持 10% 的股份。〔註185〕次年，菊元商行的重田榮治，爲分食台灣汽車市場，亦設立資本額 48 萬圓的台灣日產自動車，代理日產汽車銷售，兩者競爭頗爲激烈。〔註186〕

1938 年，杉原佐一又與台南三河商行、內地釀造聯盟共同創立資本額 40 萬圓的台灣甘薯。〔註187〕同時，爲配合時局，佐一亦轉入蓖麻業發展，在東部山區栽種近 5,000 甲的蓖麻，並籌建蓖麻工廠，然最後慘遭失敗，其想要成爲「蓖麻王」的美夢幻滅。〔註188〕

1939 年，杉原佐一除創設興亞製鋼（資本額 40～80 萬圓）外，亦響應台灣總督府的南進政策，在杭州籌設資本額 300 萬圓的農業公司，並與形同兄弟的丸一組董事長本地才一郎，攜手進軍海南島。〔註189〕1940 年，杉原佐一的事業雖有走下坡的趨勢，但其資產已超過 300 萬圓，〔註190〕並被日治末期經濟學者大山綱武譽爲台灣六大「產業資本型財閥」之一（參見表 1-2-5）。〔註191〕

杉原佐一事業浮浮沉沉，最後終能成功，有兩大得力助手，一是親弟杉原清三郎，一則爲形同兄弟的本地才一郎。杉原清三郎爲血緣之親，關係密切毋庸贅言，本地才一郎則爲了與杉原家族建立良好關係，將其二子之一送

任、台灣鳳梨罐頭專務董事、高雄海陸物產代表社員。1927 年，轉往米穀界發展，獲杉原商店聘爲台北支店長。1936 年杉原商店擴大爲杉原產業，就任專務董事，隔年，兼任台灣國產自動車專務董事。1941 年，辭兩家公司專務董事，就任興亞製鋼董事長，此外，其亦曾任台灣米穀代表董事、台灣米穀移出商同業組合、台灣肥料輸移入同業組合評議員。

〔註184〕《台灣實業界》昭和 11 年 4 月號。
〔註185〕《台灣實業界》昭和 12 年 9 月號、昭和 12 年 12 月號。
〔註186〕《台灣實業界》昭和 13 年 5 月號。
〔註187〕《台灣實業界》昭和 13 年 11 月號。
〔註188〕《台灣實業界》昭和 13 年 2 月號、昭和 14 年 2 月號。
〔註189〕《台灣實業界》昭和 14 年 10 月號。
〔註190〕《台灣實業界》昭和 15 年 7 月號。
〔註191〕《台灣經濟年報》昭和 17 年版（東京：國際日本協會刊印，1942 年），頁 382。

給杉原清三郎當養子，與杉原家族結成親戚，故本地才一郎亦屬杉原企業集團之一員。〔註192〕

　　杉原清三郎，1898 年生，兵庫縣多紀郡人。1917 年，大連外語學校畢業。1919 年，進入浦藍斯德遠東協會俄語科修業，並進入大連伊丹商會工作。1926 年，應親兄杉原佐一之邀渡台，在杉原商店任職，此後，即成爲佐一事業不可或缺的幫手。1936 年，杉原商店改組爲杉原產業，杉原清三郎升任專務董事，負責高雄業務，在杉原企業集團中地位日益重要。此外，清三郎還擔任高雄商工會議所評議員、高雄劇場（資本額 8.33 萬圓）董事、高雄市會議員等職。〔註193〕

　　本地才一郎，1887 年生，岡山縣淺口郡人。1916 年渡台，在高雄創立丸一組，經營船舶貨運業。才一郎的事業初未發達，後能亨通，實有賴杉原佐一之助。杉原佐一自轉營米穀貿易後，亟需尋覓可搭配的運輸業者，以降低運費。當時，三井物產、三菱商事、加藤商會等三大日人米商，在台灣島內的運輸可仰賴台灣倉庫、日本通運、日東商船、台灣運輸等會社，海運亦分別有三井、三菱財閥出資的大阪商船、日本郵船配合。在此情勢下，杉原商店處於極度不利的態勢，其後，幸杉原佐一覓得本地才一郎的丸一組，兩人事業互補，解決了杉原商店島內運輸的問題。然海運仍處劣勢，爲求突破，杉原佐一、本地才一郎亦配合其他業者，掀起向台灣總督府的請願運動，爭取辰馬汽船開闢台灣航路，最後獲得同意，杉原商店的海運問題亦告解決。

　　丸一組與杉原商店互相搭配後，業務蒸蒸日上，在全台各地都設有支店，同時，還獲得辰馬汽船、大連汽船、中村組、大同海運等海運公司的代理權。本地才一郎在運輸界的迅速崛起，如同杉原佐一在米穀貿易的暴興，故亦爲本地才一郎贏得運輸界飛將軍的美稱。〔註194〕

　　此後，本地才一郎事業頗爲順利，1935 年，被推爲高雄店舖組合理事。1936 年，購併柏原米太郎的山ョ運送，再者，投資杉原產業（資本額 500 萬圓），並被推舉爲監事。1937 年，創設台灣海運（資本額 25～65 萬圓）、高雄興業（資本額 10～25 萬圓）兩家企業，並榮膺董事長之位；再者，又被

〔註192〕《台灣實業界》昭和 14 年 1 月號。
〔註193〕《台灣人士鑑》1943 年版（台北：興南新聞社），頁 207。
〔註194〕《台灣實業界》昭和 7 年 7 月號。

選爲高雄商業倉庫組合理事、高雄市會議員等職。1938 年，再創立南邦產業（資本額 40 萬圓），並擔任董事長。1939 年，獲高雄商工會議所副會長之位，高居高雄企業界次席地位。再者，創立斗六合同運送（資本額 10 萬圓），並榮任董事長，又投資台北州自動車運輸（資本額 100 萬圓），被舉爲董事。

　　1940 年，《台灣實業界》估算本地才一郎的資產，已超過 300 萬圓，爲高雄名列前矛的富翁。〔註 195〕再者，本年本地才一郎還當選高雄州會議員，並任高雄州自動車運輸（資本額 100 萬圓）的董事。1941 年，才一郎接手高雄新報（資本額 10～19 萬圓），繼任董事長，再者，又創設台灣貿易（資本額 10 萬圓）、昭和館（資本額 10 萬圓），並被推爲兩家公司的董事長，此外，還擔任興亞製鋼（資本額 80 萬圓）的董事。〔註 196〕1942 年，才一郎又被選爲花蓮港自動車運輸（資本額 75 萬圓）的監事、台灣木工（資本額 50 萬圓）的董事，〔註 197〕此時，本地才一郎所經營和投資的企業已達 14 家以上（參見表 1-2-7）。

表 1-2-5：日治時期杉原佐一所經營和投資的企業

公司名稱	公司地點	創立年代	登記資本（萬圓）	職務	個人持股	杉原產業持股	任職年份	備註
杉原產業（前身爲杉原商店）	台北	1936	500	董事長（1936）	18,000（1936）21,500（1941）		1936～1943	核心企業
高雄中央批發市場	高雄	1933	20（1933）	代表者			1933～1941	直系
台灣甘薯	台北	1938	48	代表者			1938～	直系
高雄製冰	高雄	1925	50	董事（1926）	723（1933）		1926～1943	旁系

〔註 195〕《台灣實業界》昭和 15 年 7 月號。
〔註 196〕《台灣人士鑑》1943 年版（台北：興南新聞社），頁 362。
〔註 197〕本地才一郎之生平，係綜參大園市藏，《台灣人事態勢與事業界》（台北：新時代台灣支社，1942 年），頁 42、《台灣人士鑑》1937 年版（台北：台灣新民報社），頁 358、《台灣實業界》昭和 13 年 11 月號、昭和 14 年 1 月號、昭和 15 年 7 月號等資料寫成。

興亞製鋼	台北	1939	40（1939）80（1941）	董事（1939）	2,700（1941）		1939〜1943	直系
高雄共榮自動車	高雄		15	董事			1931〜	旁系
台灣國產自動車	台北	1937	50	董事（1937）監事（1940）	1,000（1938）1,500（1941）1,400（1942）	5,000（1938）	1937〜1943	直系
高雄劇場	高雄	1921	8.33	監事（1930）董事（1933）	80（1933）		1930〜1937	旁系
台灣鳳梨	高雄		1	監事			1925〜	旁系
高雄興業合資	高雄		0.5	出資社員			1928〜	旁系
台灣青果	台中	1924	150	股東	347（1937）		1937〜1938	個人投資
台東興發	台東	1937	15	股東		100（1938）	1938〜1939	公司投資

資料來源：竹本伊一郎，《台灣會社年鑑》（台北：台灣經濟研究會）；千草默仙，《會社銀行商工業者名鑑》（台北：圖南協會）；杉浦和作，《台灣銀行會社錄》（台北：台灣實業興信所）相關各版。

表 1-2-6：日治時期杉原清三郎所經營和投資的企業

公司名稱	公司地點	創立年代	登記資本（萬圓）	職　務	個人持股	公司持股	任職年份	備　註
杉原產業（前身為杉原商店）	台北	1936	500	專務董事（1936）	2,000（1936）		1936〜1942	核心企業
高雄劇場	高雄	1921	8.33	股東（1937）董事（1938）	50		1937〜1939	旁系

資料來源：竹本伊一郎，《台灣會社年鑑》（台北：台灣經濟研究會）；千草默仙，《會社銀行商工業者名鑑》（台北：圖南協會）；杉浦和作，《台灣銀行會社錄》（台北：台灣實業興信所）相關各版。

表 1-2-7：日治時期本地才一郎所經營和投資的企業

公司名稱	公司地點	創立年代	登記資本（萬圓）	職務	個人持股	丸一組持股	任職年份	備註
丸一組	高雄	1941	135	董事長 (1941)	24,600 (1941)		1941～1943	核心企業
台灣海運	高雄	1937	25 (1937) 65 (1940)	代表者 (1937)			1937～1943	直系
高雄興業	高雄	1937	10 (1937) 18 (1940) 25 (1941)	代表者 (1937)			1937～1943	直系
南邦產業	高雄	1938	40 (1938) 12 (1941)	代表者 (1938)			1938～1941	直系
斗六合同運送	斗六	1939	10	代表者 (1939)			1939～1943	直系
高雄新報社	高雄	1934	10 (1941) 19 (1942)	代表者 (1941)			1941～1943	直系
台灣貿易	高雄	1938	10	代表者 (1941)			1941～1943	直系
昭和館	高雄	1941	10	代表者 (1941)			1941～1943	直系
台北州自動車運輸	台北	1938	150	董事 (1939)		1,600 (1942)	1939～1943	旁系
高雄州自動車運輸	高雄	1937	100	董事 (1940)			1940～1943	旁系
興亞製鋼	台北	1939	80	董事 (1941)	2,000 (1941)		1941～1943	旁系
台灣木工	高雄	1942	50	董事 (1942)	1,000 (1942)		1942～1943	旁系

杉原產業	台北	1936	500	監事 (1936)	2,000 (1936) 1,500 (1940) 2,000 (1941)		1936～1943	旁系 前身爲 杉原商店
花蓮港自動車運輸	花蓮港	1942	75	監事 (1942)			1942～1943	旁系

資料來源：竹本伊一郎，《台灣會社年鑑》（台北：台灣經濟研究會）；千草默仙，《會社銀行商工業者名鑑》（台北：圖南協會）；杉浦和作，《台灣銀行會社錄》（台北：台灣實業興信所）相關各版。

三、荒井泰治－福井文雄－福井四磨之事例

　　荒井泰治（1861～1927），宮城縣仙台人。1881、1882 年，投入中江兆民佛學私塾下苦讀，與幸德秋水、伊藤金彌、奧山十郎、寺尾亨等名士爲同門，後受聘爲《輿論新誌》編輯、《大阪新報》記者。1886 年，應同鄉前輩日本銀行總裁富田鐵之助邀請，擔任日銀總裁秘書。1889 年，與日銀新任總裁川田小一郎意見衝突，遂離開日銀，轉任鐘ケ淵紡績經理。1892 年，再應富田鐵之助之聘，進入富士紡績，擔任經理。

　　1898 年，後藤新平接任台灣總督府民政長官後，爲求財政獨立，提出十年計畫，欲將樟腦、食鹽、鴉片三者列爲專賣事業。當時，台灣中南部的樟腦事業爲英、德兩國商人壟斷，後藤新平爲挽回樟腦利益，乃與三美路商會簽訂契約，並欽點荒井泰治擔任經理。次年，荒井即以橫濱三美路商會台北支店經理的身份渡台，斯時，荒井一年的俸給爲 7,000～8,000 圓，居台北日人首位。

　　荒井企圖心旺盛，初在文山堡、蕃薯寮等地採製樟腦，並賴製腦業逐漸發跡。1907 年，被推爲鹽水港製糖（資本額 750～2,500 萬圓）、新竹製腦（資本額 40 萬圓）兩社董事長。1908 年，榮膺台灣殖產（資本額 20 萬圓）董事長，並投資台灣建物（資本額 150 萬圓，後更名爲台灣土地建物），並被選爲董事。1909 年，創立打狗整地會社（資本額 50～75 萬圓），獲任董事長，並投資台灣製帽合資會社。1910 年，獲官方指派爲台灣商工銀行（資本額 100～1,000 萬圓）董事長，並創立台灣肥料（資本額 30 萬圓）、台東拓殖（資本額 300～100 萬圓）兩社，皆獲社員推爲代表者。1911 年，創立山一商行（資本額 50 萬圓），並投資台灣瓦斯（資本額 100 萬圓）、台灣石鹼（資本額 20

萬圓）等社，並任兩社的監事。更重要的是，本年荒井泰治的資產已超過 200 萬圓，並因繳納國稅 3,300 多圓，被選爲貴族院議員。

荒井榮獲貴族院議員後，仍馬不停蹄創立事業，1912 年，又創立打狗土地（資本額 50 萬圓），被推舉爲董事長。1915 年，再投資日本芳釀（資本額 130 萬圓），並獲董事之位。1916 年，創立台灣染料合資（資本額 0.9 萬圓），成爲該社代表社員。1917 年，又投資合資比律賓拓殖（資本額 30 萬圓）。1919 年，榮任花蓮港木材（資本額 100 萬圓）監事，並被台北劇場榮組（資本額 30 萬圓）、台北鐵道（資本額 100 萬圓）兩社尊爲顧問。

荒井所創立和投資的企業，尚不止上述，還曾創立四腳亭炭礦，並擔任台灣儲蓄銀行（資本額 15～100 萬圓）、大安軌道（資本額 16 萬圓）兩社董事長；台灣海陸產業、新竹電燈（資本額 20 萬圓）兩社董事；台灣日日新報（資本額 60 萬圓）、台陽礦業（資本額 500 萬圓）兩社監事、台灣輕鐵炭礦（資本額 30 萬圓）一社顧問等職。荒井在日本內地，亦有頗多事業，至少曾被推爲南昌商行（資本額 100 萬圓）、安部幸商店（資本額 100 萬圓）兩社董事長；太平洋炭礦（資本額 1,100 萬圓）、星製藥（資本額 200 萬圓）、東華生命保險（資本額 100 萬圓）、仙台瓦斯、七十七銀行等社董事；帝國冷藏（資本額 300 萬圓）、日本窯業（資本額 33 萬圓）等社監事。由於荒井泰治所涉企業繁多（參見表 1-2-8），故有「台灣澀澤榮一」、「台灣事業王」之美譽。〔註 198〕

荒井泰治有二姪入台，即：福井文雄、福井四磨，兩人賴叔父之蔭，亦逐漸在台發跡。先看福井文雄，其 1885 年生，宮城縣仙台市人。1903 年，仙台一中畢業後，應叔父荒井泰治之招，進入台灣儲蓄銀行工作，1912 年，又轉入台灣商工銀任職。斯時，荒井泰治擔任這兩家銀行的董事長，文雄在叔父的栽培下，迅速竄升，歷任台灣商工銀行基隆、花蓮港、阿猴、高雄、台南、東京等地之支店長，1939 年，更高升爲董事，〔註 199〕福井文雄可說已成功承繼荒井泰治在台灣商工銀行的部份勢力。

再看福井四磨，其 1886 年生，1904 年，仙台一中畢業。1912 年，應叔

〔註 198〕荒井泰治之生平，綜參岩崎潔治，《台灣實業家名鑑》（台北：1912 年），頁 101；大園市藏，《台灣人物志》（台北：谷澤書店，1916 年），頁 322；《新台灣》大正 4 年 11 月號，頁 84；《實業之台灣》第 26 號，1911 年 10 月號，頁 47～50；《實業之台灣》第 91 號，1917 年 7 月號，頁 45～47 等資料寫成。
〔註 199〕《台灣人士鑑》1943 年版（台北：興南新聞社），頁 345。

父荒井泰治之聘，進入台灣商工銀行台南支店工作。1913 年，轉入荒井泰治所經營之打狗整地、打狗土地兩家公司任職。1917 年，又代叔父管理山一商行。1924 年，獨立創業，在高雄從事土木承包、砂石採掘事業。1927 年，福井四磨以多年在打狗整地、打狗土地兩家公司任職的心得，又轉營高雄不動產的買賣，並賴此致富。1932 年，《台灣實業界》估算福井四磨土地的資產，已超過 20 萬圓以上，並被譽爲高雄第一大地主。四磨後更投資高雄新報、台灣海運、高雄興業等企業，並任此三家公司之董、監事。再者，四磨亦盡心於高雄地區公職，歷任鹽埕會會長、鹽埕町第一區長、市防衛團分團長、高雄市會議員等職。〔註200〕

綜上所述，福井文雄、四磨兄弟，在叔父的安排、磨練下，不僅協助叔父荒井泰治經營台灣儲蓄銀行、台灣商工銀行、打狗整地、打狗土地、山一商行等事業，並在這些事業中，走出自己的道路，逐漸發跡致富。

表 1-2-8：日治時期荒井泰治所經營和投資的企業

公司名稱	公司地點	創立年代	登記資本（萬圓）	職務	個人持股	荒井合名持股	任職年份	備註
台灣儲蓄銀行	台北	1899 1921	15 （1911） 100 （1921）	董事長	250		1911～1927	直系
打狗整地	高雄	1909	50 （1911） 75 （1918）	董事長			1909～1927	直系
打狗土地	高雄	1907	50	董事長		420 （1923）	1918～1927	直系
南昌商行	東京	1917	100	董事長			1917～1927	直系
安部幸商店	東京	1922	100	董事長	300 （1923）		1922～1927	直系
台灣肥料 （1923 年合併東亞肥料）	高雄	1910	30	董事長 （1911） 顧問 （1920）		200 （1923）	1910～1923	直系轉旁系

〔註200〕福井四磨之生平，綜參《台灣人士鑑》1943 年版（台北：興南新聞社），頁345；《台灣實業界》昭和 7 年 6 月號；太田肥洲，《新台灣を支配する人物と產業史》（台北：台灣評論社，1940 年），頁 551 等資料寫成。

台東拓殖	花蓮港 （1911） 東京 （1920）	合資 1910 股份 1913	300 （1911） 100 （1920）	董事長 （1911） 顧問 （1920）	61 （1911）		1910～1927	直系 轉旁系
鹽水港製糖	新營	1907	750 （1911） 2,500 （1923）	董事長 （1907） 顧問 （1920）	4,710 （1911）	1,130 （1923）	1907～1927	直系 轉旁系
台灣殖產	新竹	1908	20	董事長			1908～1911	直系
山一商行	台北	1919	50	行主 （1911） 董事長 （1919）			1911～1927	直系
台灣商工銀行	屏東 （1911） 台北 （1918）	1910	100 （1911） 115 （1918） 500 （1920） 1,600 1,000 （1925）	監事 （1911） 董事 （1918） 監事 （1923） 董事長 （1926）	450 （1911）		1910～1927	旁系 轉直系
新竹製腦	新竹	1907	40	董事長			1907～	直系
大安軌道	新竹		16	董事長			1918～	直系
台灣染料合資	台北	1916	0.9	代表社員			1916～1920	直系
台灣建物／台灣 土地建物	基隆 台北	1908	150	董事 （1911） 顧問 （1918）	1,000 （1911）		1911～1927	旁系
高砂麥酒	台北	1919	200	董事			1919～1927	旁系
星製藥	東京	1911	200	董事			1920～	旁系
東華生命保險	東京	1914	100	董事			1924～	旁系
太平洋炭礦	東京	1920	1,100	董事			1923～1925	旁系
日本芳釀	台北		130	董事			1918～1920	旁系
台陽礦業	基隆	1918	500 （1923）	監事			1923～1926	旁系
台灣日日新報	台北	1900	60	監事			1911～1920	旁系
花蓮港木材	花蓮港	1919	100	監事		1,000 （1923）	1919～1927	旁系

帝國冷藏	東京	1907	300	監事			1911～	旁系
日本窯業	東京	1896	33	監事			1911～	旁系
台灣瓦斯	台北	1911	100	監事			1911～	旁系
台灣石鹼	台北	1911	20	監事	100		1911～	旁系
比律賓拓殖	台中	1917	30	社員			1917～1927	旁系
台北鐵道	台北	1919	100	顧問			1919～1923	顧問
台灣輕鐵炭礦	台北		30	顧問			1918～	旁系
台灣劇場榮組	台北	1919	30	顧問(1919)股東(1923)			1919～1923	個人投資
台灣鐵工所	高雄	1919	200	股東		500(1923)	1923～	公司投資
基隆水產	基隆	1911	30	股東	200		1911～	個人投資

資料來源：竹本伊一郎，《台灣會社年鑑》（台北：台灣經濟研究會）；千草默仙，《會社銀行
商工業者名鑑》（台北：圖南協會）；杉浦和作，《台灣銀行會社錄》（台北：台灣
實業興信所）相關各版。

四、槇哲－槇武－槇熊三郎－槇有恒之事例

　　槇哲（1866～1939），宮城縣人。1890 年，慶應義塾理財科畢業後，即進
入北越鐵道任職，時恰遇新潟龜田鐵道破壞事件，槇哲冒險徹夜修復，立
下特殊功勞。不久，轉入王子製紙任職。1904 年赴美，1905 年渡台，並應王
雪農之邀，出任鹽水港製糖經理，使瀕臨破產的鹽水港製糖起死回生，聲
名四溢。〔註201〕1907 年，升任鹽水港製糖常務董事，拔擢橋本貞夫、數田輝
三、岡田祐二、佐佐木幹三郎等四人為董事，建立其在鹽水港製糖的勢力基
礎。〔註202〕後再升任鹽水港製糖專務董事、董事長，被譽為「經營奇才」、
「經營怪傑」，〔註203〕並成為鹽水港製糖的精神領袖。

　　此後，槇哲創立了諸多企業，包括：高雄的海陸物產（1911 年創立）
〔註204〕、台東的台東拓殖製糖（1912 年創立）、泰昌製冰（1917 年創立）、花
蓮港的花蓮港木材（1919 年創立）等。此外，槇哲還投資台灣製腦、台灣倉

〔註201〕木村健堂，《台灣事業界と中心人物》（台北：台灣案内社，1919 年），頁 224。
〔註202〕大園市藏，《台灣人物志》（台北：谷澤書店，1916 年），頁 280～281。
〔註203〕木村健堂，《台灣事業界と中心人物》（台北：台灣案内社，1919 年），頁 224。
〔註204〕岩崎潔治，《台灣實業家名鑑》（台北，1912 年），頁 419。

庫，並任兩社的董事。

　　然 1927 年 4 月起，受鈴木商店破產事件拖累，鹽水港製糖遭受重挫。1928 年，槇哲被迫辭卸董事長之位。其後，槇哲退居幕後，暗中指導其栽培的岡田幸三郎、黑田秀博、勝又獎、內ケ崎良平等董事，穩定鹽水港製糖。1933 年底，在眾人的擁戴下，回任董事長。〔註 205〕

　　槇哲能奪回鹽水港製糖董事長之位，除因其深具領袖魅力，鹽水港製糖幹部泰半皆為其栽培外，其兄槇武的協助亦為重要因素。1932 年，槇武收購鹽水港製糖股票 12,549 股，並被舉為監事，為槇哲回任董事長攻下灘頭堡。

　　槇武（1861～1941），活躍於新竹，1907 年在親弟槇哲的援助下，與荒井泰治、三井系統出身的永野榮太郎，〔註 206〕共創資本額 40 萬圓的新竹製腦。1912 年，又與永野榮太郎，創設資本額 20 萬圓的新竹電燈。此後，槇武逐漸發跡，1918 年，投資台灣化學工業（資本額 10 萬圓），榮任董事。1919 年，投資台灣製鹽（資本額 250 萬圓），獲推為董事，再者，又投資槇哲鹽水港製糖旗下的花蓮港木材（資本額 100～25 萬圓），並出任監事（參見表 1-2-9）。

　　1919 年，台灣總督府將 14 家製腦會社統合為資本額 1,000 萬圓的台灣製腦，新竹製腦亦在合併之列。槇武乃將新竹製腦一分為二，製腦部門同意併入台灣製腦，槇武亦因此獲得一席董事，輕便鐵道部門則在稍後，改組為新竹拓殖軌道（資本額 40～10 萬圓），並由槇武榮膺董事長。〔註 207〕

　　助槇武、槇哲經營事業者，尚有兩人，一為槇武、槇哲之親弟槇熊三郎，一為槇武之子槇有恒。槇熊三郎穩健溫和，長期擔任新竹製腦、新竹拓殖軌道的董事，助親兄槇武經營新竹製腦、新竹拓殖軌道。〔註 208〕槇有恒，與叔父槇哲皆慶應大學理財科畢業，在 1928 年，叔父槇哲被迫退出鹽水港製糖的前夕，進入該社任職，代叔父槇哲監視鹽水港製糖的動向。1932 年，其父槇

〔註 205〕《台灣人士鑑》1937 年版（台北：台灣新民報社），頁 342。
〔註 206〕根據大園市藏，《台灣人物志》（台北：谷澤書店，1916 年），頁 92；木村健堂，《台灣事業界と中心人物》（台北：台灣案內社，1919 年），頁 214。永野榮太郎，1863 年生，兵庫縣城崎郡人。中學畢業後，即進入三井銀行工作，任職三十餘年。1907 年渡台，與荒井泰治、槇武創立新竹製腦，歷任經理、常務董事，與松本徒爾並稱新竹實業界的雙璧。其長於勤儉儲蓄，1915 年時，已有十多萬的資產。此外，亦投資新竹電燈、鹽水港製糖等會社。
〔註 207〕《台灣實業界》昭和 7 年 5 月號。
〔註 208〕《台灣實業界》昭和 4 年 12 月號。

武獲任鹽水港製糖監事，次年，叔父槇哲亦重任董事長，槇有恒賴父親、叔父之庇蔭，屢獲破格擢升，1939 年，已獲升任董事，〔註209〕此時，叔父槇哲雖已過世，但槇有恒已進入鹽水港製糖決策核心之列，延續槇氏家族在鹽水港製糖的影響力。

表 1-2-9：日治時期槇武所經營和投資的企業

公司名稱	公司地點	創立年代	登記資本（萬圓）	職務	個人持股	公司持股	任職年份	備註
新竹製腦	新竹	1907	40	專務董事			1907～1924	直系
新竹拓殖軌道	新竹	1907	40（1932）10（1935）	董事長	203（1932）100（1937）	槇武合資3,025（1932）2,995（1933）676（1937）	1907～1941	直系
新竹電燈（1933年併入台灣電燈）	新竹	1912	20150（1933）300	董事	100（1932）940（1933）1,880（1937）	槇武合資940（1932）新竹拓殖軌道600（1932）1,200（1937）	1912～1941	旁系
台灣化學工業	新竹	1918	10	董事			1918～1920	旁系
台灣製腦	台北	1919	1,000	董事		新竹拓殖軌道10,000（1932）槇合資682	1919～1933	旁系
台灣製鹽	台南	1919	250	董事			1919～1932	旁系
打狗土地建物	高雄	1907	50	董事			1928～1941	旁系
花蓮港木材	花蓮港	1919	100（1920）25（1933）	監事			1919～1937	旁系

〔註209〕《台灣實業界》昭和 14 年 7 月號。

第二花蓮港木材	花蓮港	1933	50	監事			1933～1935	旁系
鹽水港製糖	新營	1907	2,925	監事 （1932） 股東 （1938）		摃合資 12,549 （1932） 10,036 （1933） 10,396 （1937） 14,336 （1938） 7,830 （1939）	1932～1939	旁系轉 公司投資
新竹州自動車運輸	新竹	1938	100	股東		新竹拓 殖軌道 1,100 （1938）	1938～1939	公司投資

資料來源：竹本伊一郎，《台灣會社年鑑》（台北：台灣經濟研究會）；千草默仙，《會社銀行商工業者名鑑》（台北：圖南協會）；杉浦和作，《台灣銀行會社錄》（台北：台灣實業興信所）相關各版。

五、上瀧宇太郎－上瀧利雄－上瀧柳作之事例

上瀧宇太郎（1865～1924），福岡縣三井郡人。1895 年底，參加甲午戰爭，以比志島枝隊員身份進入澎湖。不久，獲聘為澎湖廳雇員。1897 年辭任，恰大阪商船廢除澎湖支店，宇太郎乃創立澎湖商船組，成為該公司的代理店，經營各官署的雜貨販售、勞力供應、土木承包、保險金融等業務。

1907 年，宇太郎投資澎湖海產，獲推董事，1912 年，升任董事長。1913年，籌資 5 萬圓，創立澎湖電燈，並被選為董事長；同年，又糾集會員 35人，創立媽宮融通信用組合，自任組合長。1917 年，與基隆水產界巨頭近江時五郎合作，將澎湖海產併入台灣水產，宇太郎並獲任台灣水產董事兼澎湖支店長。

1920 年，宇太郎聲望達到頂點，年初，被官方指派為馬公街長，年中，籌資 10 萬圓，創立澎湖海運，年底，又獲選為高雄州協議會員，此外，還兼任馬公衛生組合組合長、地方稅調查委員等職，上瀧宇太郎已成為澎湖的代表人物。〔註210〕

〔註210〕上瀧宇太郎之生平，係綜參大園市藏，《台灣人物志》（台北：谷澤書店，1916年），頁 232、《最近の南部台灣》（台南：台灣大觀社，1923 年），附錄頁 51；

上瀧家族能夠壟斷澎湖澎湖水產、運輸、土木、電力、金融等業，成爲澎湖商界最顯赫之家族，除與上瀧宇太郎個人努力有關外，還賴其子上瀧利雄、其姪上瀧柳作的協助。

上瀧利雄，宇太郎子，1890 年生。1909 年，久米留商業學校畢業後，即進入步兵四十八聯隊。1911 年，轉服預備役。不久渡台，助父經營運輸、土木承包等業務。1923 年，利雄與堂兄柳作、井手英孝、三浦光次等人合作，籌資 1.5 萬圓，創設澎湖畜產，並任專務董事，負責實際經營。

1924 年，父親上瀧宇太郎過世，利雄頗能克紹其裘，順利承繼了父親澎湖商船組組長、台灣水產董事兼澎湖支店長、馬公融通信組專務理事等頭銜。此外，還擔任澎湖商工會理事、馬公街協議會員、州稅調查委員、所得稅調查委員等公職。〔註 211〕

上瀧柳作，亦爲上瀧家族的要角，其 1886 年生，爲上瀧宇太郎之姪，上瀧利雄之堂兄。1902 年，應叔父之招，赴澎湖助叔父經營土木建築業務，任土木請負部主任。其後，亦自營五金建材生意。1920 年，被選爲馬公街協議會員。1923 年，助堂弟利雄創立澎湖畜產，同時，亦被推爲監事。次年，叔父過世後，又任馬公融通信用組合監事，助堂弟利雄掌握該信組。此外，又獲推爲澎湖商工會副會長。〔註 212〕

六、鈴木定吉－鈴木泉－鈴木新兵衛之事例

鈴木定吉，1881 年生，福島縣石城郡人。1910 年赴台北，在新起町開設生蕃屋，販售竹器、草蓆、文石、籐籠等台灣特產。〔註 213〕定吉曾參加日本

岩崎潔治，《台灣實業家名鑑》（台北：1912 年），頁 627；內藤素生，《南國之人士》（台北：谷澤書店，1916 年），頁 313；木村健堂《台灣事業界與中心人物》（台北：台灣案內社，1919 年），頁 234；《台灣大觀》（台南：台南新報社，1935 年），頁 353 等資料寫成。

〔註 211〕上瀧利雄之生平，係綜參大園市藏，《台灣の中心人物》（台北：日本植民地批判社，1935 年），頁 44；太田肥洲，《新台灣を支配する人物と產業史》（台北：台灣評論社，1940 年），頁 618；《台灣大觀》（台南：台南新報社，1935 年），頁 353 等資料寫成。

〔註 212〕上瀧柳作之生平，係綜參大園市藏，《台灣の中心人物》（台北：日本植民地批判社，1935 年），頁 44；內藤素生，《南國之人士》（台北：台灣人物社，1922 年），頁 325；大園市藏，《台灣人物志》（台北：谷澤書店，1916 年），頁 299；《台灣大觀》（台南：台南新報社，1935 年），頁 353 等資料寫成。

〔註 213〕內藤素生，《南國之人士》（台北：台灣人物社，1922 年），頁 180。

舉辦的萬國博覽會，並從南洋、印度輸入原料，製成各種工藝品。1925 年，將店舖遷至本町，擴大營業，〔註214〕此時，生蕃屋已成為台灣首屈一指的特產店。然就在此時，鈴木定吉突然去世，事業由其養子：鈴木新兵衛、鈴木泉養兄弟繼承。

鈴木定吉由於未有子嗣，乃先後收養其姪鈴木新兵衛、母親家之養弟鈴木泉。鈴木新兵衛，1898 年生，鈴木泉，1900 年生，就輩份言，鈴木泉原為鈴木新兵衛之叔父，但因鈴木新兵衛先被收養，故反為鈴木泉之養兄。兩人在繼承鈴木定吉事業後，同心協力經營生蕃屋，新兵衛為提升台灣工藝品水準，曾多次親赴南洋蒐集鄉土藝品，成功鑽研出以牛角、椰子等特產，製作工藝品的技術。生蕃屋在兄弟兩人共同奮鬥下，在台北宮前町設立工廠，並在基隆、高雄設立了支店，業務蒸蒸日上，聲名遠播，〔註215〕亦為日治時期日人在台企業菁英男系親屬合力經營事業成功的範例。

總結言之，親緣網絡為人類之初始網絡，堪稱社會網絡中最強勁者，而男系親屬多為具有血緣關係的至親，故日人在台企業菁英在尋求一起打拼事業的夥伴時，自然會優先考慮與男系親屬合作。在本文所挑選並詳細說明的 6 例中，這些日人企業菁英因有父子、兄弟、堂兄弟、準兄弟、伯叔姪關係，故其合作異常緊密，他們或在資金、人力、物力上相互奧援，壯大企業實力，或在某一大型企業中，內舉不避親，優先拔擢男系親屬，逐漸掌控該公司的經營權。

然由於日人治台畢竟只有短短 50 年，日人企業菁英入台發展多僅兩代，在台拼闖事業三代以上，而聲名較著者，恐怕只有高進商會高橋由義、高橋豬之助、高橋尚秀一家，故台地日人企業菁英的門閥仍處初建階段，力量還很薄弱。在本文所蒐集的 107 個事例中，有超過 3／4 的日人在台企業菁英，其男系親屬仍固守在企業界活動，尚未向其他領域滲透，故甚難獲得企業界以外之多元力量的支持。再者，他們合作的類型以協助經營和繼承事業最為重要，亦即男系親屬的影響力，多半仍僅止於家族中，較欠缺向外擴張的活動。在家閥力量不足的情況下，此時的日人在台企業菁英必須乞靈於其他社會網絡，如：地緣網絡、學緣網絡、政治網絡等，來創造優勢。

〔註214〕橋本白水，《台灣の事業界と人物》（台北：南國出版協會，1928 年），頁 492
　　　　～493。
〔註215〕參見《台灣實業界》昭和 9 年 1 月號、昭和 12 年 5 月號。

第三節　閨閥與事業之經營與擴大
——以 105 個姻婭關係為例

　　根據《漢和辭典》的解釋，閨閥係指：以妻之姻戚關係為中心所集結的勢力。〔註216〕支配階級為保持政治權力、壟斷經濟利益，經常會利用各式各樣的閥閱關係，來鞏固集團內部成員關係的緊密，閨閥以血緣連鎖作基礎，為各種閥閱關係中較強勁有力者。

　　在日本上流社會，閨閥就像櫻花一樣普遍，數百年前曾有律令規定，天皇家族只能和藤原一族的一條、二條、九條、鷹司、近衛五大攝政關白家族通婚，〔註217〕實施嚴格的內婚制。1884 年，明治天皇將閨閥制度化，〔註218〕頒布華族令，將爵位分為公、侯、伯、子、男五等，總計共封公爵 11 家、侯爵 24 家、伯爵 76 家、子爵 326 家、男爵 74 家，共 511 家。〔註219〕這些華族藉天皇所賜予的高貴身份，和新興的財經、軍事豪門通婚，延續舊勢力，並收編新勢力，形成一個新舊同盟。〔註220〕

　　日治時期日人在台企業菁英利用姻戚，以壯大企業的事例，亦俯拾皆是，例如：台灣銀行第二任董事長柳生一義，為首任董事長添田壽一的女婿，柳生一義本人固然頗具才學，但其能升任台銀董事長與岳父的栽培、推薦亦不無關係。又如：筧干城夫的岳父為台灣製糖第三任董事長山本悌二郎（1870～1937），故筧干氏能在台灣製糖內一路扶搖晉升，最後以台灣製糖第二號人物、專務董事之位退休。再如：台灣總督川村竹治任命兒女親家遠藤達擔任台灣電力董事長、彰化銀行董事長坂本素魯哉以妻弟坂本信道繼任董事長、台灣煉瓦董事長後宮信太郎任命姪婿芝原仟三郎為專務董事、帝國製糖專務董事牧山清砂拔擢姻親林原彌太郎擔任常務董事等例，都可看到幕後有姻戚

〔註216〕中嶋繁雄，《閨閥の日本史》（台北：文藝春秋，平成 15 年），頁 3。
〔註217〕參見陳柔縉，《總統是我家親戚》，總論頁 4；中嶋繁雄《閨閥の日本史》（東京：文藝春秋，平成 15 年），頁 4。
〔註218〕中嶋繁雄，《閨閥の日本史》（台北：文藝春秋，平成 15 年），頁 4。
〔註219〕神一行，《閨閥——特權階級の盛衰の系譜》（東京：角川書店，平成 15 年三版），頁 16。華族令規定：公爵為親王、諸王、舊攝政關白家、德川家，侯爵為舊清華家、德川舊御三家、15 萬石以上之藩主，伯爵為大納言等級的舊公家、5 萬石以上的藩主，子爵為堂上公家、5 萬石以下的藩主，男爵為明治維新封為華族者。華族令在 1948 年廢除，廢除時計有公爵 20 家、侯爵 41 家、伯爵 107 家、子爵 361 家、男爵 385 家，共 914 家。
〔註220〕陳柔縉，《總統的親戚》，導讀頁 7。

力量的影子，本節將蒐集閨閥事例 105 個，藉以剖析日人在台企業菁英運用姻戚關係以壯大企業勢力的概況。

在 105 個閨閥事例中，翁婿關係共 40 例，伯叔姑舅姨父與姪甥婿關係有 6 例，妻兄妹婿關係 14 例，姐夫妻弟關係 10 例，妻姐夫妻妹婿關係 7 例，具有姻親關係的義兄弟 8 例，兒女親家關係 14 例，其他或不明姻親關係 6 例（參見表 1-3-1～1-3-8）。〔註221〕

華人社會在親屬關係的語辭，遠較日人豐富，而且嚴格區分男系、女系，稱伯父、叔父僅指父之兄弟，稱伯母、叔母只意味伯叔父之妻，在其他意義上並不使用。但在日文中，由於日人較輕忽血脈之傳承，故男系、女系親戚關係之語辭的區分並不嚴格，伯父、叔父、姑父、舅父、姨父均稱作おじ，伯母、叔母、姑母、舅母、姨母均稱爲おば；姪子、外甥都稱爲おい，姪女、外甥女都稱爲めい；堂兄弟姐妹、表兄弟姐妹都稱爲いとこ，〔註222〕這帶給本文在分類時若干困擾，有時資料中稱甥者，實際上卻爲姪，再者，具有妻兄妹婿、姐夫妻弟、聯襟關係的姻親，經常只以義兄、義弟相稱，至於爲何種姻親，卻難徵其詳，本文的表 1-3-6 即屬此類姻親。

本文將具有閨閥關係者，按其出身背景畫分爲：商、御、政、教、醫、律、報、娛等，其中，「商」代表民營企業菁英，「御」代表官控會社菁英，「政」代表政界官界菁英，「教」代表教育界菁英，「報」代表報界菁英，「娛」代表娛樂界菁英，「醫」、「律」則分別代表醫師、律師，若在其上加標「＊」者，則爲官員退休轉任者。

在本文蒐羅的 105 例姻戚關係中，建立關係的雙方有一方曾爲政界、官界菁英者，共 40 例，佔總數的 38.1%；有一方爲教育界菁英者，共 2 例；有一方爲醫師者，共 2 例；有一方爲律師者，亦 2 例；有一方爲報界菁英者，1 例；有一方爲娛樂界菁英者，亦 1 例；其餘 57 例，爲企業菁英間自身的結合，佔總數的 54.8%（參見表 1-3-1～1-3-8）。

若與家閥關係相較，可以看到：在前節中，日人在台企業菁英的男系親屬，曾爲政界、官界菁英的比例只有 15.9%，而本節中，姻戚曾爲政界、官界菁英的比例，則大幅提高到 38.1%，顯見透過姻戚關係，可以讓日人在台企業

〔註221〕姻戚關係有三類：血親的配偶、配偶的血親、配偶血親的配偶。
〔註222〕滋賀秀三著、張建國、李力譯，《中國家族法原理》（北京：法律出版社，2003年），頁 17～18。

菁英獲得更多政治力量的奧援，同時，亦顯示日人在台企業菁英栽培子弟，多仍令其留在企業界發展，但在選擇聯姻對象時，則較願意攀緣政治菁英之家。惟仍有超過半數的日人在台企業菁英，選擇與企業菁英之家通婚，顯示日人在台企業菁英在閨閥上仍有明顯的閉鎖性。

表 1-3-1：日治時期日人在台企業菁英的閨閥：翁婿關係

岳父	最主要頭銜	女婿	最主要頭銜	雙方身份類型	事業影響類型
高橋由義	高進商會主	高橋豬之助（婿養子）	高進商會主	商商	協助經營 完全繼承
森平太郎	一六軒主	森利吉（婿養子）	一六軒主	商商	協助經營 完全繼承
宮添環	南部台灣海產專務董事	宮添猴（婿養子）	屏東企業家	商商	協助經營 完全繼承
德田政十郎	日本鳳梨董事長	德田傳四郎（婿養子）	台灣合同鳳梨董事 日本鳳梨董事	商商	協助經營 完全繼承
第一代 近藤喜惠門	近藤商會主	近藤勝次郎（婿養子）	近藤商會專務董事	商商	協助經營 部份繼承
添田壽一	台灣銀行董事長	柳生一義	台灣銀行董事長	御御	爭取職位 或升遷
大倉喜八郎	大倉組主	高島小金治	新高製糖董事長	商商	協助經營 部份繼承
井上馨	侯爵	藤田四郎	台灣製糖董事長	政商	爭取職位 或升遷
大村五左衛門	日本實業鉅子	大川義雄	台灣興業專務董事	商商	門當戶對
結城豐太郎	日本銀行總裁	藤山愛一郎	大日本製糖董事長	商商	門當戶對
新井領一郎	日本實業鉅子	松方正熊	帝國製糖董事長	商商	門當戶對
野村靖	子爵 內務大臣	妻木栗造	台灣製腦專務董事	政御	爭取職位 或升遷
加藤政之助	貴族院議員	金澤多三郎	台灣製糖常務董事	政商	爭取職位 或升遷
矢野次郎	日本大資本家	藤野幹	明治製糖專務董事	商商	無形助力
木下新三郎	台灣建物董事長 台灣日日新報董事長	松本虎太	台灣總督府港灣課長 退官 台灣電力董事長	商御*	無形助力

邨松一造	台灣儲蓄銀行董事長	石井龍豬	台灣總督府殖產局長退官 台灣拓殖理事	商御*	無形助力
		佐佐木敬一	台灣土地建物董事	商商	無形助力
三村三平	台灣製腦董事長	石川定俊	台灣總督府鐵道部長	御*政	爭取職位或升遷
		豬股松之助	新竹州知事退官 台灣青果常務董事	御*御	爭取職位或升遷
山本悌二郎	台灣製糖董事長	筧干城夫	台灣製糖專務董事	商商	爭取職位或升遷
賀田金三郎	賀田組主	波多野岩次郎	賀田組董事	商商	協助經營部份繼承
近江時五郎	基隆實業界鉅子	常見辨次郎	台灣土地建物專務董事	商商	協助經營部份繼承
船越倉吉	太田組主	江原節郎	太田組主	商商	協助經營完全繼承
		戶水昇	台北州知事退官 東台灣電力董事長	商御*	無形助力
岡今吉	岡田組主	船越秀松（又名慶亮）	朝陽號旅館主	商商	門當戶對
越智寅一	越智商會主	岡部徹	越智一致會董事長	商商	協助經營部份繼承
上田熊次郎	高砂商店主	岡崎文雄	高砂商店常務董事	商商	協助經營部份繼承
安土直次郎	肥後吳服店主	小室與	台中辯護士會長	商律	無形助力
長尾景德	台灣總督府法務部長	坂本信道	彰化銀行董事長	政商	無形助力
十川嘉太郎	台灣總督府技師	古賀武德	大日本製糖董事	政商	無形助力
波江野吉太郎	新竹製腦業者	青木健一	台灣總督府警務局長	商政	無形助力
和泉種次郎	台灣水產專務董事	唐澤信夫	新高新報董事長	商報	無形助力
		東善作	台北第四中學代校長	商教	無形助力
吉田碩造	台灣總督府糖務局技師	淺野安吉	花港廳長退官 高雄青果董事	政御*	爭取職位或升遷
富地近思	台南新報董事長	速水久彥	台灣銀行高雄支店代理	商商	無形助力

眞木勝太	嘉義信用組合長	古澤勝之	台南市尹退官 福大公司董事兼廈門支店代表	商御*	無形助力
山本喜助	加藤金物店主	三輪幸助	台北州知事退官 台灣產業組合聯合會副會長	商御*	無形助力
福島篤	台北鐵道旅館經理	奧山德英	大每商會主	商商	支援資金人力
古金德松	共同組主	福島鹿藏	共同組主	商商	協助經營 完全繼承
後藤某	神戶海運界巨頭	柏熊福太郎	台灣製紙專務董事	商商	協助經營 部份繼承

表 1-3-2：日治時期日人在台企業菁英的閨閥：叔伯姑舅姨父與姪甥婿
　　　　關係

叔伯姑 舅姨父	最主要頭銜	甥姪婿	最主要頭銜	雙方身 份類型	事業影響類型
下村宏	台灣總督府總務長官	簑輪焉三郎	三井物產台北支店長	政商	無形助力
後宮信太郎	台灣煉瓦董事長	芝原仟三郎	台灣煉瓦專務董事	商商	協助經營 部份繼承
加福均三	台灣總督府技師 高雄街長	川副龍雄	台灣總督府事務官退官 台灣拓殖經理課長	政御*	爭取職位 或升遷
加福豐次	台北廳長				
柵瀨軍之佐	商工省次長柵瀨兄弟 商會主	山田拍採	台灣總督府敕任官退官、台灣棉花董事長	政御*	爭取職位 或升遷
柵瀨和太理					
頭山滿	黑龍會名人	白井一	嘉義大藥商	政商	無形助力
眞木太勝	眞木吳服店主	安信馬治	安眞合行代表者	商商	支援資金人力

表 1-3-3：日治時期日人在台企業菁英的閨閥：妻兄與妹婿關係

妻兄	最主要頭銜	妹婿	最主要頭銜	雙方身 份類型	事業影響類型
安場末喜	台東製糖董事長	後藤新平	台灣總督府民政長官	政商	爭取職位 或升遷
美濃部達吉	東京帝大法科教授	南新吾	台灣銀行理事	教御	無形助力
愛久澤直哉	三五公司代表社員	津田素彥	三五公司幹部	商商	協助經營 部份繼承

賀田金三郎	賀田組主	中村五九介	賀田組會計長	商商	協助經營部份繼承
後宮信太郎	台灣煉瓦董事長	西岡塘翠	台灣銀行幹部	商御	無形助力
橫光吉規	台中州知事	佐倉侃二	大倉商事幹部	政商	無形助力
高橋尚秀	高進商會主	佐倉侃二	大倉商事幹部	商商	無形助力
第二代近藤喜惠門	近藤商會董事長	近藤勝次郎	近藤商會專務董事	商商	協助經營
井手薰	台灣總督府官房營繕課長	今川淵	台灣總督府專賣局長退官 台灣石炭董事長	政御*	爭取職位或升遷
佐藤源次郎	佐藤吳服店主	田中利三郎	丸は吳服店主	商商	支援資金人力
		川端昇太郎	辰馬商會常務董事	商商	無形助力
小倉和市	大日本製糖營業部長	三浦博亮	台灣總督府台南州立農事試驗場長	商政	無形助力
芳賀鍬五郎	台灣總督府技師	花香貢伯	專賣局台南支局長退官 台灣製腦經營部經理	政御*	爭取職位或升遷
小原富太郎	台灣織布董事長	宓道俊正	大道洋行主	商商	支援資金人力

表 1-3-4：日治時期日人在台企業菁英的閨閥：姐夫與妻弟關係

姐夫	最主要頭銜	妻弟	最主要頭銜	雙方身份類型	事業影響類型
藤山類藏	盛進商行代表董事	高谷松治郎	盛進商行經理	商商	協助經營
江原節郎	太田組主	船越秀松（慶亮）	朝陽號旅館主	商商	無形助力
		武藤三五郎	台北醫院醫師	商醫	無形助力
戶水昇	台北州知事退官 東台灣電力董事長	船越秀松（慶亮）	朝陽號旅館主	御*商	無形助力
		武藤三五郎	台北醫院醫師	御*醫	無形助力
坂本素魯哉	彰化銀行董事長	坂本信道	彰化銀行董事長	商商	協助經營部份繼承
波多野岩次郎	賀田組經理	賀田以武	賀田組董事長	商商	協助經營
		賀田直治	賀田組董事	商商	協助經營
岡崎文雄	高砂商店專務董事	上田光一郎	高砂商店董事長	商商	協助經營
小室與	台中辯護士會長	安土實	肥後吳服店主	律商	無形助力

表 1-3-5：日治時期日人在台企業菁英的閨閥：聯襟關係

妻姐夫	最主要頭銜	妻妹婿	最主要頭銜	雙方身份類型	事業影響類型
石井龍豬	台灣總督府殖產局長退官 台灣拓殖理事	佐佐木敬一	台灣土地建物董事	御*商	無形助力
江原節郎	太田組主	戶水昇	台北州知事退官 東台灣電力董事長	商御*	無形助力
石川定俊	台灣總督府鐵道部長	豬股松之助	新竹州知事退官 台灣青果常務董事	政御*	無形助力
今川淵	台灣總督府專賣局長 台灣石炭董事長	辰野龜男	台灣總督府稅關事務官	御*政	爭取職位或升遷
唐澤信夫	新高新報董事長	東善作	台北第四中學代校長	商(報)教	無形助力
田中利三郎	丸は吳服店主	川端昇太郎	辰馬商會常務董事	商商	無形助力

表 1-3-6：日治時期日人在台企業菁英的閨閥：具姻親關係的義兄弟

義兄	最主要頭銜	義弟	最主要頭銜	雙方身份類型	事業影響類型
中上川彥次郎	三井財閥重役	藤山雷太	大日本製糖董事長	商商	門當戶對
生駒高常	台中州知事	平澤越郎	台灣電力理事	政御	爭取職位或升遷
樋口仁三郎	台中運輸界巨頭	梅谷直吉	台灣果物董事長	商商	支援資金人力
片岡文次郎	南座劇場主	高松豐次郎	台灣劇場界名人	商文	支援資金人力
藤井吉太郎	嘉義旅館主	山中公	富貴亭主	商商	支援資金人力
田島岸太郎	折箱商人	石橋直造	折箱商人	商商	協助經營完全繼承
波多常彥	守谷商會台北支店長	堀江卓夫	洋服商	商商	支援資金人力
大江森藏	高雄土木承包商	中野初五郎	高雄土木承包商	商商	支援資金人力

表 1-3-7：日治時期日人在台企業菁英的閨閥：兒女親家關係

男方父	最主要頭銜	女方父	最主要頭銜	雙方身份類型	事業影響類型
藤山雷太	大日本製糖董事長	結城豐太郎	日本實業界鉅子	商商	門當戶對
廣瀨政次郎	東洋棉花董事長	益田太郎	台灣製糖董事長	商商	門當戶對
小田久太郎	東京士族	益田太郎	台灣製糖董事長	政商	門當戶對
大川平三郎	台灣興業董事長	大村五左衛門	日本實業鉅子	商商	門當戶對
青木信光	貴族院議員 研究會領袖	松木幹一郎	台灣電力董事長	政御*	門當戶對
安場末喜	台東製糖董事長	田健治郎	台灣總督	商政	門當戶對
遠藤達	台灣電力董事長	川村竹治	台灣總督	御政	門當戶對
石川昌次	台東製糖董事長	吉田勉	台灣銀行副董事長	商御	門當互對
船越倉吉	太田組主	岡今吉	岡田組主	商商	門當互對
		武藤針五郎	台北市尹	商政	門當戶對
坂本魯素哉	彰化銀行董事長	長尾景德	台灣總督府法務部長	商政	門當互對
石垣倉治	台灣總督府警務局長	福田定治郎	福田吳服店主	政商	門當戶對
速水經憲	新高製冰專務董事	富地近思	台南新報董事長	商政	門當戶對
砂田鄰太郎	砂田商行主 宜蘭商工會議所會長	土居政次	台灣銀行本店經理 台灣電力理事	商御	門當戶對

表 1-3-8：日治時期日人在台企業菁英的閨閥：其他姻親或不明姻親關係

輩份較長者	最主要頭銜	輩份較次者	最主要頭銜	雙方身份類型	事業影響類型
伊澤多喜男	台灣總督	小鹽三治	台中輕鐵董事	政商	無形助力
佐久間左馬太	台灣總督	賀田金三郎	賀田組董事長	政商	無形助力
牧山清砂	帝國製糖專務董事	林原彌太郎	帝國製糖常務董事	商商	協助經營
小松利三郎	藤田豆粕董事長 東洋電化董事長	宮本正祐	東洋電化主事	商商	協助經營
富地近思	台灣新報董事長	伊藤武二	利發洋行主	商商	資金人力支援
鈴木壽作	新竹實業界鉅子	河野十郎	新莊郡守	商政	無形助力

　　在閨閥對日人在台企業菁英事業的影響方面，大致可以分為：一、初協助經營，後繼承部份或全部事業；二、有助於爭取職位或升遷；三、給予資金、人力、觀念的援助；四、藉聯姻建立同盟，以擴張事業（即表 1-3-1～1-3-8 中門當戶對者）；五、無形助力等。其中，給予無形助力者，共有 35 組，這類事例多屬製造有利氛圍，至於究竟有何實質影響較難以細明，故此處暫不討論，以下將論述其他四類：

一、協助經營、繼承全部或部份事業

　　這類事例共 25 例，其中，既協助經營又繼承之例，計有 18 例，即：高橋由義－高橋豬之助、森平太郎－森利吉、宮添環－宮添猴、德田政十郎－德田傳四郎、第一代近藤喜惠門－近藤勝次郎、大倉喜八郎－高島小金治、賀田金三郎－波多野岩次郎、賀田金三郎－中村五九介、近江時五郎－常見辨次郎、船越倉吉－江原節郎、越智寅一－岡部徹、上田熊次郎－岡崎文雄、古金德松－福島鹿藏、後藤某－柏熊福太郎、後宮信太郎－芝原仟三郎、愛久澤直哉－津田素彥、坂本素魯哉－坂本信道、田島岸太郎－石橋直造等組。只扮演協助經營功能角色者，則計有 7 例，即：第二代近藤喜惠門－近藤勝次郎、藤山類藏－高谷松治郎、波多野岩次郎－賀田以武、波野岩次郎－賀田直治、岡崎文雄－上田光一郎、牧山清砂－林原彌太郎、小松利三郎－宮本正祐等組（參見表 1-3-1～1-3-8）。

　　這類事例多與企業主培養事業繼承人有關，企業主在正式交棒前，通常會磨練一位或數位後輩經營事業的能力，其後，並在其中選擇一位優秀者繼承事業。茲舉賀田金三郎－賀田以武－賀田直治－波多野岩次郎－中村五九介；愛久澤直哉－津田素彥二例，加以說明。

　　首先，看賀田金三郎之事例。賀田金三郎（1857～1922），山口縣松山市人。初入藤田組，後轉入大倉組，歷任松山、廣島支店長。1895 年，以大倉組台灣支店長的身份，隨軍隊入台。1897 年，與山下秀實、金子圭介等人，創立台灣驛傳社，經營國庫公款、砂糖麥粉肥料、淺野水泥等物之運送。1898 年，獨立創辦賀田組，經營土木承包業。斯時，台灣政界為陸軍「長州閥」的全盛時期，出身山口縣的賀田金三郎，亦因此頗受兒玉總督之照顧。1906 年，佐久間左馬太總督上任後，賀田更將愛妾送給佐久間總督，名譟一時。賀田賴與兒玉、佐久間總督之良好關係，承包了大量政府的土木工程，獲利

甚豐。賀田除承攬土木工程外，亦從事花東地區的開拓，並因此贏得「東部開拓王」的美譽。此外，賀田亦設立四腳亭炭礦，開採煤礦。

1911 年，賀田炒作股票、米穀市場，一舉獲利數百萬。此後，賀田大舉投資各類事業，在台灣曾任：台灣驛傳社董事長、台陽礦業董事長、台東拓殖合名代表社員、鹽水港製糖董事、台東製糖董事、台灣製糖監事、台灣日日新報董事、台灣儲蓄董事、台灣建物董事、日東製冰董事、台灣製冰董事、合資林商店代表社員等職（參見表 1-3-9）。在日本則曾任：關東倉庫合資代表社員、日本皮革董事、日本製靴董事、北海炭礦董事、富士生命保險董事、東洋生命保險董事、瓦斯工業監事等職。再者，賀田之弟在大阪、養子賀田直人在朝鮮，亦擁有諸多事業，賀田金三郎家族的聲勢盛極一時。然可惜的是，1922 年，賀田金三郎因肺病過世，享年 66 歲。〔註 223〕

賀田金三郎所建立的龐大事業版圖，除由養嗣子賀田以武協助經營並繼承外（參見表 1-3-10）〔註 224〕，養子賀田直治、女婿波多野岩次郎、妹婿中村五九介等人，亦曾協助賀田金三郎、以武兩代經營賀田組或台灣驛傳社的業務。

賀田以武，為賀田金三郎令妹之子，後為賀田金三郎養嗣子，並娶佐久間左馬太總督孫女美子為妻，繼賀田金三郎經營賀田組，並任荻製絲等社董事長。〔註 225〕

賀田直治，山口縣阿武郡荻町人，1877 年生。本姓市島，為賀田金三郎的養子。1902 年東京帝大農學科畢業後，即進入御料局任職。1903 年，轉任台灣總督府囑託。後赴奧匈帝國波士尼亞留學，從事學術研究。1906 年返國，任台灣總督府殖產局技師，後升任林務課長，退休後，轉任賀田組監事，協助養父經營賀田組。〔註 226〕

波多野岩次郎，1873 年生，山口縣阿武郡荻町人。1897 年渡台，斯時恰賀田金三郎、山下秀實、金子圭介等人，共同創設台灣驛傳社，波多野岩次

〔註 223〕綜參《台灣實業界》昭和 4 年 10 號、昭和 12 年 2 月號；《台灣實業名鑑》，頁 32；内藤素生，《南國之人士》（台北：台灣人物社，1922 年），頁 33。

〔註 224〕《台灣實業界》昭和 16 年 3 月號。

〔註 225〕鍾淑敏，《台灣史研究》第 11 卷第 1 期（台北：中央研究院台灣史研究所籌備處，2004 年 6 月），頁 104。

〔註 226〕綜參吳文星等編，《台灣總督田健治郎日記（上）》（台北：中央研究院台灣史研究所籌備處，2001 年），頁 353；大園市藏，《台灣人物志》（台北：谷澤書店，1916 年），頁 267。

郎即應聘擔任經理。〔註 227〕其在賀田金三過世後，除助賀田以武經營賀田組外，還與鹽水港製糖合作，擔任鹽糖子公司花蓮港木材會社的監事，亦與「花蓮王」梅野清太合作，擔任其旗下企業——花蓮港電氣會社、櫻組的監事（參見表 1-3-11），逐漸成爲花蓮港的企業界要人。

中村五九介，1877 年生，山口縣阿武郡椿鄉人。1893 年，進入合名大倉組，擔任會計助手，1897 年，赴大倉組台灣出張所任職。1902 年，升任賀田組花蓮港拓殖部會計主任，協助賀田金三郎處理台灣東部的拓殖業務。1907年，中村辭職獨立，創設中村商店，經營雜貨批發零售。其後，又歷任：花蓮港防疫組合組合長、花蓮港民會會長、花蓮港內地人組合組合長、花蓮港街協議會員、花蓮港物產董事長、花蓮港電氣董事、花蓮港信用組合理事、東台灣新報監事、花蓮港商工會議所評議員等職，爲花蓮港的代表人物之一。〔註 228〕

表 1-3-9：日治時期賀田金三郎所經營和投資的企業

公司名稱	公司地點	創立年代	登記資本（萬圓）	職　務	個人持股數	公司持股數	任職年份	備　註
賀田組	台北			組長			1911～1922	核心企業
台灣驛傳社	台北	1897	10（1911）100（1920）	社主董事長			1897～1920	直系
台陽礦業	台北	1918	100	董事長			1918～	直系
合資林商店	高雄	1918	0.5	代表社員			1918～	直系
台灣儲蓄銀行	台北	1899	15	董事	335		1911～	旁系
鹽水港製糖	新營	1907	750	董事	1,000		1907～	旁系

〔註 227〕綜參大園市藏，《台灣人物志》（台北：谷澤書店，1916 年），頁 31；木村健堂編，《台灣事業界と中心人物》（台北：台灣案內所，1919 年），頁 185；《新台灣》1915 年 11 月號，頁 34。

〔註 228〕綜參大園市藏，《台灣の中心人物》（台北：日本植民地批判社，1935 年），頁 6～7、《台灣人士鑑》1937 年版（台北：台灣新民報），頁 518；木村健堂編，《台灣事業界と中心人物》（台北：台灣案內所，1919 年），頁 217；岩崎潔治，《台灣實業家名鑑》（台北：1912 年），頁 615；宮川次郎，《新台灣の人人》（東京：拓殖通信社，1926 年），頁 497。

台東製糖	台東	1913	350	董事			1913～	旁系
台灣土地建物	台北	1908	150	董事			1911～	旁系
台灣製冰	東京	1897	30	董事			1911～	旁系
台灣日日新報社	台北	1900	60	董事			1920～	旁系
日東製冰	東京	1907	920	董事			1920～	旁系
台灣製糖	高雄	1900	2,400（1911）6,300（1920）	監事（1911）	540（1911）		1911～1920	旁系
台灣拓殖合資	花蓮	1910	300	理事	40.5		1910～	旁系
帝國製糖	台中	1910	500	股東	500		1910～	個人投資
台灣銀行	台北	1899	1,000	股東	3,232		1911～	個人投資
台灣商工銀行	屏東	1910	100	股東	350		1910～	個人投資
北港製糖	北港	1910	300	股東	700		1910～	個人投資

資料來源：竹本伊一郎，《台灣會社年鑑》（台北：台灣經濟研究會）；千草默仙，《會社銀行商工業者名鑑》（台北：圖南協會）；杉浦和作，《台灣銀行會社錄》（台北：台灣實業興信所）相關各版。

表 1-3-10：日治時期賀田以武所經營和投資的企業

公司名稱	公司地點	創立年代	登記資本（萬圓）	職務	個人持股	賀田組持股	任職年份	備註
株式賀田組	台北	1928	50	代表董事	1,000（1932）1,350（1939）1,000（1940）	4,950（1932）4,350（1934）4,450（1937）3,950（1939）4,150（1940）	1928～1943	直系
合資賀田組	台北	1922	300	代表社員	207.5 萬圓		1922～1930	直系
日本皮革	東京	1907	1,000	董事			1923～	旁系
台東製糖	台東	1913	175（1923）300（1938）	董事			1923～1943	旁系

台東開拓	台東	1921	50	董事			1925～1935	旁系
台灣驛傳社	台北	1918	100	董事			1926～1932	旁系
朝日組	花蓮港	1922	25	董事			1935～1940	旁系
台灣肥料	高雄	1910	30	監事		150	1923～	旁系
台陽礦業	基隆	1918	500	股東	14,000（1923）	5,500	1923～1932	個人、公司投資

資料來源：竹本伊一郎，《台灣會社年鑑》（台北：台灣經濟研究會）；千草默仙，《會社銀行商工業者名鑑》（台北：圖南協會）；杉浦和作，《台灣銀行會社錄》（台北：台灣實業興信所）相關各版。

表 1-3-11：日治時期波多野岩次郎所經營和投資的企業

公司名稱	公司地點	創立年代	登記資本（萬圓）	職　務	個人持股	公司持股	任職年份	備　註
台灣驛傳社	台北	1918	10（1918）100（1920）	台北本店經理（1918）常務董事（1920）			1918～1926	旁系
合資賀田組	台北	1922	300	社員	20,000（1923）		1922～1930	旁系
株式賀田組	台北	1928	50	監事（1928）董事（1932）	100（1934）		1928～1943	旁系
日本製材燐吋	嘉義	1919	50	董事			1920～	旁系
高砂興業製糖	雙溪	1919	150	董事			1920～1925	旁系
台陽礦業	基隆	1918	500（1923）	監事			1923～1940	旁系
花蓮港木材	花蓮港	1919	100	股東（1923）監事（1929）	1,110（1923）248（1937）260（1941）		1923～1941	旁系
第二花蓮港木材	花蓮港	1933	50	監事			1934～	旁系
台灣漁業	台南	1912	50	監事			1918～1926	旁系
花蓮港電氣	花蓮港	1920	124	監事			1930～	旁系

櫻組	台東	1922	15	監事 （1922） 股東 （1932）	300 （1932）		1922～1932	旁系轉 個人投資
朝日組	花蓮港	1922	25	股東	400		1935～1940	個人投資

資料來源：竹本伊一郎，《台灣會社年鑑》（台北：台灣經濟研究會）；千草默仙，《會社銀行商工業者名鑑》（台北：圖南協會）；杉浦和作，《台灣銀行會社錄》（台北：台灣實業興信所）相關各版。

　　其次，看愛久澤直哉（1868～？）、津田素彥之事例。台灣總督府在 1900 年的「廈門事件」後，佔領廈門的政軍野心雖然受挫，但對福建改採經濟侵略，以此為背景，1902 年，台灣總督府扶植愛久澤直哉設立三五公司，以遂行其對岸經營政策。愛久澤獲得兒玉源太郎、後藤新平等人的支援與指導，在廈門開採樟腦，並承擔鋪設潮汕鐵路的任務。其後，愛久澤又得舊主三菱合資岩崎久彌的資助，在馬來亞、新加坡從事橡膠業。然愛久澤直哉中飽台灣總督府的機密費、補助金，謀取個人的利益，之後，台灣總督府的對岸經營政策一敗塗地，但卻打造了愛久澤財閥的基礎。〔註229〕

　　愛久澤直哉的三五公司除在福建、南洋發展事業外，也在台灣擁有兩大農場，一為位於台中州二林的源成農場（資本額 250～335 萬），一為位於高雄州旗山的南隆農場（資本額 200～125 萬），兩個農場合計約有 5,000～6,000 甲的土地，旗下並有數千名日本農業移民，這成就了愛久澤直哉「農王」的美名。

　　愛久澤的資產，隨著土地價格的上漲，不斷飆升，《台灣實業界》在 1932 年時，以每甲土地 2,000 圓，估算愛久澤在台灣的兩個農場，約值 1,000 萬圓的財富。〔註230〕1937 年，該誌估算二林源成農場的土地，每甲約值 5,000 圓，2,800 甲共計可得 1,400 萬，而旗山南隆農場的土地，每甲約值 2,500 圓，2,400 甲共計可得 600 萬圓，另有林地 1,000 甲，約值 100 萬圓，合計在台土地、林地，共值 2,100 萬圓。〔註231〕1941 年，地價飆漲，《台灣實業界》估算愛久澤兩個農場的土地，加上，製糖廠及採取區的權利金，約共值 4,000 萬圓，其次，愛久澤在神戶、馬來亞亦有龐大土地、橡膠園，同時，還擁有不少的股票、

〔註229〕參見鍾淑敏，《日本統治時代における台灣の對外發展史》第二章（東京大學博士論文）。
〔註230〕《台灣實業界》昭和 9 年 6 月號。
〔註231〕《台灣實業界》昭和 12 年 6 月號。

現金，合計愛久澤的資產，約有超過 5,000 萬圓的財富，〔註 232〕甚至比台地崛起的「金山王」——後宮信太郎還多。

愛久澤能致富，除與擁有龐大土地有關外，極力剝削農民、員工亦是主因。其不顧輿論的惡劣評價，虐待剝削農民、員工，以創造財富，對開闢二林源成農場有功的主事，亦未給予分文賞金，然愛久澤惟獨對津田素彥頗有好感與信用。津田原為台灣總督府鐵道部技師，在鋪設潮汕鐵路時結識愛久澤，兩人意氣相投，愛久澤不僅將其妹嫁給津田，並分給津田百萬圓以上的資產。〔註 233〕津田為報愛久澤知遇之恩，乃協助愛久澤管理資產，並成為忠實的掌櫃。〔註 234〕1936 年，愛久澤中風半身不遂後，龐大資產益加仰賴妹婿津田素彥的經營。〔註 235〕

二、有助於爭取某一職位或升遷

這類事例計有 17 例，即：添田壽一－柳生一義（台灣銀行）、井上馨－藤田四郎（台灣製糖）、野村靖－妻木栗造（台灣製腦）、加藤政之助－金澤冬三郎（台灣製糖）、三村三平－石川定俊（官）、三村三平－豬股松之助（官，台灣青果）、山本悌二郎－筧干城夫（台灣製糖）、吉田碩造－淺野安吉（高雄青果）、加福均三－川副龍雄（台灣拓殖）、加福豐次－川副龍雄（台灣拓殖）、柵瀨軍之佐－山田拍探（台灣拓殖）、柵瀨和太理－山田拍探（台灣拓殖）、後藤新平－安場末喜（台東製糖）、井手薰－今川淵（台灣石炭）、今川淵（台灣石炭）－辰野龜男、芳賀鍬五郎－花香貢伯（台灣製腦）、生駒高常－平澤越郎（台灣電力）等（參見表 1-3-1～1-3-8）。

此類事例多發生於台灣銀行、台灣電力、台灣製腦、台灣青果、高雄青果、台灣拓殖、台灣石炭等官控會社，或與政治勢力關係密切的台灣製糖、台東製糖。具有閨閥關係的兩人中，較長者通常具有較高的官階或較強的政治勢力（當然亦有例外，例如：後藤新平雖為安場末喜的妹婿，但官勢卻高過妻兄安場末喜），可為晚輩在官控會社或台灣製糖、台東製糖中爭取職位。以下茲舉柵瀨軍之佐、和太理為姪婿山田拍探爭取職位之例，加以說明。

〔註 232〕《台灣實業界》昭和 16 年 1 月號。
〔註 233〕《台灣實業界》昭和 16 年 2 月號。
〔註 234〕《台灣實業界》昭和 16 年 1 月號。
〔註 235〕《台灣實業界》昭和 12 年 6 月號、昭和 16 年 1 月號。

　　柵瀨軍之佐，1869 年生，岩手縣西岩井郡人。1888 年，英吉利法律學校（中央大學前身）畢業後，次年，進入《山梨日日新聞》，擔任主筆。1891年，轉任《東京每日新聞》編輯長。1897 年退社，次年，進入大倉組，並以台北支店長身份渡台，接替賀田金三郎辭職後的職位。1905 年，獨立創業，以積蓄創立柵瀨兄弟商會，經營華南貿易。1908 年，代表憲政會參加國會選舉，其後，連續多次當選岩手縣眾議員，並曾入閣擔任民政黨的商工省政務次官。〔註236〕

　　柵瀨軍之佐，為日治前中期台灣企業界的要人，所經營或投資的企業眾多，除任柵瀨兄弟商會主人外，還曾任：台灣製紙（資本額150～100 萬圓）董事長；合資台北劇場榮座（資本額 7 萬圓）代表社員；銅羅灣輕便鐵道代表社員；台灣產業（資本額50 萬圓）董事、專務董事；台灣商工銀行（資本額100～1,600 萬圓）董事；帝國製糖（資本額500～1,800 萬圓）董事；新竹製糖（資本額 750 萬圓）董事；台北鐵道（資本額 100 萬圓）董事；台灣軌道（資本額 100～300 萬圓）董事；台灣瓦斯（資本額 100 萬圓）董事；新竹電燈（資本額 20～50 萬圓）董事；太平洋炭礦（資本額 1,100 萬圓）董事；台灣儲蓄銀行（資本額 15～100 萬圓）監事、董事；嘉義電燈（資本額 15～100 萬圓）監事、董事；台灣土地建物（資本額 150 萬圓）監事、董事；台灣商事（南北商事，資本額 20 萬圓）監事、董事；台灣製麻（資本額 200 萬圓）監事、董事；台灣爆竹煙火（資本額 15 萬圓）監事；台灣電氣（資本額 20萬圓）監事；台北輕鐵炭礦（資本額 30 萬圓）監事；永興製糖（資本額 60萬圓）顧問等職（參見表 1-3-12）。

　　柵瀨和太理，為軍之佐之弟。1908 年，與兄合資 5 萬圓，創立柵瀨兄弟商會，初以經營華南貿易為主，後轉營煤礦業，並賴此逐漸發跡。〔註237〕其經營或投資之事業，部分與兄重疊者，亦有另起新灶者，他曾任：新高拓殖軌道（資本額 30 萬圓）董事；三備商會（資本額 5 萬圓）董事；永興製糖（資

〔註236〕綜參：大園市藏，《台灣人物志》（台北：谷澤書店，1916 年），頁 321；木村健堂編，《台灣事業界と中心人物》（台北：台灣案內所，1919 年），頁 244；岩崎潔治，《台灣實業家名鑑》（台北：1912 年），頁 108；《台灣實業界》昭和 4 年 10 月號；《新台灣》大正 4 年 11 月號，頁 84 等資料。
〔註237〕綜參木村健堂，《台灣事業界と中心人物》（台北：台灣案內所，1919 年），頁 244；《新台灣》大正 4 年 11 月號，頁 33；岩崎潔治，《台灣實業家名鑑》（台北：1912 年），頁 644 等資料。

本額 60 萬圓）董事；台灣木材工業（資本額 17 萬圓）董事；台中輕鐵（資本額 100〜122.5 萬圓）監事；台北鐵道（資本額 100 萬圓）監事；台灣軌道（資本額 300 萬圓）監事；關仔嶺興業（資本額 20 萬圓）監事；台灣爆竹煙火（資本額 15 萬圓）監事等職（參見表 1-3-13）。

山田拍探，1884 年生。1910 年，東北帝大農學科（前身爲札幌農校）畢業後，隔年，即進入台灣總督府任職。自新渡戶稻造博士之後，札幌農校畢業生即盤據台灣總督府農務系統，故山田自始即在學閥的庇蔭下發展。然山田仕途的順遂，其實更仰賴與柵瀨軍之佐、和太理的閨閥關係。山田拍探，岩手縣人，與柵瀨軍之佐、和太理有同鄉之誼，其後，更娶柵瀨軍之佐姪女爲妻，故與軍之佐、和太理既有同鄉關係，亦有閨閥關係。

山田拍探賴妻伯父柵瀨軍之佐、和太理的政經實力，加上，札幌農校學閥的庇佑，官運亨通。初入總督府僅爲技手，但 3 年不到，即升任技師。並曾在 1913、1927 年，兩度出差印度、東非、歐美各國，羨煞台灣總督府的其他技師。1928 年起，獨當一面，奉派爲肥料檢查所所長。1929 年，轉任東部農產試驗所所長。1935 年，高升敕任官。1937 年，爲轉任台灣拓殖拓殖課長，申請退休。同年，山田採拍並兼任台拓子公司台灣棉花的常務董事。1942 年，再高升台灣棉花董事長。〔註238〕

表 1-3-12：日治時期柵瀨軍之佐所經營和投資的企業

公司名稱	公司地點	創立年代	登記資本（萬圓）	職務	個人持股	柵瀨兄弟商會持股	任職年份	備註
合名柵瀨兄弟商會	台北	1908	5	代表社員	7.5 萬圓		1911〜1931	核心企業
台灣製紙	台北	1919	150（1920）100（1925）	董事長（1920）股東（1932）	400（1932）	500（1932）	1920〜1925 1932〜	直系轉個人公司投資
銅羅灣輕便鐵道				代表者（1911）			1911〜	直系
台北劇場合資榮座	台北	1908	7	代表社員（1911）			1911〜	直系

〔註238〕《台灣人士鑑》1943 年版（台北：興南新聞社），頁 411；唐澤信夫，《台灣紳士名鑑》（台北：新高新報社），頁 184。

台灣產業	斗六	1910	50	董事 （1911） 專務董事 （1918）	500 （1911）		1911～1920	旁系
帝國製糖	台中	1910	500 （1911） 1,500 （1920） 1,800 （1923）	董事 （1911） 董事 （1928）	1,100 （1911）		1911～1925 1928～1932	旁系 一度退出
台灣商工銀行	屏東 （1911） 台北 （1918）	1910	100 （1911） 115 （1918） 500 （1920） 1,600 （1923）	董事 （1911）	200 （1911） 1,000 （1923）		1911～1925	旁系
台灣儲蓄銀行	台北	1899 1921	15 （1911） 100 （1923）	監事 （1911） 董事 （1928）	50 （1911）		1911～1925 1928～1932	旁系 一度退出
台灣土地建物	基隆	1908	150 （1911）	監事 （1911） 董事 （1918） 董事 （1929）		300	1911～1924 1929～1932	旁系 一度退出
台灣商事／南北商事	台北	1918	20 （1920）	監事 （1920） 董事 （1929） 監事 （1932）			1920～1925 1929～1931 1932～	旁系 一度退出 旁系
新竹電燈	新竹	1912	20 （1918） 50 （1923）	董事 （1918） 股東 （1932）	300 （1923）	100 （1932）	1912～1924 1932～	旁系 轉個人 公司投資
台北鐵道	台北	1919	100	董事 （1920） 股東 （1932）	300 （1932）		1920～1925 1932～	旁系轉 個人投資

台灣製麻	豐原	1912	200 （1918）	監事 （1918） 董事 （1920）		1918～1925	旁系
嘉義電燈	嘉義	1919	15 （1918） 100 （1920）	監事 （1918） 董事 （1923）	620 （1923）	1918～1925	旁系
新竹製糖	新竹	1919	750 （1920）	董事 （1920）		1920～1925	旁系
台灣軌道	台北	1919	100 （1920） 300 （1923）	董事 （1920）		1920～1925	旁系
太平洋炭礦	東京	1920	1,100	董事		1923～1925	旁系
台灣瓦斯	台北	1911	100	董事 （1911）		1911～	旁系
台灣爆竹煙火	台北	1916	15	監事		1932～	旁系
台北輕鐵炭礦	台北		30	監事 （1918）		1918～	旁系
台灣電氣	台北		20	監事 （1918）		1918～	旁系
永興製糖	台南	1910	60	顧問 （1911）		1911～	旁系
台北製糖	台北	1910	300	股東 （1911）	250 （1911）	1911～	個人投資

資料來源：竹本伊一郎，《台灣會社年鑑》（台北：台灣經濟研究會）；千草默仙，《會社銀行商工業者名鑑》（台北：圖南協會）；杉浦和作，《台灣銀行會社錄》（台北：台灣實業興信所）相關各版。

表 1-3-13：日治時期柵瀨和太理所經營和投資的企業

公司名稱	公司地點	創立年代	登記資本（萬圓）	職　務	個人持股	公司持股	任職年份	備　註
合名柵瀨兄弟商會	台北	1908	5	代表社員	1 萬圓		1911～1930	核心企業
新高拓殖軌道	台中	1926	30	董事			1926～1930	旁系
三備商會	桃園	1926	5	董事			1930～	旁系

永興製糖	台南	1910	60	董事 （1911）			1911～	旁系
台灣木材工業	台北	1922	17	董事			1923～1925	旁系
台中輕鐵	台中	1918	100 （1918） 122.5 （1923）	監事			1918～1930	旁系
台北鐵道	台北	1919	100	監事 （1920）			1920～1930	旁系
關子嶺興業	新營	1926	20	監事			1927～1931	旁系
台灣爆竹煙火	台北	1916	15	監事			1928～1930	旁系
台灣軌道	台北	1919	300 （1926）	監事			1926～1928	旁系

資料來源：竹本伊一郎，《台灣會社年鑑》（台北：台灣經濟研究會）；千草默仙，《會社銀行商工業者名鑑》（台北：圖南協會）；杉浦和作，《台灣銀行會社錄》（台北：台灣實業興信所）相關各版。

三、給予資金、人力、觀念援助

這類事例計有 10 例，即：佐藤源次郎－田中利三郎、樋口仁三郎－梅谷直吉、片岡文次郎－高松豐次郎、藤井吉太郎－山中公、小原富太郎－宍道俊正、波多常彥－堀江卓夫、大江森藏－中野初五郎、富地近思－伊藤武二、眞木勝太－安信馬治、福島篤－奧山德英等組（參見表 1-3-1～3-3-8）。

這類事例多發生於中小民營企業主，具有閨閥關係的兩人，通常經營同一或互補的行業，而較富裕的企業主常會給予另一人資金、人力、觀念的援助，茲舉佐藤源次郎－田中利三郎、小原富太郎－宍道俊正二例，加以說明。

首先看佐藤源次郎－田中利三郎的事例。佐藤源次郎，1883 年生，京都市人。1910 年渡台，當時只是石川吳服店台南分店的股東，石川吳服店自 1908 年在台南開設分店，原由安達善次郎負責經營。1911 年，安達善次郎獨立創業，另設升屋吳服店，佐藤繼任台南支店主任。1914 年，佐藤源次郎更進一步收購了石川吳服店台南分店，並將之更名爲佐藤吳服店。

佐藤源次郎之父，在各地經營和服店長達五、六十年之久，故源次郎自幼即隨父學習和服製作，技術頗爲精良。其共有兄妹 8 人，除末妹嫁給辰馬商會台灣支店總經理川端伊之助之子川端昇太郎（後任台灣辰馬商會常務董事）外，其餘 7 人中，竟有 6 人嫁娶對象的家族，皆與經營和服生意有關。

〔註239〕佐藤源次郎善用這些閨閥關係，相互奧援人力、技術，在和服界獲致很高的聲譽。

在佐藤源次郎的這些姻親中，以妹婿田中利三郎最為著名。田中利三郎，1878年生，兵庫縣人。1902年渡台，在台南設立丸は吳服店。初與丸一吳服店合作，共同營業。其後，始獨立開業，1918年，更在高雄、台北設立分店。〔註240〕1919年，再聯合中澤市松、中澤金次郎、福島又次郎、藤川貞三郎等人的資本，將丸は吳服店的組織，變更為股份公司，並由田中利三郎擔任專務董事。〔註241〕由上可知佐藤源次郎、田中利三郎二人皆在台南開設和服店，既為同業又為姻戚，彼此相互援助，壟斷了台南和服界的生意。

其次，看小原富太郎－宍道俊正的事例。小原富太郎，1872年生，奈良縣北高城郡人。1902年渡台，〔註242〕1905年，在台南開設小原洋行支店，經營棉布批發生意，並向廈門、福州輸出。一次大戰時，染料、棉布騰貴，小原獲利15萬圓。〔註243〕1919年，小原以此資金，不僅在台北開設支店，更與親弟小原藤平（1883年生）、同鄉室谷信次郎、古田力松、馬場德次郎、吳溪、蘇洒霞、劉發、孫吉祥等人共同籌資，設立資本額50萬圓的台灣織布。台灣總督府贊許該公司的宗旨，曾在1924～1926年給予26,000圓的補助。〔註244〕

小原富太郎有一妹婿宍道俊正，1892年生，亦奈良縣北高城郡人，其在小原富太郎創立小原洋行台南支店時，即應妻兄之聘渡台任職。後一度返日，1919年，再度入台，並創設大道洋行，經營染料、絲綢生意。〔註245〕宍道俊正創業後，妻兄小原富太郎不吝給予資金、人力等援助。1926年，小原富太郎又將小原洋行台南支店，交給親弟小原藤平、妹婿宍道俊正兩人經營。小原藤平、宍道俊正乃各籌部份資金，並將之變更為資本額3萬圓的合名小原洋行。〔註246〕宍道俊正、小原藤平能在台灣棉布商界能有一席之地，實賴兄

〔註239〕杉野嘉助，《台灣商工十年史》（台南：編者，1919年），頁560～561。

〔註240〕杉野嘉助，《台灣商工十年史》（台南：編者，1919年），頁511；《最近南部の台灣》（台南：台灣大觀社，1923年），附錄頁20。

〔註241〕參見杉浦和作，《台灣會社銀行錄》（台北：台灣實業興信所）相關各號。

〔註242〕岩崎潔治，《台灣實業家名鑑》（台北：1912年），頁474。

〔註243〕杉野嘉助，《台灣商工十年史》（台南：編者，1919年），頁548。

〔註244〕《台灣大觀》（台南：台南新報社，1935年），頁237～238。

〔註245〕內藤素生，《南國之人士》（台北：台灣人物社，1922年），頁113～114。

〔註246〕參見杉浦和作，《台灣會社銀行錄》昭和2年版（台北：台灣實業興信所，

長小原富太郎的協助。

四、藉聯姻結盟，擴大事業版圖

這類事例計有 18 例，即：藤山雷太－結城豐太郎、中上川彥次郎－藤山雷太、益田太郎－廣瀨政次郎、益田太郎－小田久太郎、大川平三郎－大村五左衛門、新井領一郎－松方正熊、砂田鄰太郎－土居政次、速水經憲－富地近思、坂本素魯哉－長尾景德、石垣倉治－福田定治郎、石川昌次－吉田勉、川村竹治－遠藤達、松木幹一郎－青木信光、安場末喜－後藤新平、安場末喜－田健治郎、船越倉吉－岡今吉、船越倉吉－武藤針五郎、岡今吉－船越秀松等組（參見表 1-3-1～1-3-8）。

其中，藤山－結城、藤山－中上川、益田－廣瀨、益田－小田、大川－大村、新井－松方等 6 例聯姻，即：大日本製糖董事長藤山雷太，令嗣子藤山愛一郎與日本銀行總裁結城豐太郎之女婚配；大日本製糖藤山雷太娶三井財閥重役中上川彥次郎義妹；台灣興業董事長大川平三郎之次子義雄，迎娶日本實業界鉅子大村五左衛門之女；台灣製糖董事長益田太郎將長女信子、二女智惠子，分別嫁給東洋棉花董事長廣瀨政次郎、東京藩士小田久太郎之子；群馬縣實業鉅子新井領一郎將女兒嫁給公爵松方正義之子、帝國製糖董事長松方正熊。對雙方家族事業版圖的擴大，都有顯著助益，但此 6 例較屬日本內地之閩閥關係，故暫不討論。

其次，砂田－土居、速水－富地、坂本－長尾、石垣－福田等 4 例，即：宜蘭商界領袖、宜蘭商工會議所會頭砂田鄰太郎，〔註247〕令嗣子東京帝

1927 年）。

〔註247〕綜合内藤素生，《南國之人士》（台北：台灣人物社，1922 年），頁 96；木村健堂，《台灣の事業界と人物》（台北：台灣案内所，1919 年），頁 508；大園市藏，《台灣人事態勢と事業界》（台北：新時代台灣支社，1942 年），頁 136；《台灣人士鑑》1943 年版（台北：興南新聞社），頁 210 等資料。砂田鄰太郎，1879 年生，愛媛縣周桑郡人。初助基隆商界鉅子明比實平經營事業，1905 年赴美，經營煤礦、砂金業，獲利不少。1912 年，又應明比之邀，任明比商店宜蘭支店長。1920 年，獨立創設砂田商行，經營太平山木材生意。此後逐漸發跡，成為宜蘭實業界之首，並伸足花蓮港的石綿、砂金事業，在企業方面的主要頭銜有：ヤマス自動車董事長、宜蘭精米董事長、台灣石綿（資本額 100 萬，1941 年創立）董事、宜蘭商工會議所會頭。在公職方面歷任：宜蘭街協議會員（1921 年）、宜蘭消防組長（1922 年）、台灣消防會評議員（1928 年）、大日本消防協會台灣副支部長（1932 年）、台北州會議

大經濟科畢業的砂田禮修，迎娶台灣金融界要人、台灣銀行本店經理土居政次長女輝子〔註248〕；新高製冰專務董事速水經憲，〔註249〕命子台灣銀行新秀的速水久彥，〔註250〕與台南報界聞人、台南新報董事長富地近思之女，〔註251〕完成婚配；台中商界首腦、彰化銀行專務董事坂本魯素哉之妻弟養子坂本信道，迎娶台灣總督府法務部長長尾景德之女；台北服裝批發商福田定

員（1936年）。嗣子禮修（1913年生）東京帝大經濟科畢業，娶土居政次長女輝子爲妻。

〔註248〕綜合內藤素生，《南國之人士》（台北：台灣人物社，1922年），頁218：《最近の南部台灣》（台南：台灣大觀社，1923年），附錄頁12：《台灣實業界》昭和15年7月號；《台灣人士鑑》1943年版（台北：興南新聞社），頁280等資料。土居政次，1886年生，香川縣香川郡人。1912年，東京帝大英法科畢業後，即進入台灣銀行，歷任漢口支店經理次席、台中支店經理、台南支店經理、本店副經理、神戶支店副經理、東京支店秘書、庶務課長、台北本店庶務課長、秘書課長、經理。1937年起，即爲理事候補人選，但1939年東京支店經理平野藤三郎超越土居先升理事，土居乃對於升任台銀理事灰心。1940年，在同年同學台灣電力副董事長田端幸三郎的力邀下，轉任台電理事兼經理部長，1942年，再轉任資材部長。

〔註249〕綜合木村健堂編，《台灣事業界と中心人物》（台北：台灣案內所，1919年），頁184～185：《台灣人士鑑》1943年版（台北：興南新聞社），頁322～323：太田肥洲，《新台灣を支配する人物と產業史》（台北：台灣評論社，1940年），頁60等資料。速水經憲，新高製冰專務董事，東京郵便電信學校畢業後，即進入遞信省任職，1895年渡台，歷任通信局事務官、台南郵便局長。1909年，轉入民間，任新高製冰專董。經憲長子速水和彥，亦頗有成就，1913年，京都帝大機械工學科畢業後，曾在大阪內外綿短暫任職。1915年，轉入台灣總督府鐵道部任職，歷任技手、運轉係長、技師、工場長、工作課長、運轉課長等職。

〔註250〕速水久彥，曾任台銀彰化支店次席、高雄支店次席。

〔註251〕綜合內藤素生，《南國之人士》（台北：台灣人物社，1922年），頁260：岩崎潔治，《台灣實業家名鑑》（台北：1912年），頁467：《最近の南部台灣》（台南：台灣大觀社，1923年），附錄頁19：木村健堂，《台灣事業界と中心人物》（台北：台灣案內社，1919年），頁186～187等資料。富地近思，1857年生，石川縣金澤市人，原籍北海道人。明治初年至東京，創立《政論新報》。1888年，與朝日奈知泉等人，共同創立《東京新報》，其後，又與鳥尾子爵創立《中政日報》，但皆因收支不平衡廢刊。甲午戰前，曾由陸軍參謀本部派往北京留學，鑽研華語4年。1896年，以台灣總督府通譯官身份渡台，爲台地華語通譯的前輩。1901年，升任鳳山廳財務課長，其後以台南縣學務課長之位退官。1899年，與奧村金太郎、江口音三、平野六郎等人，共同創立《台南新報》。1903年，將之改組爲資本額2萬圓的株式會社，並被推爲董事長。此外還曾任：台灣輕鐵董事長、南部台灣海產董事長、台灣軌道董事、台南州協議會員等職。

次郎，〔註252〕將女嫁給警務局長石垣倉治之子。〔註253〕兩造既門當戶對，對家勢之增長、事業版圖的擴大皆有助益，卻較欠缺直接證據，故亦暫不詳論。

至於，石川昌次－吉田勉、川村竹治－遠藤達、松木幹一郎－青木信光、安場末喜－後藤新平、安場末喜－田健治郎、船越倉吉－岡今吉、船越倉吉－武藤針五郎、岡今吉－船越秀松等 8 例，則效果顯著、資料亦較豐富，故本文即以此 8 例，為日治時期日人在台企業菁英藉聯姻擴張事業版圖的代表，詳述如下。

首觀石川昌次與吉田勉之事例。石川昌次，1878 年生，東京人，東京高等工業學校畢業。1904 年渡台，歷任台灣總督府殖產局囑託、糖務局技師。〔註254〕1908 年，新興製糖（資本額 120 萬圓）創立，高雄陳家以重金禮聘其為技師長，不久，升任董事，以挽救該社危機。〔註255〕1917 年，石川昌次離台返日，〔註256〕與在台灣銀行東京支店工作、職位尚低的吉田勉極為友好。

吉田勉，1883 年生，愛媛縣人，1910 年東京帝大政治科畢業後，即進入台銀工作。吉田勉任事負責，加上，好友石川昌次的援助，升遷頗速。很快即經東京支店計算課長，升任大阪支店經理。1927 年，在川崎軍治辭卸理事後，更被超擢為台銀理事。〔註257〕

自吉田升任台銀理事後，石川昌次亦水漲船高。1930 年，台東製糖（1913

〔註252〕據岩崎潔治，《台灣實業家名鑑》（台北：1912 年），頁 90；《台灣人士鑑》1943 年版（台北：興南新聞社），頁 347，言：福田定治郎，1887 年生，京都人。1896 年渡台，在台北創立福田商會，經營服裝批發零售生意。歷任本町會副會長、會長、本町區長、台北州稅調查委員、台北市會議員、台北州織物小賣商組合副組合長等職。

〔註253〕《台灣人士鑑》1934 年版（台北：台灣新民報社），頁 4，言：石垣倉治，1880 年生，山形縣人。1910 年東京帝大政治科畢業。歷任：警部、南元町警察署長、神奈川警視、福島縣警察部長、福岡縣警察部長、香川縣警察部長、鹿兒島內務部長、青森縣內務部長、長野縣內務部長、長野縣知事。1933 年，轉任台灣總督府警務局長。

〔註254〕《新台灣》大正 4 年 11 月號，頁 64；木村健堂編，《台灣事業界と中心人物》（台北：台灣案內社，1919 年），頁 179～180。

〔註255〕大園市藏，《台灣人物志》（台北：谷澤書店，1916 年），頁 301。

〔註256〕《台灣實業界》昭和 4 年 6 月號。

〔註257〕橋本白水，《台灣統治と其功勞者》（台北：南國出版協會，1930 年），頁 48；林肇，《伸び行く台灣》，頁 271。

年創立，資本額 350 萬圓）董事長安場末喜過世，由於該公司經營不善，積欠台銀龐大債務，時在台灣實際負責台銀業務的吉田勉，乃敦請經營能手赤司初太郎擔任董事長，並安排好友石川昌次，代表台銀擔任台東製糖董事，入社整理。吉田勉支持石川昌次之心路人皆知，恰石川的老東家陳中和，亦在此時過世，嗣子陳啓峰繼任新興製糖董事長後，爲厚結台銀吉田勉之勢力，乃在 1931 年將石川昌次升爲新興製糖常務董事。

1932 年，赤司初太郎亦交卸台東製糖董事長之位，推石川昌次爲新任董事長。1933 年，手腕靈活、縱橫糖界的石川昌次，被《台灣實業界》評選爲台灣糖界十大富翁之一。〔註 258〕1934 年，在石川昌次財力的回饋下，吉田勉竟超越學長、台銀首席理事荒木正次郎，被大藏省欽點爲台銀副董事長，〔註 259〕並在 1934 年 5 月至 1935 年 4 月，代理虛懸的台銀董事長之位近一年。〔註 260〕吉田勉、石川昌次的聲勢喧烈一時，新興製糖乃再升石川昌次爲專務董事（參見表 1-3-14）。

此時，吉田勉又積極活動，欲扶正爲台銀董事長，惜功敗垂成，最後大藏省空降保田次郎爲台銀董事長。然吉田勉在台銀勢力亦盤根錯節，保田次郎董事長爲排斥吉田勉勢力，乃聯合理事、東京高商幫領袖玉置知仁。1937 年，在大藏省、台灣總督府的冷淡對待下，吉田勉終爲保田、玉置等人所排除，黯然辭職下台。〔註 261〕

辭任後的吉田勉，心情頗爲鬱結，石川昌次爲安慰老友，1939 年 5 月，乃令嗣子石川昌一結束與吉田勉之女的戀情，迎娶成婚，〔註 262〕以酬吉田勉多年之助。斯時，恰吉田勉及其殘黨，亦與新任董事長水津彌吉策略聯盟，將理事玉置知仁鏟除，一雪二年前之恨。〔註 263〕

〔註 258〕《台灣實業界》昭和 14 年 5 月號。
〔註 259〕參見《台灣實業界》昭和 9 年 6 月號、昭和 12 年 4 月號。
〔註 260〕參見《台灣銀行四十年誌》（台北：台灣銀行，1939 年）。
〔註 261〕參見《台灣實業界》昭和 13 年 5 月號、昭和 13 年 8 月號及昭和 15 年 4 月號。
〔註 262〕《台灣實業界》昭和 8 年 7 月號，言：石川昌次與大日本製糖董事長藤山雷太、明治製糖董事長相馬半治、專務董事有島健助、常務董事藤野幹、台灣製糖董事長益田太郎、武智直道、鹽水港製糖董事長槇哲、帝國製糖專務董事牧山清砂、常務董事田原哲次郎等人，並列糖界十大富翁。
〔註 263〕參見《台灣實業界》昭和 14 年 7 月號、昭和 14 年 10 月號。

表 1-3-14：日治時期石川昌次所經營和投資的企業

公司名稱	公司地點	創立年代	登記資本（萬圓）	職　務	個人持股	公司持股	任職年份	備　註
台東製糖	台東	1913	175	董事（1930）董事長（1932）	3,000（1932）1,500（1933）2,250（1937）5,000（1938）		1930～1943	旁系轉直系
新興製糖	鳳山	1903	60（1911）120（1925）	董事常董專董	100（1911）		1911～1931	旁系
打狗土地（建物）	高雄	1907	50	董事	400（1923）1,000（1933）		1918～1942	旁系
大永興業	台北	1921	500	董事			1923～1931	旁系
林本源製糖	溪州	1909	300	董事			1923～1927	旁系
台東開拓	台東	1921	50	董事			1926～1929	旁系
斗六製糖	嘉義	1910	300	董事	1,000（1911）		1911～	旁系
台中製糖	東勢	1919	300	董事			1920～	旁系
東洋製糖	嘉義	1907	3,400（1920）3,625（1927）	董事	1,275（1923）		1920～1927	旁系
台東興發	台東	1937	15	股東		台東製糖500	1938～1940	公司投資
台北製糖	台北	1910	300	股東	500（1911）		1911～	個人投資

資料來源：竹本伊一郎，《台灣會社年鑑》（台北：台灣經濟研究會）；千草默仙，《會社銀行商工業者名鑑》（台北：圖南協會）；杉浦和作，《台灣銀行會社錄》（台北：台灣實業興信所）相關各版。

　　其次，觀川村竹治與遠藤達、松木幹一郎與青木信光之事例，由於兩者皆與台電董事長之位爭奪戰有關，故在此一併敘述。台灣電力至日治末期資

本額將近一億，為日治時期台地資本額最大的企業，台電首任董事長為高木友枝醫學博士，素負名望，又有創設台電之功，即使歷經政友會、憲政會「政黨輪替」，官營企業人事大搬風，亦未能動搖高木友枝的台電董事長之位，然遇閨閥之力量，高木友枝亦須倉促下台。

1928 年 6 月，川村竹治繼任台灣總督，不久，川村總督即企圖以兒女親家遠藤達取代高木友枝，〔註264〕入主台電，高木知遠藤與川村總督有兒女親家之好，立刻發表歡迎遠藤副董事長的言論，但無濟於事。川村總督、遠藤達副董事長還是聯手在 1929 年 7 月初，即高木第二任董事長任期屆滿的前 20 天，逼迫高木友枝去職。〔註265〕

高木友枝下台後，遠藤達接任董事長不到一個月，政友會的川村總督，即因政黨輪替而垮台，倚兒女親家之政治勢力、擔任台電董事長的遠藤達，情勢危如累卵。在任職僅 165 天後，就被民政黨的石塚英藏總督以強行搜索住家的手段，逐出台電，改由松木幹一郎繼任董事長。〔註266〕

松木幹一郎運用台電每年高達十萬圓的機密費，供養東京政界二十多位政客，〔註267〕並不顧台地土木業者激烈反彈，以日本內地大林組、清水組承包日月潭水力發電工程，台地輿論斥其齷齪，〔註268〕然卻從未能撼動其台電董事長之寶座，其中奧妙之一即在於松木能善用閨閥的力量。

松木為鞏固台電董事長之位，將女兒嫁給貴族院研究會領由青木信光子爵之子，使其不僅可成為「華族」的親戚，〔註269〕並開啟收買貴族院政客的途徑。其次，在未與副董長安達房治郎鬧翻之前，其亦支持安達驅逐東京出張所長水上清次郎，改以安達表弟北村厚接任所長。由於閨閥之關係，北村在東京為松木、安達處理賄賂中央政客的帳目，頗為仔細。〔註270〕

再者，松木出身憲政會、民政黨，為籠絡政友會力量，避免因政黨輪替

〔註264〕《台灣人士鑑》1943 年版（台北：興南新聞社），頁 99：川村竹治三女た嫁給遠藤達長男遠藤毅。
〔註265〕《台灣實業界》昭和 4 年 7 月、12 月號。
〔註266〕林炳炎，《台灣電力株式會社發展史》（台北：台灣電力株式會社資料中心，1997 年），頁 201 頁。
〔註267〕參見《台灣實業界》昭和 11 年 1 月號、昭和 14 年 7 月號、昭和 8 年 12 月號各號。
〔註268〕參見《台灣實業界》昭和 8 年 12 月號。
〔註269〕《台灣實業界》昭和 11 年 1 月號。
〔註270〕《台灣實業界》昭和 8 年 12 月號。

而下台，松木亦不次拔擢平澤越郎，〔註271〕進入台電擔任顧問。平澤大有來頭，其兄爲曾任內務大臣的小原直，〔註272〕同時，又與前台中州知事生駒高常，有姻親關係，〔註273〕而生駒又爲政友會要角田健治郎的姪婿。〔註274〕藉著生駒的閨閥關係，松木亦與政友會勢力建立良好的關係。

在台電人事更迭上，窺見了閨閥力量的偉大，遠藤達因閨閥而能擔任董事長，不久，卻因失去閨閥力量的倚靠，匆匆下台。松木幹一郎利用閨閥更臻爐火純青，其與貴族院華族青木信光聯姻，穩住中央政界的支持。另藉安達房治郎的閨閥關係，找到能妥善處理地下財務的北村厚，更倚平澤越郎的閨閥關係，搭上政友會的勢力，同時交好民政黨、政友會雙方。善用閨閥使松木幹一郎成爲不倒翁，在政黨輪替、官營企業人事更迭頻繁中，竟能久任台電董事長寶座將近十年（即自1929年底～1939年6月過世）。

第三，觀安場末喜與後藤新平、田健治郎之事例。台東製糖董事長、男爵安場末喜，亦爲賴閨閥穩固事業的佳例。安場末喜，1858年生，爲熊本舊藩士安場保和之養子，慶應義塾肄業，曾留學美國。1901年，時任台灣總督府民政長官的妹婿後藤新平，〔註275〕邀安場末喜赴台發展，其乃以總督府囑託的身份，赴台調查製紙事業，並籌設模範製紙廠。1906年底，妹婿後藤新平卸任，安場末喜頓失政治靠山，乃漸轉往民間發展。1912年，與野田豁通男爵、若尾璋八、吉野周太郎、賀田金三郎等人，集資350萬圓，創立台東製糖，並在隔年變更爲股份公司。1916年，以業績不良，招聘丸田治太郎爲專務董事，負責革新業務。

丸田經營後，台東製糖雖漸有起色，〔註276〕但安場與丸田之間亦漸生

〔註271〕《台灣人士鑑》1943年版（台北：興南新聞社），頁337，言：平澤越郎，1880年生，原爲新潟縣田中敬治郎的三男，後過繼爲平澤道次養子。東京帝大政治科畢業後，歷任日本銀行書記、茂木銀行副經理、經理、橫濱儲蓄銀行董事、早川啤酒專董、台灣電力顧問、台灣電力理事兼經理部長。

〔註272〕《台灣實業界》昭和16年1月號。

〔註273〕《台灣實業界》昭和15年7月號，生駒高常爲平澤越郎具有姻親關係的義兄。

〔註274〕吳文星主編，《台灣總督田健治郎日記上》（台北：中央研究所台灣史研究所籌備處，2001年），頁33，生駒高常爲田健治郎兄艇吉四女和子之夫。

〔註275〕後藤新平1898年3月就任民政長官，1906年11月卸任。

〔註276〕木村健堂編，《台灣事業界と中心人物》（台北：台灣案內所，1919年），頁77。

齟齬，〔註277〕安場頗爲苦惱。就在此時，安場的兒女親家——田健治郎，〔註278〕在 1919 年 10 月接任台灣總督之位。1920 年底，在田健治郎的壓力下，〔註279〕丸田治太郎終於去職，其位由前阿猴廳長高山仰繼任。〔註280〕

然就在丸田退出台東製糖之後，業績下滑，好酒的安場末喜無力挽救，〔註281〕加上，田健治郎在 1923 年 9 月卸任，安場末喜再失政治靠山，台東製糖負債日多，終於成爲台銀的三大整頓公司之一。在 1930 年安場末喜男爵過世後，台銀乃安排石川昌次、重森確太等人入社整理，安場家族遂交出台東製糖的經營權。

第四，觀船越倉吉與岡今吉、武藤針五郎、戶水昇之事例。如本章第一節所述，船越倉吉經營太田組，繼澤井組的澤井市造後，成爲台北土木界的領袖。〔註282〕他致富的原因，除與獲得承包縱貫鐵路及部份日月潭水力發電工程有關外，善用閩閥關係也是重要因素。

船越倉吉令長子秀松，迎娶海陸運輸界要角岡田組主人岡今吉之女，〔註283〕在運輸土木建材上取得優惠有利的價格。其次，命次子三五郎與台北市尹武藤針五郎之女成婚，〔註284〕並成爲武藤氏的婿養子，讓船越家族在官

〔註277〕吳文星主編，《台灣總督田健治郎日記上》（台北：中央研究所台灣史研究所籌備處，2001 年），頁 161。

〔註278〕安場末喜長子安場保健，娶田健治郎二女輝子爲妻。

〔註279〕吳文星主編，《台灣總督田健治郎日記上》（台北：中央研究所台灣史研究所籌備處，2001 年），頁 561，末喜對於田健治郎的援助表示感謝之意。

〔註280〕佐佐英彥，《台灣銀行會社要錄》（台北：台灣興信所，1920 年），頁 87。

〔註281〕《台灣實業界》昭和 4 年 10 月號。

〔註282〕木村健堂編，《台灣事業界と中心人物》（台北：台灣案內所，1919 年），頁 229。

〔註283〕據岩崎潔治，《台灣實業家名鑑》（台北：1912 年），頁 27；大園市藏，《台灣人物志》（台北：谷澤書店，1916 年），頁 287；木村健堂《台灣事業界と中心人物》（台北：台灣案內所，1919 年），頁 195；內藤素生，《南國之人士》（台北：台灣人物社，1922 年），頁 29。岡今吉，1879 年生，香川縣木田郡庵治村人，原營木材業，1896 年渡台，初爲官衙御用商，1903 年，在台北創立岡田組，經營海陸運輸業，並在基隆、打狗等地設立支店，漸成台灣運輸界要角。岡今吉亦熱心公共事務，曾任台北運輸同業組合評議員、台北中央公會議員、台北消防組副頭取等職。1930 年，船越倉吉過世後，更接任台北消防組頭取。

〔註284〕《台灣人士鑑》1943 年版（台北：興南新聞社），頁 389。另根據《台灣大年表》（台北：台灣經世新報社，1925 年）；大園市藏，《台灣人物志》（台北：谷澤書店，1916 年），言：武藤針五郎，1870 年生，愛知縣人，1890 年，明

界取得有力的靠山。再者，船越倉吉將次女豐子嫁官場明星戶水昇，戶水之父出身記者，與享有「民間總督」美稱的三好德三郎，有堅厚的情誼，故三好翁始終非常照顧戶水，戶水日後能高升總督府商工課長、遞信部長、台北州知事與此不無關係。〔註285〕船越倉吉藉著親家武藤針五郎、女婿戶水昇在官場上的關係，對於太田組爭取日月潭水力發電工程，頗有助益。同時，亦因此段淵源，讓戶水昇對水電事業有所了解，故其在1940年退官後，即能順利轉任東台灣電力興業（資本額 2,000 萬圓）的專務董事。〔註286〕

　　綜言之，與前節之家閥相較，日治時期有將近四成的日人在台企業菁英，與政治菁英結成姻戚，故可獲得更多的政治奧援，同時，合作的方式亦較多元。然日人統治台灣只有50年，日人企業菁英在台發展的時日尚淺，故台地日人企業菁英的閨閥尚稱簡單，多屬單向依賴，即：政經勢力較強的長者，將女系血親婚配給較具潛力的後輩。再者，台灣日人企業菁英的閨閥，能聯結至日本內地者亦不多，在 105 例中約僅二十餘例。更重要的是，台地日人企業菁英的閨閥，多半僅為單點對單點的一次性聯結，單點對多點或多點對多點之例並不多見，尚未發展成多次聯結、峰峰相連的綿密網絡。

小　結

　　本章共分三節，第一節討論日人獨特的家族觀與事業的繼承，大體而言，日治時期台灣之日人企業，在繼承上有三大特點，即：一、養子制度普遍，二、採取單嗣繼承，三、家似法人團體。

　　首先，就養子制度普遍存在言，本文一共蒐集了 126 個繼承事例，其中，以養子身分繼承家業者，多達 30 例，約佔總數的 23.6%，此一比例與日本內地大致相符，顯見日人在台企業的繼承方式，實為日本內地社會的翻版。〔註287〕

治法律學校畢業，1895 年，以陸軍省雇員渡台，1896 年起，歷任台中縣屬、斗六廳屬、阿猴廳總務課長、恒春廳長、台北廳庶務課長、桃園廳長，1925年，以台北市尹退官。

〔註285〕《台灣實業界》昭和 15 年 2 月號。

〔註286〕大園市藏，《台灣人事態勢と事業界》（台北：新時代台灣支社，1942 年），頁 3；太田肥洲，《新台灣を支配する人物と產業史》（台北：台灣評論社，1940 年），頁 170。

〔註287〕官文娜，〈日本前近代社會的養子與社會變遷〉，《國家、地方、民眾的互動與

　　而其養子制度，與華人社會相較，大致又呈現四大特徵，即：一、異姓養子大量存在，與華人繼承首重血緣關係，強調「異姓不養」的原則迥異；二、婿養子之例頗多，華人社會養子多為同宗，若讓養子與女兒結婚，實屬亂倫，故在華人社會絕少有婿養子；三、缺乏輩份意識，華人社會收養養子須昭穆相當，而日人只要兄弟年紀相差夠大，弟弟亦可成為哥哥的養子；四、收養方式差異，日人養父母並不刻意隱瞞收養關係，反之，華人收養家庭則盡量不讓養子知情。〔註288〕由上述日人在台企業菁英的養子制度可知，日人對家的態度較具彈性，並不拘泥於血緣關係，為家提供了較開闊的網絡，〔註289〕在「家業傳承重於骨肉綿延」下，〔註290〕讓家更能擇優繼承，為日人企業「富過三代的秘方」。〔註291〕

　　1895年日人入台，面對陌生環境、熱帶疾病的威脅，處處充滿死亡的危機，有了這種機制，才能讓日人企業增添發展的機會，若無發達的養子制度，日治時期台灣的若干日人知名企業，如：賀田組、高石組、台灣運輸、西村商會、一六軒、生蕃屋、小川商店等，恐怕皆早已夭折，更別說高進商會能藉婿養子、養子，傳承三代，並日益興旺。

　　第二，就採取單嗣繼承言，中古西歐貴族為防範家產分散導致家族沒落，所採行的繁衍策略，包括：盡量晚婚或令部份子女獨身，再者，即是鼓勵排行較後的兒子擔任教士，這些策略都是為了要減少家產的分割，讓家產可以集中傳承，延續家勢。〔註292〕是故，日人在台企業菁英採取單嗣繼承，亦可

社會變遷》（北京：商務印書館，2004年），頁438～451，言：日本有1／4的男子為養子，有另外1／4為養父，即全部男子的1／2都被捲入關於養子的契約當中。

〔註288〕李卓，《中日家族制度比較研究》（北京：人民出版社，2004年8月），頁256～263。

〔註289〕陳其南，《文化的軌跡》下冊（台北：允晨文化，1986年），頁17～18，言：故有人將日本的家，比喻為中空的竹子，意即：日人的家像是一根竹子那樣筆直的伸長，外殼非常堅硬，內容卻是空空的，沒有血緣的內涵，家名、家宅、家業是永久存在，可是住其家、襲其名、從其業者，彼此之間可能沒有任何血緣關係。

〔註290〕Man-houng Lin, "The Perpetuation of Bloodline Versus Family Property: A Crucial Factor for the Different Demographic Dynamics of Pre-industrial China and Japan"《中國現代化論文集》（台北：中央研究院近代史研究所，1991年）。

〔註291〕陳其南，《文化的軌跡》下冊（台北：允晨文化，1986年），頁95。

〔註292〕P.布爾迪厄原著，楊亞平翻譯，《國家菁英——名牌大學與群體精神》（北京：商務印書館，2004年），頁471～472、497～498。

以達到家產集中繼承的效果，有助於消弭因分產導致企業崩裂的危機，反觀華人社會，由於實行諸子均分的制度，較不利於企業累積資本。

同時，日人在台企業菁英為了更明確表示繼承關係，父親與嗣子之名，經常共用一字，甚至嗣子乾脆更名，襲父名以繼承家業。然華人社會卻非如此，華人同一世代的男性成員，在名字中常共用一個元素，用以表示同一世代者共有家產，諸子皆有繼承財產的權利。另外，華人為尊崇父親，視父名為諱，不可直呼父親名號，故絕無父子襲名的情況。

第三，就家類似法人團體言，日人認為具有血緣者，但若離家遠居，則比具有住緣者更為疏遠，透過儀式性的收養，有住緣關係的僱傭者，亦能加入家，與僱主形成「同族」，「同族」顯示出日人家族觀念的特殊性，與華人強調血緣的「家族」並不相同。「同族經營體制」，以嫡系的「本家」為中心，輔以血緣的「分家」、非血緣的「別家」，相互扶持，發展為共存共榮的集團，在日治時期的台灣，至少已可看到越智商店、台灣辰馬商會、江里口商會、西村商會、盛進商行等多家企業，這些「同族企業」雖未臻成熟，但已見這種「同族經營體制」的雛形。

這些企業藉著同族經營體制，不僅可以避免商家資本的分散，還能在各地新設分店時，派遣有能力、值得信賴者去經營，擴大勢力。更重要的是，將僱傭者視為一家人，這種恩情主義有助於發展出生命共同體、年功序列、終身僱用制等日式經營特色。

在第二、三節中，本文透過蒐得的 200 多個事例，分別討論日治時期台灣日人企業菁英的家閥、閨閥之概況。就家閥言，男系親屬為情感最密的至親，故日人在台企業菁英在創業之初，自會優先向男系親屬籌措資金，並尋求人力、物力的支援，從而建立並促進家族企業的成長，再者，若干身任大企業要職的菁英，則經常內舉不避親，優先拔擢男系親屬，藉此逐漸收掌某一企業的經營權。

然由於台灣距離日本本土較遠，日人企業菁英之男系親屬入台者實不多，加上，日人治台亦只有短短 50 年，日人企業菁英來台發展多僅兩代，子孫尚未枝繁葉茂，故台灣日人企業菁英的門閥仍處初建階段，力量還很薄弱。其次，在本文所蒐集的 107 個事例中，3／4 以上的日人在台企業菁英，其男系親屬仍固守在企業界活動，並未向其他領域滲透，故難以獲得來自政治、軍事、教育、宗教等領域的支持。再者，他們合作的類型，超過半數為協助

經營、繼承事業，亦即男系親屬的影響力，多半僅止於家族中，較欠缺向外擴張的活動。

　　就閨閥言，日治時期約有 38.1% 的日人在台企業菁英，曾與政界菁英結成姻戚，對照其男系親屬曾為政界菁英的比例，姻戚之數約為男系親屬之數的 2.4 倍，可見透過聯姻確實可以令其獲致更多政治力量的奧援。再者，日人在台企業菁英之男系親屬，多半扮演協助經營、繼承事業的角色，在 107 例中，共 54 例，佔總數的 50.5%，反觀其姻戚擔任協助經營、繼承事業之角色者，在 105 例中，共 25 例，僅佔總數的 23.8%，其餘 3 / 4 的姻戚，平均分布於協助爭取職位或升遷，給予資金、人力、觀念援助，建立事業聯盟上，顯見日人在台企業菁英與姻戚的合作較為多元，故藉閨閥壯大企業實較利用家閥效果更為宏大。

　　然日人治台畢竟僅有短暫的 50 年，故日人在台企業菁英的閨閥尚稱簡單，多屬單向依賴，即：政經勢力較強的長者，將女系血親婚配給較具潛力的後輩。再者，台灣日人企業菁英的閨閥，約僅 1 / 5 能聯結至日本本土，故能獲內地有力之家奧援者實在不多。更重要的是，誠如泉風浪在《人與閥》一書所言：日本內地有像澀澤榮一這類擅長利用通婚，聯繫各富貴之家的「閨閥技師長」，但在台灣則無此類人物，〔註293〕故台地日人企業菁英的閨閥，多半僅止於單點對單點的一次性聯結，能單點對多點或多點對多點者，實甚罕見，故尚未發展成多次聯結、峰峰相連的綿密網絡。

　　日人在台企業菁英的家閥、閨閥力量不夠強大。反觀台人世家則力量甚為可觀，以台人五大家族為例，在 1938 年時，板橋林家大房的林熊徵、林熊

〔註293〕泉風浪，《人と閥》（台南：南瀛新報社，1932 年），頁 37～38。該書言：在日本內地，伊藤博文、井上馨、山縣有朋、桂太郎、寺內正毅等長州閥首腦，在官界上下擴展閨閥關係，在政治上築下了確固不拔的根基，進入此一閨閥聲名較著者，以內務大臣平田東助為首，下括山縣三郎、濱尾新、安廣伴一郎、加藤弘之、荻原守一、古谷久綱、伊東祐麿、船越光之亟、井上勝之助、伊藤博邦、伊藤文吉、都築馨六、藤田四郎、末松謙澄、西源四郎、長島隆二、長谷川貞雄、柴田家門、大久保春也、金井延、川村鐵太郎、得能通昌、兒玉秀雄、中川小十郎等人。其次，薩摩閥的松方、大山等人，亦建構了綿密的閨閥。再者，渡邊千春、長與稱吉、東鄉平八郎、財部彪、山路一善、小栗孝三郎、上村彥之亟等人，也不遑多讓。另外，澀澤榮一亦堪稱是閨閥製造的技師長。泉風浪又言：在台灣雖因缺乏製造閨閥的技師長，故閨閥關係尚稱薄弱，但若言台灣未有閨閥，則亦有過份輕視台灣閨閥實力之嫌。

祥、林熊光三兄弟，約有 1,700～1,800 萬圓的資產，二房的林伯壽則有 400～500 萬圓，三房的林在嘉、林景仁父子亦有 300～400 萬圓；高雄陳啓峰兄弟約有 2,000 萬圓左右的資產；顏雲年、顏國年兄弟家族亦擁有 2,000 萬圓的資財；霧峰林獻堂、林烈堂兄弟則有 500 萬圓的財產；鹿港辜家亦有 500 萬圓的資產。〔註294〕

約略同時，台灣日人首富之「金山王」後宮信太郎約有 5,000 萬圓資產，第二名的「事業王」赤司初太郎則約有 2,000～4,000 萬圓的財產（參見第伍章第三節），「雜貨王」中辻喜次郎約有 1,000～1,500 萬圓的資產，此三人的資產固爲台人富翁所不及，但其餘頂尖日人在台企業菁英的資本，則明顯劣於台人世家之財富，例如：台中日人企業界霸主、彰化銀行董事長坂本素魯哉僅有 400 萬圓的財產（1938 年，參見第貳章第一節）；高雄商工會長、台灣商工銀行董事長古賀三千人僅有 200 萬圓的資產（1936 年），台北鋼材王、高進商會董事長高橋豬之助僅有 200 萬圓的財產（1937 年，參見第貳章第二節），台北百貨公司王、菊元商行董事長重田榮治僅有 130 萬圓的資產（參見第貳章第二節），台北著名酒商、西村商會董事長西村武士郎僅有 70～80 萬圓的財產（參見第壹章第一節）。〔註295〕

以下再討論台、日人之家閥、閨閥是否已連結的問題。就家閥言，由於日人在台社會菁英未見收養台人之例，故台人大致無緣成爲日人在台企業菁英家閥的一員，然閨閥則有進一步探討的必要。

台灣總督府在 1932 年，以敕令第 360 號修正台灣法律，依據該令，日、台人可以共婚，台灣人與日本人間的婚姻，在呈報郡守、警察署長、或支廳長後，可以發生效力。次年 3 月，正式實施日、台人共婚，日、台人共婚數，自 1895 年至 1929 年，完成正式戶籍程序者僅 84 對，其餘概爲同居形式，至共婚制實施後，1933 年，共婚數爲 272 對，至 1935 年底增爲 740 對，〔註296〕由此一統計數字可知：至日治末期日、台共婚實仍未普遍。然值得注意的是，台人五大世家皆曾與日人聯姻，例如：板橋林熊光（曾任大成火災保險董事

〔註294〕參見《台灣實業界》昭和 13 年 11 月號、昭和 14 年 11 月號。
〔註295〕另外稍後 1940 年時，台灣四大出口米商杉原商店的杉原佐一及其事業合作者丸一組的本地才一郎，則各約有 300 萬圓的資產（參見第壹章第二節）。
〔註296〕井出季和太原著，郭輝編譯，《日據下之台政》（台中：台灣省文獻委員會，1977 年），頁 953。其中，日本人入台灣人家籍者，計 380 對，台灣人入日本人家籍者，計 360 對，兩者合計共 740 對。

長）娶石原文子、高賀千智子；霧峰林獻堂次子林猶龍（霧峰信組組合長）娶藤井愛子，林階堂次子林夔龍娶潮田樂子；鹿港辜顯榮次子辜斌甫娶池田君子，六子辜京生娶後藤具味；高雄陳啓川長子陳田植娶東良子，七子陳田銘娶石川治子；基隆顏欽賢長子顏惠民娶一青和枝，〔註297〕雖然台人五大家族所通婚之對象，並非日人在台企業菁英之女，但畢竟已能與日人有所連結，可見台人頂尖世家已逐漸能打入日人的親緣網絡。

〔註297〕參見《台灣人士鑑》1943 年版；陳柔縉，《總統的親戚》（台北：時報文化出版社，1999 年）。

第貳章　地緣網絡

　　日人企業菁英入台，面對陌生的環境，自易遭遇諸多挑戰，其在尋覓事業夥伴時，因台、日兩地距離頗遙，甚難覓足血親的披助，故退而求其次，鄉親即成為挑選事業夥伴的重要來源。而日人好結團體的民族性，亦為此提供了可能性，以 1932～1937 年的台北市為例，僅台北市一地，即設有 46 個「府縣人會」，更重要的是，這 46 個府縣人會中，有將近 40 個府縣人會的會址，曾設於某一企業內或日商住家中（參見表 2-0-1），故日人企業菁英藉地緣網絡籌措資金、招募人才，自為簡便有效的途徑。

表 2-0-1：1932～1937 年台北市內府縣人會的會址

編　號	府縣會名稱	地　　址	會址之企業、機關或日人住家
1	江戶之子會	表町一	中惣某→松月某
2	千葉縣人會	京町二	高進商會
3	群馬縣人會	表町二	小園江隆哉→弘法寺內
4	越佐會	榮町四	廣生堂
5	仙台同鄉會	大和町四	台灣商工銀行
6	三重縣人會	本町二	中村信託
7	靜岡縣人會	兒玉町四	石原幸作→飯田清
8	山梨縣人會	京町一之二	早川齊
9	岐阜縣人會	兒玉町四	尾崎秀眞
10	信濃會	南門町三	片倉合名會社出張所

11	福島縣人會	京町二	鈴木爲藏
12	岩手縣人	北門町	鹿島組→佐山某
13	青森縣人	台北市役所	台衛新報
14	山形縣人	建成町三	長尾辨護士
15	加越能會	本町二	盛進商行
16	尾張共和會	表町一	宅商會
17	三河鄉友會	京町二	堀內商會
18	福井縣鄉友會	大和町三	山田作松
19	富山縣人會	大和町三	田傚吉
20	鳥取縣人會	京町一	近藤商會
21	島根鄉友會	本町一	桑田商店
22	奈良縣人會	大正町二	辻本正春
23	滋賀縣人會	榮町三	近江屋吳服店
24	岡山縣人會	本町五	後藤組→國際通運
25	廣島同志會	榮町二	村井商行
26	山口縣人會	泉町一	台灣倉庫
27	德島縣人會	新起町一	大栗巖
28	香川縣人會	本町一	長谷川商行→岡今吉
29	愛媛縣人會	築地町一	古川松次郎
30	兵庫縣人會	本町三	辰馬商會→鎌田寫眞館
31	長崎縣人會	若竹町二	台灣パック社
32	高知縣人會	榮町四	松田繁義
33	福岡縣人會	大和町三	朝日旅館
34	大分縣人會	表町一	德丸貞二
35	佐賀縣人會	本町一	江里口商會
36	熊本縣人會	榮町一	新高堂書店
37	宮崎縣人會	高等農林	今村績
38	鹿兒島縣人會	明石町二	本田正己→銀屋慶之助
39	沖繩縣人會	北門町	鐵道部
40	神奈川縣人會	錦町	小松吉久

41	埼玉縣人會	表町一	太田組
42	和歌山縣人會	京町一	以文堂
43	福井縣人會	榮町四	西村商會
44	茨城縣人會	京町二	大場辰之允
45	枥木縣人會	表町一	藤原登
46	愛知縣人會	末廣町一	田村作太郎

資料來源：千草默仙，《台灣商工業者會社銀行名鑑》昭和 7 年、昭和 9 年、昭和 10 年、昭和 12 年（台北：圖南協會，1932、1934、1935、1937 年）各版。

　　《南瀛新報》日人記者泉風浪在《人與閥》一書中，〔註1〕將「鄉土閥」與閨閥、學閥、政黨派閥並列，足見日治時期日人在台企業菁英，對利用地緣網絡順遂企業的運作，十分嫻熟。惟尚須說明的是，此時運用地緣網絡於企業之營運，主要表現於中小型企業，在本章所舉的 15 個地緣網絡企業中，除彰化銀行、台灣製鹽外，其餘企業的資本額都在 100 萬圓以下，下章所提之學緣網絡才較常發揮於大型企業，成為支配大型企業人事升遷的重要原則。

　　本章共分為三節，第一節以彰化銀行為例，討論日人坂本素魯哉如何運用地緣網絡，逐步援引同鄉進入彰銀，掌控彰銀的人事、經營權，同時，亦將敘述坂本如何以彰銀為基地，擴張事業版圖，在台灣中部創設十多家企業，成為台中日人企業菁英的龍頭。第二節則以台北三大商業資本財閥——盛進商行、高進商會、菊元商行為例，討論中辻喜次郎、藤川類藏、高橋由義、高橋豬之助、重田榮治等人如何運用地緣網絡，返鄉籌措資金、招募人才，以壯大企業，同時，亦將概述這三個企業董監事、店員皆由同鄉者壟斷的情形。第三節將再舉 11 個地緣網絡企業，加強說明日人企業菁英利用地緣網絡順遂中小型企業的營運，具有相當的普遍性，這 11 個企業各種類型皆有，有利用地緣網絡籌資、覓才者；有標舉家鄉名稱、原鄉河名，用以號召鄉人者；亦有利用姻親或生父的地緣網絡者，甚至還出現借用老東家地緣網絡的情況；再者，亦可看到某些企業瀕臨破產，邀請同鄉接手，或是某一地緣網絡退出一個企業後，再運用原來的網絡，另創新的企業；當然地緣網絡並非萬靈丹，亦有因地緣網絡太過狹隘而導致失敗的例子。

〔註 1〕　泉風浪，《人と閥》（台南：南瀛新報，1932 年）。

第一節　在中型金融企業的運作——以彰化銀行為例

　　彰化銀行創立於 1905 年 7 月，為日治時期台灣中部金融界之首，草創之初股東多為台灣人（參見表 2-1-1），並由台人米穀商吳汝祥擔任董事長，〔註2〕但該銀行的主導權卻漸為日人坂本素魯哉（1868～1938）所奪，最後企業界甚至出現「彰化銀行的坂本，坂本的彰化銀行」之語。坂本不僅大量引進高知縣的鄉親，形成高知閥壟斷彰銀的局面，更以彰銀為基地，在台中建立起坂本閥。〔註3〕是故，由彰銀切入，了解日人在台企業菁英運用地緣網絡的實況，誠為佳例。

表 2-1-1：1911 年彰化銀行十大股東的持股數、持股率

大股東	持股數	持股率 %	大股東	持股數	持股率 %
辜顯榮	2,367	21.5	吳謝愛	271	2.5
吳汝祥	1,654	15.0	施　來	257	2.3
坂本素魯哉	1,139	10.4	李崇禮	250	2.3
吳鸞旂	423	3.8	吳汝俊	195	1.8
楊吉臣	300	2.7	吳德功	179	1.6

資料來源：杉浦和作，《台灣商工人名錄》（台北：台北商工人名錄發行所，1912 年），頁 67～68。

說　　明：此時彰銀的資本總額為 22 萬圓，共發行股票 1.1 萬股。

　　彰銀的創設，與民政長官後藤新平整理土地制度有關。1904 年，台灣總督府以律令公布取消大租權，並發給大租戶公債以為補償。但當時台人地主對公債的性質了解有限，奸商趁機以各種欺騙手段，低價收購公債，造成地主的損失。台灣總督府為避免引發社會動盪，乃令台灣銀行指導中、南部地主，以大租權補償金為資本，設立彰化銀行、嘉義銀行。〔註4〕

　　以此為背景，加上，日俄戰後台灣掀起企業熱，〔註5〕1905 年 7 月，彰化廳的大租戶遂以所獲的補償公債 27.5 萬圓，折算時價 22 萬圓，在彰化街創

〔註 2〕 1935 年吳汝祥董事長以年老為由辭職，始由坂本素魯哉直接負責。

〔註 3〕 《台灣實業界》1930 年 2 月號（台北：該雜誌社）。

〔註 4〕 本多保太郎，〈本島銀行界の變遷とその現況〉，《台灣時報》昭和 7 年 10 月號（台北：台灣時報社，1932 年 11 月）。

〔註 5〕 上村健堂，《台灣事業界と中心人物》（台北：台灣案內社，1919 年），頁 52。

立彰化銀行。〔註6〕1909 年，台灣總督府廢彰化廳，乃在翌年 7 月將本店遷往台中。其後隨著業務的擴展，彰銀在 1914 年 2 月，增資為 110 萬圓，實收資本 33 萬圓。1919 年 7 月，再增資為 600 萬圓，實收資本 232.5 萬圓。但一次大戰後，受到全球經濟蕭條的影響，1925 年，減資為 480 萬圓，實收資本 284 萬圓。此後，彰銀的資本額即維持此規模迄日治末期。〔註7〕

　　彰銀的領導幹部，在高階幹部有董事長、專務董事、董事、監事，大體而言，呈現日人逐漸取代之勢，其中，1920 年的大增資，尤為台、日勢力消長的分水嶺。增資前，在前 20 大股東中，不計法人股東，日資只有坂本素魯哉、中津德治、小鹽良衛 3 人（參見表 2-1-2），故在 10 名高階經營幹部中，僅有坂本素魯哉 1 人為日人。增資後，在前 22 大股東中，不計法人股東，日資已增為坂本素魯哉、鍋島譽、安田稻實、住吉秀松、中津德治、岩瀨啓造、森部穎、坂本滿意等 8 人（參見表 2-1-3），故在高階經營的幹部中，亦增加了中津德治、岩瀨啓造 2 名日人董事，而台人董、監事則隨著自然凋零而減少。〔註8〕至 1937 年時，日人高階經營幹部已增為 6 人，台人高階經營幹部卻只剩 3 人，日人反客為主，為台人的兩倍（參見表 2-1-4）。此後，台人雖曾想奪回領導權，〔註9〕但始終未能辦到。

　　在中階經營幹部方面，亦有排擠台籍行員的狀況，〔註10〕1911 年至 1943 年彰銀出張所長、支店長的人數，由 2 人增至 24 人，但台籍行員在 1923 年後，才出現謝智一個支店長，1926 年，再加上郭坤木、林亦佑兩個出張所長，但 1927 年後台人支店長、出張所長又只剩謝智、郭坤木兩人，其餘皆由日人擔任（參見表 2-1-5）。

〔註 6〕　大園市藏，《台灣始政四十年史》（台北：日本植民地批判社，1935 年）。
〔註 7〕　佐佐英彥編，《台灣銀行會社要錄》（台北：台灣興信所，1920 年），頁 25。
〔註 8〕　《台灣民報》1928 年 1 月 29 日批評彰化、台灣商工、華南等銀行的台人董、監事，認為：台人的重役不是目不識丁的土豪，便是晨昏顛倒的阿片吸食者，其中不無一二有點學識的人們，但大多是善巴結、喜逢迎者才能夠當選。
〔註 9〕　《台灣實業界》1938 年 9 月號。
〔註 10〕《台灣民報》1925 年 8 月 30 日，因而呼籲另外設立台人本位的金融機關。

表 2-1-2：1919 年時彰化銀行二十大股東的持股數和持股率

大股東	持股數	持股率 %	大股東	持股數	持股率 %
辜顯榮	1,793	3.3	蔡蓮舫	200	0.4
坂本素魯哉	1,250	2.3	吳汝俊	200	0.4
黃東茂	1,000	1.8	陳吳氏	200	0.4
台灣商工銀行	701	1.3	林澄堂	179	0.3
吳汝祥	500	0.9	郭皆得	158	0.3
林獻堂	332	0.6	吳德功	154	0.3
施　來	300	0.6	陳錫奎	151	0.3
楊吉臣	280	0.5	小鹽良衛	105	0.2
中津德治	230	0.4	陳質芬	101	0.2
李崇禮	222	0.4	吳沛霖	100	0.2

資料來源：上村健堂，《台灣事業界と中心人物》（台北：台灣案內社，1919 年 3 月），頁 53。
說　　明：此時彰化銀行的資本總額為 110 萬圓，共發行股票 5.5 萬股。

表 2-1-3：1923 年時彰化銀行持股千股以上的大股東

大股東	持股數	持股率 %	大股東	持股數	持股率 %
台灣商工銀行	8,306	2.8	安田稻實	1,500	0.5
大豐拓殖	6,089	2.0	吳德功	1,428	0.5
坂本素魯哉	5,000	1.7	中津德治	1,350	0.45
林獻堂	4,480	1.5	住吉秀松	1,280	0.4
養老儲蓄會	4,000	1.3	鄭雅詩	1,280	0.4
楊吉臣	2,765	0.9	岩瀨啓造	1,256	0.4
李崇禮	2,740	0.9	郭皆得	1,036	0.35
吳汝祥	2,508	0.8	張章琪	1,003	0.3
施　來	1,940	0.65	森部穎	1,000	0.3
蔡蓮舫	1,550	0.5	坂本滿意	1,000	0.3
鍋島譽	1,500	0.5	陳質芬	1,000	0.3

資料來源：杉浦和作，《台灣會社銀行錄》（台北：台灣實業興信所，1923 年）。
說　　明：此時彰化銀行資本總額為 600 萬圓，共發行股票 30 萬股。

表 2-1-4：彰化銀行台灣人、日本人董、監事席次的消長（1911～1943）

年代	日　本　人				台　灣　人			
	董事長	專務、常務	董事	監事	董事長	專務、常務	董事	監事
1911	0	0	1	0	0	1	3	6
1918	0	1	0	0	1	0	3	5
1920	0	1	0	0	1	0	3	5
1923	0	1	3	0	1	0	3	5
1924	0	1	3	0	1	0	3	5
1925	0	1	2	0	1	0	2	5
1926	0	1	2	0	1	0	2	5
1927	0	1	2	0	1	0	2	4
1928	0	1	2	0	1	0	2	4
1929	0	1	2	0	1	0	2	3
1930	0	1	2	0	1	0	2	2
1931	0	1	2	0	1	0	2	2
1932	0	1	2	0	1	0	1	2
1933	0	1	2	0	1	0	1	2
1934	0	1	2	0	1	0	1	2
1935	0	1	2	1	0	0	2	1
1936	0	1	2	1	0	0	2	1
1937	0	1	4	1	0	0	2	1
1938	0	1	2	1	0	0	2	1
1939	0	1	3	2	0	0	2	1
1940	0	2	2	1	0	0	2	1
1941	0	2	2	1	0	0	2	1
1942	0	2	2	0	0	0	2	2
1943	0	2	2	0	0	0	2	2

資料來源：杉浦和作，《台灣銀行會社錄》（台北：台灣實業興信所，1920～1942 年）；竹本伊一郎，《台灣會社年鑑》（台北：台灣經濟研究會，1932～1943 年）；千草默仙，《會社銀行商工業者名鑑》（台北：圖南協會，1928～1943 年）。

表 2-1-5：彰化銀行台灣人、日本人支店長、出張所長的消長（1911～
1943）

年代	支店數	出張所數	台人支店長、出張所長數	日人支店長、出張所長數	總數
1911	1	1	0	2	2
1918	4	4	0	8	8
1920	6	7	--	--	13
1923	10	4	1	13	14
1926	11	3	3	11	14
1927	13	1	2	12	14
1928	13	1	2	12	14
1929	13	1	2	12	14
1930	14	0	2	12	14
1931	14	0	2	12	14
1932	14	0	2	12	14
1933	14	0	2	12	14
1934	14	0	2	12	14
1935	14	1	2	12	15
1936	14	1	2	13	15
1937	15	1	1	15	16
1938	16	1	1	16	17
1939	18	2	1	19	20
1940	18	2	1	19	20
1941	18	2	1	19	20
1942	18	2	0	20	20
1943	18	6	1	23	24

資料來源：同表 2-1-4。

　　彰銀原爲台人出資的銀行，但何以其後台人經營幹部僅是傀儡，反由日
人操控大權，這與坂本素魯哉有關。坂本，1868 年生於高知縣長岡郡。1885
年，高知縣立師範學校畢業後，曾任小學訓導數年。其後，又先後進入關西
法律學校、明治法律學校兩校就讀。1896 年畢業後，隨即進入日本銀行工作。

11 月，赴日銀台北出張所工作，與台灣儲蓄銀行董事長邸松一造〔註 11〕、嘉義銀行專務董事山口清，同爲台灣銀行界的元老。1899 年，台銀創立，轉入台銀，歷任嘉義、淡水出張所長。1905 年，彰銀設立，受聘爲經理，1911 年，晉升爲董事兼經理，1914 年，再被推爲專務董事，此後，即壟斷專務董事一職，長達 24 年之久。

坂本生財有術，任經理不到十年，即賺得二、三十萬圓。〔註 12〕並以此作政治投資，〔註 13〕1919 年，獲政友會推薦，當選高知縣眾議員，〔註 14〕1920、1921 年，又先後被台灣總督府選爲台中州協議會員、總督府評議會員。斯時，坂本以政治權勢爲後盾，成爲台中企業界的泰斗，長期壟斷台中實業協會會長之位，〔註 15〕堪稱日治時期台灣金權政治的代表人物之一。1938年，坂本素魯哉去世，其所遺留之財產，據《台灣實業界》估計，股票約值80 萬圓，青瓷骨董約值 6～10 萬圓，加上，在台灣、高知的大筆土地，共約400 萬圓，〔註 16〕爲日治時期日人赤手空拳來台發跡的典型人物之一。

然坂本素魯哉收掌彰銀大權的祕訣何在呢？其雖亦曾運用學閥的關係，引進自己的人馬，如：拔擢關西法律學校（關西大學的前身）的學弟——岩瀨啓造爲常務董事，〔註 17〕並大力起用另一母校明治法律學校（明治大學前身）的畢業生——森尾昇、磯憲三、山移定良等人（參見表 2-1-6）〔註 18〕，但對坂本而言，其更擅長運用鄉土閥，以擴大勢力。

根據杉浦和作的《台灣銀行會社要錄》、竹本伊一郎的《台灣會社年鑑》、千草默仙的《會社銀行商工業者名鑑》等資料，可以看到坂本逐年安插高知縣鄉親進入彰銀的過程如下：1918 年，延聘生野數馬爲台北支店長。1923 年，招攬國吉正俊爲桃園支店長、永野種伊爲南投支店長、井上菅根爲板橋出張所長。1928 年，引進吉市米太郎爲副主事。1932 年，拔擢「妻弟養子」坂本信道爲參事，任森尾昇爲高雄支店長、倉橋儀利爲東勢支店長。1934 年，以

〔註11〕《台灣實業界》1936 年 11 月號。
〔註12〕《新台灣》1915 年 11 月號。
〔註13〕《台灣實業界》1939 年 6 月號。據該雜誌的估計，坂本進入政界的數年間，約花費了二、三十萬圓。
〔註14〕上村健堂，《台灣事業界と中心人物》（台北：台灣案内社，1919 年）。
〔註15〕《台灣人士鑑》1934 年版（台北：台灣新民報）。
〔註16〕《台灣實業界》1939 年 6 月號，遺產稅約需繳 60 萬圓。
〔註17〕林進發，《台灣發達史》（台北：民眾公論社，1936 年）。
〔註18〕坂本素魯哉的長子、次子亦皆爲明治大學畢業。

坂本登宜爲南投支店副店長、岡崎幸次爲清水支店副店長。1935 年，命親戚
檜垣秀雄爲副主事〔註19〕。1936 年，聘近森逸郎爲台北支店長代理、倉橋善
三郎爲南投支店副店長、坂本惠爲東勢支店副店長、坂本彥喜知爲板橋支店
副店長。1938 年，任島崎安正爲副主事、千頭敏爲東勢支店副店長、鍋島譽
爲營業部書記。坂本素魯哉過世後，由「妻弟養子」坂本信道繼承衣缽，升
任爲專務董事，信道重用高知縣人的政策未變，1940 年，又升任熊野嚴爲南
投支店副店長、坂本志登雄爲東勢支店副店長。

　　至於高知縣籍幹部升遷的概況，可以參見表 2-1-7。由該表可知，在 1938
年坂本素魯哉過世前夕，高知縣人任彰銀中高階經營幹部者，至少已多達 13
人，1940 年，坂本信道任專務董事時，更增至 15 人，彰銀可以說是由「高知
閥」高度壟斷的銀行。〔註20〕

　　在坂本稱霸彰銀的過程中，雖曾一度面臨董事中津德治的挑戰，然中津
實力不足，1937 年反爲坂本所排，退出彰銀。〔註21〕中津爲鹿兒島士族的養
子，1894 年，廣島修道中學畢業。1898 年渡台後，歷任台中縣辦務署、樟腦
局、專賣局書記。〔註22〕1905 年，與坂本一同進入彰銀，受聘爲副經理。
1914 年，升任參事。1921 年，再晉升爲董事兼彰化支店長。1934 年，成爲官
選州協議會員，並獲推爲彰化商工會會長。〔註23〕坂本爲中部高知閥的首
腦，中津則爲中部「鹿兒島閥」的領袖，〔註24〕曾任中部鹿兒島鄉人會的會
長，〔註25〕故在彰銀內，早期曾與亦是鹿兒島人的台中支店長楠田靖聯盟，
〔註26〕後又拔擢同爲廣島修道中學畢業的松島正憲〔註27〕及廣島人唐仁景
昇。然坂本技勝一籌，不僅以學弟岩瀨啓造分奪中津德治之權，〔註28〕更以

〔註19〕《台灣實業界》1936 年 11 月號。
〔註20〕《台灣實業界》1930 年 2 月號。
〔註21〕《台灣實業界》1938 年 9 月號。
〔註22〕《新台灣》1915 年 11 月號。
〔註23〕《台灣人士鑑》1934 年版。
〔註24〕鹿兒島屬薩摩藩，由於薩摩產竽，故鹿兒島閥又稱爲竽黨。
〔註25〕《台灣實業界》1930 年 4 月號。
〔註26〕根據《新台灣》1915 年 11 月號，楠田靖，1870 年生，曾從軍任三等主計，
　　　　1909 年，進入彰銀，任台中出張所長，曾被推爲彰化內地人組合組合長。
〔註27〕根據《台灣人士鑑》1937 年版（台北：台灣新民報社），松島正憲，1897 年
　　　　生，1917 年，廣島修道中學畢業。曾在台灣總督府專賣局庶務課工作，進入
　　　　彰銀後，歷任員林、台南、彰化、基隆各支店副店長。
〔註28〕根據《台灣實業界》1929 年 6 月號，岩瀨啓造，佐賀縣士族岩瀨吉辰的長男，

其另一直系企業台灣果物的專務董事之位，籠絡楠田靖，致中津形單勢孤，始終無力制衡坂本。

表 2-1-6：彰化銀行領導幹部的籍貫、畢業校系、畢業時間及升遷速度

姓　　　名	籍貫	畢業校系	畢業時間	進入企業時間	最初職務	升遷速度	最後職務
坂本素魯哉	高知	大阪關西法律學校 明治法律學校		1905	董事兼經理	9 年升專務董事 19 年升董事長	董事長
坂本信道 （坂本素魯哉的妻弟養子）	高知	早稻田大學政經科	1909	1926	參事支店長	5 年升董事 1 年升專務董事 3 年升董事長	董事長
生野數男	高知	和佛法律學校	1899	1912	董事兼支店長		董事兼支店長
吉市米太郎	高知	高知商業學校		1920	副主事	5 年升主事 5 年升副參事 2 年升董事兼參事	董事兼參事
國吉正俊	高知	早稻田大學政經科			支店長	11 年由主事補升主事	主事課長
檜垣秀雄	高知	京都帝大工學部	1922	1930	副主事支店長	3 年升主事	主事支店長
森尾昇	高知	明治大學商科	1923	1924	支店長		副主事
永野種伊	高知	高知商業學校	1911	1913	支店長		副主事支店長
鍋島譽	高知	名古屋高等商業學校					支店長
坂本登宜	高知	未載					支店副店長
坂本惠	高知	未載					支店副店長

1895 年，關西法律學校畢業，1899 年，進入浪波銀行，1902 年，轉入台銀任書記。1913 年，應坂本素魯哉之邀，進入彰化銀行。1920 年，升任南投支店長，並當選南投街協議會員。1932 年，升任彰銀董事、台中州協議會會員。1931 年，又出任台中輕鐵監事。

坂本彥喜知	高知	未載					支店長
坂本志登雄	高知	未載					支店副店長
倉橋儀利	高知	未載					支店長
倉橋利三郎	高知	未載					營業課次長
島崎安正	高知	未載					支店長
岡崎幸次	高知	未載					課長
近森逸郎	高知	未載					支店長
千頭敏	高知	未載					支店副店長
熊野岩	高知	未載					支店副店長
井上菅根	高知	未載					支店長
中津德治郎	鹿兒島	廣島修道中學校	1894	1905	董事兼支店長		董事
岩瀨啓造	佐賀	大阪關西法律學校	1895	1913	董事	4 年由助役升參事	監事
津田尚正	千葉	專修大學經濟部	1914	1925	支店長	7 年由副主事升主事 2 年由主事升董事 3 年升常務董事	常務董事兼部長
井上龜三	大分	大分縣立師範學校	1909	1919	副主事	5 年升主事 5 年升副參事 2 年升董事兼參事	董事兼參事
松井省策		未載		1919	支店長	3 年由副主事升主事	主事支店長
中村直	島根	松山中學校		1918	出張所長	10 年由副主事升主事	主事支店長
溝口義夫	岡山	東京帝大	1913	1914			支店長
馬場忠敬		東京帝大法律科	1928		書記支店副店長		書記支店副店長
唐仁景昇		鹿兒島加治木中學校	1915		書記支店長		支店長主事
松島正憲		廣島修道中學校	1917		書記支店長	3 年升副主事支店長	課長

| 磯憲三 | | 明治大學政治經濟部 | 1925 | 1927 | | | | 支店長 |
| 山移定良 | 熊本 | 明治大學法學部 | 1929 | 1929 | 書記支店長副店長 | 5年升主事補 | | 副主事支店長 |

資料來源：岩崎潔治，《台灣實業家名鑑》（台北：1912 年）；《新台灣雜誌》（台北：該社，1915年）；大園市藏，《台灣人物志》（台北：澀谷書店，1916 年）；上村健堂，《台灣事業界與中心人物》（台北：台灣案内社，1919 年）；内藤素生，《南國之人士》（台北：台灣人物社，1922 年）；《最近之南部台灣》附錄（台南：台灣大觀社，1923年）；橋本白水，《評論台灣之官民》（台北：南國出版協會，1924 年）；宮川次郎，《新台灣之人人》（東京：拓殖通信社，1926 年）；林進發，《台灣官紳年鑑》（台北：台北官紳年鑑社，1932 年）；《台灣人士鑑》（台北：台灣新民報，1934 年、1937 年、1943 年）；大園市藏，《台灣之中心人物》（台北：日本植民地批判社，1935 年）；唐澤信夫，《台灣紳士名鑑》（台北：新高新報社，1937 年）。

表 2-1-7：歷年高知縣人在彰化銀行內升遷的概況

年代	彰化銀行出身高知縣的幹部
1918 年	專務董事坂本素魯哉、台北支店長生野數馬
1923 年	專務董事坂本素魯哉、桃園支店長國吉正俊、南投支店長永野種伊、板橋出張所長井上菅根
1926 年	專務董事坂本素魯哉、桃園支店長國吉正俊、南投永野種伊、高雄支店長井上菅根
1927 年	專務董事坂本素魯哉、南投支店長國吉正俊、高雄支店長井上菅根
1928 年	專務董事坂本素魯哉、南投支店長國吉正俊、台南支店長永野種伊、高雄支店長井上菅根、主事補吉市米太郎
1929 年	專務董事坂本素魯哉、台南支店長永野種伊、高雄支店長井上菅根
1930 年	專務董事坂本素魯哉、台南支店長永野種伊、高雄支店長井上菅根
1931 年	專務董事坂本素魯哉、台南支店長永野種伊、高雄支店長井上菅根
1932 年	專務董事坂本素魯哉、參事坂本信道、副主事吉市米太郎、台南支店長永野種伊、高雄支店長森尾昇、東勢支店長倉橋儀利
1933 年	專務董事坂本素魯哉、參事坂本信道、副主事吉市米太郎、台南支店長永野種伊、高雄支店長森尾昇、東勢支店長倉橋儀利
1934 年	專務董事坂本素魯哉、主事吉市米太郎、彰化支店副店長國吉正俊、台北支店長坂本信道、南投支店長副店長坂本登宜、東勢支店長倉橋儀利、清水支店副店長岡崎幸次、台南支店長永野種伊、高雄支店長森尾昇
1935 年	專務董事坂本素魯哉、主事吉市米太郎、副主事檜垣秀雄、豐原支店長國吉正俊、台北支店長參事坂本信道、台南支店副店長倉橋儀利、高雄支店長森尾昇

1936 年	專務董事坂本素魯哉、主事吉市米太郎、副主事檜垣秀雄、彰化支店長代理岡崎幸次、台北支店長代理近森逸郎、南投支店長副店長倉橋善三郎、豐原支店長國吉正俊、台北支店長坂本信道、東勢支店副店長坂本惠、台南支店副店長倉橋儀利、高雄支店長森尾昇、板橋支店副店長書記坂本彥喜知
1937 年	專務董事坂本素魯哉、主事吉市米太郎、副主事檜垣秀雄、彰化支店長代理岡崎幸次、台北支店長代理近森逸郎、南投支店副店長倉橋善三郎、豐原支店長國吉正俊、董事兼台北支店長坂本信道、東勢支店副店長坂本惠、埔里支店長倉橋儀利、高雄支店長森尾昇、板橋支店副店長坂本彥喜知、清水支店副店長千頭敏
1938 年	董事長坂本素魯哉、主事吉市米太郎、副主事島崎安正、高雄支店長檜垣秀雄、彰化支店長代理岡崎幸次、台北支店長代理近森逸郎、豐原支店長國吉正俊、董事兼台北支店長坂本信道、台南支店副店長倉橋儀利、板橋支店副店長坂本彥喜知、東勢支店副店長千頭敏、營業部書記鍋島譽、嘉義支店長副店長倉橋利三郎
1940 年	專務董事坂本信道、董事吉市米太郎、秘書課長島崎安正、高雄支店長檜垣秀雄、清水支店長岡崎幸次、鹿港支店長近森逸郎、計算課長國吉正俊、南投支店長倉橋儀利、板橋支店副店長坂本彥喜知、鹿港支店副店長千頭敏、嘉義支店長鍋島譽、嘉義支店長副店長倉橋利三郎、南投支店副店長熊野嚴、草屯出張所長坂本惠、東勢支店副店長坂本志登雄
1941 年	董事長坂本信道、董事吉市米太郎、秘書課長島崎安正、高雄支店長檜垣秀雄、計算課長岡崎幸次、鹿港支店長近森逸郎、監督調查課長國吉正俊、板橋支店副店長坂本彥喜知、清水支店副店長千頭敏、嘉義支店長鍋島譽、營業課次長倉橋利三郎、南投支店副店長熊野嚴、北斗支店長坂本惠、東勢支店副店長坂本志登雄
1942 年	董事長坂本信道、董事吉市米太郎、秘書課長島崎安正、高雄支店長檜垣秀雄、計算課長岡崎幸次、鹿港支店長近森逸郎、監督調查課長國吉正俊、板橋支店長坂本彥喜知、清水支店副店長千頭敏、嘉義支店長鍋島譽、營業課次長倉橋利三郎、南投支店副店長熊野嚴、東勢支店副店長坂本志登雄
1943 年	董事長坂本信道、董事吉市米太郎、豐原支店長島崎安正、高雄支店長檜垣秀雄、計算調查課長岡崎幸次、鹿港支店長近森逸郎、監督調查課長國吉正俊、板橋支店長坂本彥喜知、營業課次長倉橋利三郎、南投支店副店長熊野嚴、東勢支店副店長坂本志登雄

資料來源：同表 2-1-4。

　　坂本素魯哉不僅將彰銀變成高知閥壟斷的銀行，更以彰銀為基地在台灣中部建立起坂本閥。根據表 2-1-8 可知：坂本在中部經營或投資有成的企業，包括：彰化銀行（直系，資本額 23～600 萬圓）、台中輕鐵（直系，資本額 3～122.5 萬圓）、海南製粉（直系，資本額 140～100 萬圓）、台中座（直系，資本額 2～8.5 萬圓）、台灣新聞社（旁系，資本額 2 萬圓）、台灣製麻（旁系，資本額 200～140 萬圓）、台灣軌道（旁系，資本額 300～40 萬圓）、新竹製糖（旁系，750～120 萬圓）、帝國製糖（彰銀投資，資本額 1,800 萬圓）等 9 家公司；若再加上經營或投資失敗的 6 家：台灣果物（資本額 60 萬圓）、台灣

產業（資本額 50 萬圓）、埔里社造酒（資本額 5 萬圓）、台灣製冰（資本額 20 萬圓）、台中製糖（資本額 300 萬圓）、新高製紙（資本額 300 萬圓），則總計坂本在中部曾參與的企業，至少有 15 家之多，堪稱台灣中部日商的企業之王。〔註 29〕

在台中輕鐵、海南製粉、台中劇場等直系企業中，坂本素魯哉雖未如彰銀一樣，全面以高知閥緊密控制，但亦深植個人的勢力，如：台中輕鐵自 1931 年起，即安排有「坂本懷刀」之稱的岩瀨啓造入社，擔任監事，在 1938 年坂本過世前夕，更安排嫡男坂本清擔任專務董事，〔註 30〕順利接班。又如：海南製粉自創立後，坂本即任用明治法律學校（明治大學的前身）的學長藤剋利，擔任專務董事，負責實際經營，〔註 31〕其後，更引進高知縣鄉親安田稻實、森尾昇，〔註 32〕分任董事、常務董事，牢牢掌控該公司。再如：台中劇場亦安排堂弟坂本登為監事，以擴大勢力。〔註 33〕這些企業成為坂本素魯哉在台灣中部建立「坂本閥」的尖兵。

值得注意的是，從坂本素魯哉所經營和投資之企業的董、監事名單中，更可以看出：坂本不僅與中部主要日商緊密合作，亦與全台重要日商皆有所聯繫。台中輕鐵、海南製粉網羅了台中主要日商安土直次郎、安土實、松岡富雄、山移定政、野津三次郎、持木壯造、小鹽三治等人的參與；帝國製糖則讓坂本有機會投資台中最大的製糖會社，而與松方正熊、牧山清砂等人搭上關係。打狗土地、台灣土地建物、台灣煉瓦、台灣軌道、新竹製糖、台灣商工銀行、台灣電力等企業，更讓坂本和有全台性聲望的日商：荒井泰治、

〔註 29〕坂本素魯哉所經營和投資的企業，直系者除了打狗土地在高雄外，其餘都在台中，退出的 4 家企業台灣石材、台灣製紙、南洋倉庫、台灣製鹽，則都不在台中，此亦可為坂本將事業之重心置於中部的明證。

〔註 30〕《台灣人士鑑》1943 年版。

〔註 31〕藤剋利，1890 年，進入明治法律學校，因家事關係休學。1897 年，任台中縣屬。1898 年，退官經商。1909 年，創立台中製粉精米所。1914 年，改為株式會社，任專務董事。1920 年，併入海南製粉，並任專務董事。

〔註 32〕森尾昇高知縣人，明治大學畢業，擔任台中高知縣人會、明大同窗會的幹事，與坂本素魯哉既有同鄉的關係，又有學長弟的情誼，所以在彰銀內升遷速度特快。

〔註 33〕坂本登在坂本素魯哉的支持下，還擔任台灣新聞社的經理、台灣製腦的監事，其中，坂本登任台灣新聞社經理更經歷一番激烈爭取，由於第一任董事長安土直次郎、第二任董事長山移定政、第三任董事長松岡富雄都是熊本縣人，1933 年 8 月，坂本素魯哉欲安插坂本登擔任經理，引發和松岡富雄的對立，被《台灣實業界》視為是高知閥和熊本閥的對抗。

木下新三郎、小松楠彌、柵瀨軍之佐、木村泰治、後宮信太郎、赤司初太郎、古賀三千人、松木幹一郎等人，建立起合作的網絡。

再者，坂本亦與台人富商有所關聯，台灣製麻、南洋倉庫爲霧峰林家的代表企業；台中輕鐵、海南製粉則與清水蔡家合作；日本拓殖的董事長一向由板橋林家出任董事長；桃園軌道則爲桃園簡家所創立；另外在台灣土地建物，辜顯榮、李春生皆爲董事。

表 2-1-8：日治時期坂本素魯哉所經營和投資的企業

公司名稱	公司地點	創立年代	登記資本（萬圓）	職務	個人持股	彰銀持股	任職年份	備註
彰化銀行	台中	1905	23 600	經理兼董事 專務董事 股東 （1938）	1,139 5,000 （1923） 4,000 （1932） 3,000 （1937）		1905～1938	核心企業
台中輕鐵	台中	1906	3 （1911） 122.5 （1923）	監事 （1911） 董事長 （1918） 董事 （1925） 董事長 （1927） 股東 （1938）	2,300 （1932） 1,000 （1933）	5,350 （1933） 5,400 （1937）	1911～1938	直系
海南製粉	台中	1919	140 （1920） 200 （1923） 100 （1928）	董事長 （1919） 股東 （1938）	1,000 （1923） 640 （1937） 550 （1938）	4,715 （1920） 2,000 （1937）	1919～1937	直系
台中劇場台中座	台中	1910	2 （1918） 4 （1929） 8.5 （1935）	董事 （1918） 監事 （1923） 董事 （1929） 董事長 （1935）	176 （1923）		1918～1937	直系

打狗土地	高雄	1907	50 （1918）	監事 （1918） 董事 （1928） 董事長 （1932） 股東 （1938）	450 （1923） 770 （1933）		1918～1938	直系
台灣果物	台中	1918	60	董事長 （1918） 董事 （1927）			1918～1927	直系 轉旁系
台灣製麻	豐原	1912	200 （1918） 140 （1929）	董事	600 （1923） 500 （1932）	2,900 （1923） 2,775 （1932） 2,845 （1933） 2,275 （1935） 2,900 （1937）	1918～1937	旁系
台灣軌道	苗栗	1919	300 （1923） 40 （1932）	董事	600 （1932）	1,500 （1933）	1919～1938	旁系
新竹製糖	苗栗	1919	750 （1920） 120 （1932）	董事		1471	1919～1933	旁系
台灣製鹽	台南	1919	250	董事			1919～	旁系
埔里社造酒	埔里	1912	5	董事			1920～	旁系
台灣新聞社	台中	1903	2	監事 （1924） 顧問 （1931）			1920～1938	旁系
日本拓殖	中壢	1919	1,000 （1923） 200 （1932）	監事	400 （1932）	2,060 （1932） 2,088 （1934） 2,500 （1937）	1923～1937	旁系

台灣煉瓦	台北	1913	100 （1918） 300 （1923）	監事	420 （1932）	2,200 （1932） 2,275 （1933） 2,830 （1937）	1918～1937	旁系
台灣瓦斯	台北	1934	100	監事	500		1934～1937	旁系
台灣石材	台北	1919	40	監事			1919～1927	旁系
台灣製紙	台北	1919	150 （1920） 100 （1925）	監事			1919～1932	旁系
台灣產業	斗六	1910	50	監事	1,000		1910～1920	旁系
台灣製冰	台中	1911	20	監事			1911～	旁系
台中製糖	東勢	1919	300	監事			1919～	旁系
新高製紙	台中	1920	300	監事			1920～	旁系
振南貿易	台北	1919	50	監事			1919～1920	旁系
山一商行	台北	1919	50	監事			1919～	旁系
台灣建物 （後更名台灣土地建物）	基隆 台北	1908	150	股東 （1911） 監事 （1918） 股東 （1923）	200 （1911）	2,000 （1911） 3,500 （1923） 3,700 （1933）	1911～1937	個人 彰銀投資
台灣製腦	台北	1919	1,000	股東 （1932）	2,000	5,000	1932～1933	旁系
帝國製糖	台中	1910	1,800	股東		2,250	1934～1935	彰銀投資
台灣銀行	台北	1899	1,500	股東		1,550	1935～1937	彰銀投資
台灣商工銀行	台北	1910	1,600 （1923） 500 （1932）	股東		6,500 （1923） 1,900 （1932） 2,100 （1935） 3,360 （1937）	1923～1937	彰銀投資

台灣電力	台北	1919	3,000	股東		2,500 (1923) 2,100 (1932) 2,500 (1933)	1923～1933	彰銀投資
桃園軌道	桃園	1920	150	股東		5,094 (1933) 4,894 (1935)	1933～1937	彰銀投資
昭和製糖	宜蘭	1927	700 (1934) 1,000 (1937)	股東		1,471 (1934) 4,000 (1937)	1934～1937	彰銀投資
南洋倉庫	台北	1920	500	股東		1,000 (1923)	1923～	彰銀投資
台北製糖	台北	1910	300	股東	100		1911～	個人投資

資料來源：同表 2-1-4。

第二節　在中型商事企業的運作
——以盛進商行、高進商會、菊元商行爲例

　　大山綱武爲日治末期研究台灣財閥活動最著名的學者，其曾稱譽盛進商行、高進商會、菊元商行爲台地崛興的三大「商業資本財閥」，盛進商行、菊元商行以雜貨業發跡，高進商會則以機械批發業起家，並各自以核心企業爲基地，擴張事業，三者的核心企業——盛進商行、高進商會、菊元商行資本額都在 75～100 萬圓，爲中型商事的規模，資本額雖不多，但三者皆善用地緣網絡，招募人力、籌集資金，以獲致成功，是故本節將由此切入，探討地緣網絡在日人中型商事企業運作的概況。

一、鄉土閥與盛進商行

　　盛進商行爲日治時期台灣最大的雜貨商，〔註 34〕有「台北三越」的美稱。〔註 35〕其創始人爲中辻喜次郎（1867～？）、藤川類藏（1869～1936？），兩

〔註 34〕《台灣實業界》昭和 4 年 6 月號。
〔註 35〕《實業之台灣》大正 8 年 10 月號。

人渡台時，身上只有 300 圓，由小酒販起家，〔註 36〕後轉營雜貨生意，創立盛進商行，並逐漸發跡，至日治末盛進商行已有千萬圓以上的資產，〔註 37〕中辻喜次郎成爲台地崛起的第三大財閥，僅次於赤司初太郎、後宮信太郎。

中辻喜次郎爲富山縣冰見郡布施村人，藤川類藏則爲德島縣美馬郡重清村人（該地緊鄰香川縣）〔註 38〕，兩人在盛進商行規模初具時，曾各自返鄉招募社員，大量起用富山、德島、香川縣人，盛進商行賴鄉土閥凝聚力量，並獲致成功，爲日治時期典型的鄉土閥企業。

中辻喜次郎，1890 年專修學校法律經濟科畢業後，初賴銷售高岡銅器、冰見榻榻米爲生，以經營困難，轉往朝鮮販賣軍需品，〔註 39〕其後，在大連結識藤川類藏，兩人一見如故，乃合夥經營事業。1895 年 9 月，轉進台灣後，兩人從叫賣一杯 15 錢的清酒做起，後創立盛進商行，除爲官署張羅所需之五金、木材、機械外，亦販售毛棉織品、和洋雜貨、度量衡、肥料、鞋履、時鐘等物，〔註 40〕在盛進商行初成後，又附設盛進茶舖、盛進商事。

中辻、藤川兩人氣質頗殊，中辻嚴格謹慎，注重細節，不近酒色；藤川則好酒色，但富膽識，精於掌握大勢，〔註 41〕一保守、堅忍，一積極、果斷，頗能互補，兩人的默契與情誼，更成爲台北企業界的典範，連民政長官後藤新平亦屢次讚賞。〔註 42〕然中辻雖事業基礎漸固，卻未能有男嗣，遂以其弟中辻喜策（1878～1935）爲養子，中辻喜次郎、藤川類藏、中辻喜策乃形成盛進商行的鐵三角，分任台北、大阪、滿洲三地的業務監督。〔註 43〕

盛進商行在三人的經營下，業績欣欣向榮，該行自大阪進口的雜貨常引領台地的流行，〔註 44〕獲利頗豐。其後，中辻後更以所獲之利潤，購買大阪市郊的土地，不久，果如中辻所料，地價飆漲，不僅獲利數十萬圓，中辻亦

〔註 36〕 《台灣實業界》昭和 4 年 6 月號。
〔註 37〕 《台灣實業界》昭和 4 年 6 月號，1929 年盛進商行已有 200 萬圓的資產。
〔註 38〕 岩崎潔治，《台灣實業家名鑑》（台北：1912 年），頁 87。
〔註 39〕 《台灣實業界》昭和 9 年 8 月號。
〔註 40〕 橋本白水，《台灣統治と功勞者》（台北：南國出版協會，1930 年），頁 20～24。
〔註 41〕 《台灣實業界》昭和 4 年 6 月號。
〔註 42〕 橋本白水，《台灣統治と功勞者》（台北：南國出版協會，1930 年），頁 20～24。
〔註 43〕 《新台灣》大正 4 年 11 月號（台北：該雜誌社，1915 年），頁 19～21。
〔註 44〕 《新台灣》大正 4 年 11 月號（台北：該雜誌社，1915 年），頁 19～21。

因此贏得「商界鬼才」的美譽。〔註45〕

此後，中辻喜次郎不甘於固守盛進商行，乃逐步向外擴張版圖。1919 年，中辻與藤川共同創設東亞肥料（資本額 170 萬圓），並任專務董事；同年，中辻亦投資台北鐵道（資本額 100 萬圓），擔任董事。1921 年，除將盛進商行變更爲資本額 100 萬圓的股份公司外，亦投資台灣膠印（資本額 100 萬圓），並膺任董事。1923 年，被推爲日本精茶（資本額 250 萬圓）監事及台灣藤製品（資本額 3 萬圓）董事，再者，亦投資台灣製鹽、台灣勸業無盡等公司。1926 年，投資東洋珊瑚（資本額 50 萬圓），並獲推爲董事。1927 年，以台北廳政府舊址荒廢可惜，乃創立台北共榮（資本額 40 萬圓，後更名爲東光），建造華屋販售，獲利不少〔註46〕；同年，又投資東光油脂工業（資本額 50 萬圓）。1928 年，投資基隆自動車（資本額 10 萬圓），並被選爲董事。1929 年，投資台灣商工銀行（資本額 500 萬圓），並任董事。1930 年，投資麥酒販售（資本額 200 萬圓）、台灣陶器（資本額 6 萬圓），並分任兩公司的監事、董事。1931 年，投資東海自動車運輸（資本額 80 萬圓），並榮膺董事。1932 年，將盛進商事改組爲股份公司，資本額 30 萬圓，並被推爲東光油脂工業董事長、台灣煉瓦（資本額 300 萬圓）董事，此外，亦投資華南銀行（資本額 250 萬圓）（參見表 2-2-2）。

1933 年，中辻除任高砂麥酒（資本額 150 萬圓）監事、投資台灣爆竹煙火（資本額 15 萬圓）外，更重要的是，本年後宮信太郎將金瓜石礦山（資本額 200 萬圓）以 1,500 萬圓的天價讓售給日本礦業，〔註47〕盛進商行爲此公司的第二大投資者，中辻喜次郎和藤川類藏並分任該公司的董事及監事，故盛進商行出脫金瓜石礦山的持股後，資產大增，〔註48〕成爲台地的大富翁之一。〔註49〕

〔註45〕　上村健堂，《台灣事業界と中心人物》（台北：台灣案內社，1919 年），頁 215。
〔註46〕　橋本白水，《台灣統治と功勞者》（台北：南國出版協會，1930 年），頁 20～24，1930 年，該地全部建好，改組爲台北共榮建築信用購買利用組合，並任理事長。
〔註47〕　《台灣實業界》昭和 8 年 7 月號。
〔註48〕　《台灣實業界》昭和 8 年 11 月號、昭和 9 年 3 月號。
〔註49〕　《台灣實業界》昭和 8 年 7 月號，台地富翁，在糖界：首富爲日糖的藤山雷太，財產約爲 1,000 萬圓，其次者有：明糖董事長相馬半治、灣糖專務董事益田太郎、董事長武智直道、鹽糖董事長槇哲、帝糖專務董事牧山清砂、台東製糖董事長石川昌次、明糖專務董事有島健助、常務董事藤野幹、帝糖田原

　　1934 年，中辻投資新興事業台灣瓦斯（資本額 100 萬圓），並任監事。〔註50〕同時，台灣製鹽（資本額 250 萬圓）董事長荒卷鐵之助年老體弱欲退，亦激起中辻爭取台鹽董事長的慾望，故不斷收購台鹽股票，持有近二萬股。〔註51〕然台鹽一直是「福岡閥」把持的企業（參見本章第三節），福岡閥員工擔心喜用正統盛進商行店員的中辻，將引進富山、德島、香川縣人，乃極力排斥盛進商行，最後，仍由福岡閥的堀三太郎脫穎而出，獲得台鹽董事長之位。〔註52〕

　　1935 年起，喜次郎接連遭逢重大打擊，首先，其弟養子喜策英年早逝，其次，在隔年多年事業夥伴的藤川類藏亦過世，喜次郎頗為痛苦。其將所持台鹽股票之半數，讓售給日本曹達（蘇打），以示對台鹽董事長之位的絕望。〔註53〕更糟的是，爭取台灣商工銀行董事長之位再告失利，1936 年中，商銀董事長古賀三千人過世，〔註54〕有意角逐商銀董事長者頗眾，較有實力者，除中辻喜次郎外，還有：華南銀行副總理有田勉三郎、台灣銀行理事荒木正次郎、昭和製糖副董事長久宗董、古賀三千人遺孀古賀千代子等人。〔註55〕雖然中辻所持股數不及古賀家族，〔註56〕但古賀千代子為一介女流，欲任台灣第二大銀行的董事長，其實機會渺茫，而中辻多年擔任商銀董事，又持有第二多的股票，故希望頗濃。然最後以台灣總督府、台銀屬意商銀子銀行的台灣儲蓄銀行董座邸松一造兼任董事長，〔註57〕中辻再次受挫，憤慨的中辻乃在次年拋售所持商銀股票之半數，以示不再爭取商銀董事長之意。〔註58〕

哲次郎。糖界以外的富翁則有：後宮信太郎、彰銀的坂本素魯哉、太田組的江原節郎及盛進商行的中辻喜次郎。

〔註50〕《台灣實業界》昭和 9 年 3 月號、昭和 9 年 6 月號。

〔註51〕《台灣實業界》昭和 9 年 10 月號。

〔註52〕《台灣實業界》昭和 9 年 4 月號。

〔註53〕《台灣實業界》昭和 11 年 12 月號、昭和 12 年 12 月號。

〔註54〕台灣商工銀行即今日的第一銀行，日治時期第一任董事長為木村匡、第二任董事長為荒井泰治，古賀三千人為第三任董事長。

〔註55〕《台灣實業界》昭和 11 年 8 月號。

〔註56〕根據《台灣實業界》昭和 11 年 9 月號，此時，古賀家族所能控制的股份包括：古賀千代子持有的 9,110 股、古賀家族的擁護者京和合資持有的 6,843 股、古賀三千人持有的 4,804 股。中辻家族所能控制的股份則有：喜次郎持有的 3,455 股、中辻正清所持有的 1,330 股等。

〔註57〕《台灣實業界》昭和 12 年 5 月號。

〔註58〕《台灣實業界》昭和 12 年 12 月號。

　　此時的中辻喜次郎，既承受藤川類藏、中辻喜策過世之痛，又遭逢爭取台鹽、商銀董事長的接連挫折，故意志消沉，其不僅否決了年輕店員將盛進商行轉型為大型百貨店，與菊元百貨爭雄的請求，〔註 59〕亦關閉了盛進商行擁有 44 年歷史的零售部，僅退守批發業務。〔註 60〕至此，中辻只能依賴宗教療傷止痛，其多次對本願寺、慈善機關慨贈巨款，僅 1938 年一年，中辻即對本願寺、台北州政府捐了 8 萬圓的巨款。〔註 61〕

　　中辻心境雖頗為悽苦，但中辻已是台北民間代表者之一，〔註 62〕可與台灣電力董事長松木幹一郎、台灣銀行董事長保田次郎、台灣拓殖董事長加藤恭平、台灣日日新報董事長河村徹、台北商工會會長後宮信太郎、副會長木村泰治、台灣商工銀行董事長邨松一造、台灣倉庫專務董事三卷俊夫、「台灣民間總督」三好德三郎等人等量齊觀〔註 63〕；再者，中辻又擁有雄厚的資產，此時的盛進商行資本額雖僅 100 萬圓，但一般估算應有 800～1,000 萬圓的資產，其中，500 萬圓以上為中辻的財富，〔註 64〕故中辻的事業版圖仍在自然膨脹中，許多企業亦樂意推舉中辻為董、監事，甚至擁戴其為董事長。

　　1937 年，中辻出任改組後的台北資生堂販售（資本額 10 萬圓）的董事

〔註 59〕　《台灣實業界》昭和 11 年 3 月號。
〔註 60〕　《台灣實業界》昭和 13 年 12 月號。
〔註 61〕　《台灣實業界》昭和 13 年 12 月號，本年台地第一大財閥後宮信太郎僅捐一萬圓。
〔註 62〕　中辻喜次郎除了事業頭銜之外，所任公共職務者頗多，重要者有：台北市協議會員、台北州協議會員、台北州會議員、台北實業會會長等。更令人感動的是，根據《台灣實業界》昭和 11 年 12 月號言，中辻從未想離開台灣，與台地崛起的第一大、第二大財閥後宮信太郎、赤司初太郎不同，後宮、赤司想要成為「天下的後宮」、「天下的赤司」，但中辻只想成為「台灣的中辻」。
〔註 63〕　《台灣實業界》昭和 13 年 1 月號、昭和 14 年 10 月號，1938 年，《台灣實業界》精選了 11 人，作為台北民間的代表者，包括台電社長松木幹一郎、台銀董事長保田次郎、台拓董事長加藤恭平、台北商工會會長後宮信太郎、台灣日日新報董事長河村徹、「萬年無任所大臣」三好德三郎、辯護士會會長河村淳、台灣商工銀行董事長邨松一造、台北商工會副會長木村泰治、台灣倉庫專務董事三卷俊夫、台北實業會中辻喜次郎等人。1939 年，《台灣實業界》再挑選 7 人，作為台北民間代表者，將中辻喜次郎與台電松木幹一郎、台銀水津彌吉、台拓加藤恭平、台日河村徹董事長、台北商工會會長後宮信太郎、台北商工會副會長木村泰治等人並列。
〔註 64〕　《台灣實業界》昭和 13 年 12 月號。

長，並兼任台灣製麻（資本額 200 萬圓）監事、台灣苧麻紡織（資本額 200 萬圓）董事。1938 年，連年虧損的台北鐵道（資本額 100 萬圓），自動擁護中辻為董事長〔註 65〕；同年，高進商會的高橋豬之助，亦邀其共同投資台灣鋼材配給（資本額 45 萬圓）、台灣精機工業（資本額 18 萬圓），並託中辻兼任兩家公司的董事，此外，中辻亦被推舉為台北州自動車運輸的董事（參見表 2-2-2）。

1939 年，日本油脂（日產系）常務董事久保田來台，與東光油脂董事長中辻洽商合作，由東光油脂、日本油脂各出半數資本，創立台灣油脂（資本額 15 萬圓），並推中辻出任董事長。〔註 66〕

1940～1943 年，中辻又創設多家企業，並被推戴為董事長，如：台北交通（資本額 35 萬圓，1940 年創立）、日本活性碳（資本額 25 萬圓，1941 年創立）等，同時，由於高橋豬之助過世，中辻以眾望所歸，亦被多家原高進商會系的公司，擁護為董事長，如：台灣高級硝子（玻璃）（資本額 18 萬圓）、台灣精機工業等。此外，中辻亦兼任台灣野蠶（資本額 50 萬圓）的董事、台灣鐵鋼品統制（資本額 100 萬圓）的董事、共同商事（資本額 50 萬圓）的監事等（參見表 2-2-2）。

中辻喜次郎所建構的盛進帝國，不僅只是中辻、藤川家族所經營、投資的公司，更令人驚訝的是，盛進商行店員自立創業後，亦屬盛進帝國的一環。這些店員在離開時，經常能夠分得盛進商行的「暖廉」，視同是盛進商行的別家，可以陳列與盛進商行相同的商品。同時，盛進商行獨立創業的店員，為示不忘舊恩，每年亦定期舉辦主人招待會，1929 年時，即有 22 個店員家族參加，這形成了盛進商行閥，不僅在商界傳為美談，亦讓盛進商行壟斷台灣的雜貨界。〔註 67〕這些店員自立創業，聲名較著者有：丸住商店的逢坂住次郎（德島縣人）〔註 68〕、吉井商店的吉井善松（富山縣人）〔註 69〕、村

〔註 65〕 《台灣實業界》昭和 12 年 12 月號，台北鐵道由一股實收 25 圓，到此時一股已不到 5 圓，並且連年虧損的台北鐵道有可能被政府收為官營。該公司的第一大股東松村政次郎，在台北鐵道的二萬股中持有七千股，中辻只持有三千股，面對連年虧損的台北鐵道，松村自然沒有興趣擔任董事長，故放棄角逐，由中辻穩獲台北鐵道董事長之位。

〔註 66〕 《台灣實業界》昭和 14 年 7 月號、昭和 14 年 8 月號。

〔註 67〕 《新台灣》大正 4 年 11 月號（台北：該雜誌社，1915 年），頁 19～21。

〔註 68〕 根據內藤素生，《南國之人士》（台北：台灣人物社，1922 年），頁 126，逢阪住次郎，德島縣美馬郡重清村人，1889 年生，1905 年，應盛進商行招聘入台，

井商行的村井房吉〔註 70〕、長谷川商店的長谷川熊吉〔註 71〕（香川縣人）、竹腰商店的竹腰進一〔註 72〕、中辻商店的中辻勇次郎（富山縣人）、松原商行的松原作藏（富山縣人）、瀧村商店的瀧村政次郎兄弟、盛進茶舖〔註 73〕、中村商行、吉島商店、谷野商店、間方商店、松岡商店（台中）、岡崎商店（基隆）等。〔註 74〕

　　盛進商行能獲致成功的因素很多，有屬天時者，如：一次大戰時投資大阪市郊土地，獲利數十萬圓，1933 年拋售金瓜石礦山股票，獲利數百萬圓。有屬人和者，如：中辻喜次郎與藤川類藏兩人互補的性格，一精於細節、一擅估大勢，一穩健，一積極，致盛進商行進退得宜。然更重要的是，中辻、藤川兩人能利用地緣關係，多次返鄉招募所需的人才及資金，並在盛進集團內善用鄉土閥，凝聚力量，終於獲致成功。

　　在盛進集團的兩大核心企業盛進商行、盛進商事中，可列入鄉土閥者，除富山縣人、德島縣人外，亦應包括香川縣人，因為藤川類藏的故鄉德島縣

　　　　1918 年獨立，創立丸住商行。

〔註 69〕　根據內藤素生，《南國之人士》（台北：台灣人物社，1922 年），頁 191。吉井善松，富山縣冰見郡太田村人，1889 年生，1905 年，應盛進商行招聘入台，1914 年獨立，創設吉井商店，經營鞋業。

〔註 70〕　根據內藤素生，《南國之人士》（台北：台灣人物社，1922 年），頁 109；《台灣實業家名鑑》（台北：1912 年），頁 67。村井房吉，廣島市人，1881 年生，1899 年渡台，進入盛進商行，1903 年獨立，經營歐美雜貨，建立村井商行，1921 年火災後，並不氣餒，反而擴大營業。

〔註 71〕　根據內藤素生，《南國之人士》（台北：台灣人物社，1922 年），頁 105〜106；大園市藏，《台灣人物志》（台北：澀谷書店，1916 年），頁 32。長谷川熊吉，香川縣人，1872 年生，1897 年入台，進入盛進商行，1899 年辭職，經營歐美雜貨業，創立長谷川商店，銳意改進，事業漸隆，1907 年，在台南下橫街開設支店，販售燈泡，後廢歐美雜貨部，創立綿布批發部。

〔註 72〕　根據《台灣實業界》昭和 15 年 8 月號，竹腰進一（1897〜？），1912 年進入盛進商行大阪支店任職，後入奉天支店工作一年。1916 年渡台，在本店零售係任職，負責處理官用品、棉布批發，多年奮鬥始存足 10,000 圓，並在 1929 年以此資金，創立竹腰商店，經營毛織、棉布、官用品的販售。1940 年時為竹腰商店董事長、竹腰紡織董事長、國防被服董事長、利用更生專務董事。

〔註 73〕　盛進茶舖其後由中村教一郎繼承，其為年青人傑出的理財者，他收購宮前町中村養浩堂附近的水田 4,000 坪，加上，父親留下大安、六張犁的土地，兩者合計約有 40〜50 萬圓的資產。其後來又創立東邦拓殖，向土地業進軍，大展鴻圖。

〔註 74〕　《台灣實業界》昭和 4 年 6 月號。

美馬郡，位德島縣、香川縣交界之處（參見圖 2-2-1），藤川妻亦來自香川縣，故香川縣亦可屬於盛進集團鄉土閥的範疇。

圖 2-2-1：德島縣美馬郡地圖

　　根據表 2-2-1 所示：盛進商行、盛進商事的領導階層，來自富山縣者，計有中辻家族 6 人、其他家族 9 人，來自德島縣者，計有藤川家族 5 人、其他家族 4 人，來自香川縣者，計有 2 人，共 26 人。若再計自盛進商行獨立創業成功者，至少還有：富山縣者 3 人，即吉井商店的吉井善松、中辻商店的中辻勇次郎、松原商行的松原作藏；德島縣 1 人，即丸住商店的逢坂住次郎；香川縣 1 人，即長谷川商店的長谷川熊吉，兩者加起來達到 31 人之多。再者，盛進商行、盛進商事任董監事以上職位者，清一色全爲富山縣、德島縣、香川縣人，未有他縣者，足見盛進集團爲富山縣、德島縣、香川縣鄉土閥高度壟斷的企業。

表 2-2-1：富山、德島、香川縣人在盛進商行、盛進商事任職的概況（1921～1943）

姓　　名	職　　　　　衛	任職年份	籍　貫	備　　　註
中辻喜次郎	盛進商行董事長 盛進商事董事長	1921～1943 1937～1943	富山縣	
藤川頬藏	盛進商行董事長 盛進商事監事	1923～1936 1932～1935	德島縣	
中辻喜策	盛進商行董事 盛進商事董事長	1923～1935 1932～1935	富山縣	中辻喜次郎的弟養子
藤川重五郎	盛進商行董事 盛進商行副董事長 盛進商事董事	1937～1938 1939～1943 1932～1942	德島縣	
中辻正清	盛進商行董事 盛進商事監事	1936～1943 1937～1942	富山縣	
高谷松治郎	盛進商行經理 盛進商行董事兼經理	1921～1925 1926～1939	香川縣	藤川頬藏妻弟
廣瀨政二	盛進商行經理 盛進商行董事兼經理 盛進商行常務董事	1921～1925 1926～1939 1940～1943	富山縣	中辻喜次郎外甥
坂本治郎一	盛進商行董事兼經理 盛進商行董事、大阪出張所長 盛進商事監事	1937～1938 1942～1943 1932～1942	富山縣	
坂本次吉郎	盛進商行納品部社員 盛進商行董事兼經理 盛進商事監事	1932～1937 1940～1943 1941～1942	富山縣	
藤川慶太	盛進商行監事	1921～1940	德島縣	
藤川勝二	盛進商行監事 盛進商事董事	1941～1943 1940～1942	德島縣	
佐原文三郎	盛進商行監事	1921～1943	富山縣	
湊伊治郎	盛進商行社員 盛進商行批發部主任 盛進商行雜貨部主任 盛進商行董事兼經理	1928～1939 1940～1941 1942 1943	富山縣	
米田芳男	盛進商行雜貨部社員 盛進商行會計主任 盛進商行董事兼經理	1932～ 1940～1942 1943	德島縣	

逢坂增次郎	盛進商行印刷部社員 盛進商事董事兼經理 盛進商事專務董事	1932～ 1932～1937 1940～1943	德島縣	
吉田政吉	盛進商行雜貨部社員 盛進商行不動產部主任	1932～ 1940～1943	德島縣	
崎山太一郎	盛進商行雜貨部社員 盛進商行度量衡部主任	1932～ 1940～1943	富山縣	
吉本雄朔	盛進商行重要幹部	1928～1937	富山縣	
三宅勝	盛進商行納品部幹部	1928～1937	德島縣	
廣瀨健一郎	盛進商行納品部幹部	1932～	富山縣	
古野太二郎	盛進商行高雄出張所主任	1940～1943	富山縣	
橫山治郎	盛進商行重要幹部		香川縣	
藤川美智	盛進商行大股東		德島縣	藤川類藏夫人
中辻重五	盛進商事大股東		富山縣	
中辻策四郎	盛進商事大股東		富山縣	
中辻大介	盛進商事大股東		富山縣	

資料來源：千草默仙，《會社銀行商工業者名鑑》（台北：圖南協會，1928～1943年）；杉浦和
　　　　　作，《台灣銀行會社錄》（台北：台灣實業興信所，1920～1942年）；竹本伊一郎，
　　　　　《台灣會社年鑑》（台北：台灣經濟研究會，1932～1943年）。

說　　明：藤川家族來自德島縣美馬郡，此地位於德島縣、香川縣邊界，故藤川類藏返鄉招
　　　　　募社員時，亦有若干香川縣人應募，故香川縣人也可視爲盛進商行鄉土閥的一員。

表 2-2-2：日治時期中辻喜次郎所經營和投資的企業

公司名稱	公司地點	創立年代	登記資本（萬圓）	職務	個人持股	盛進商行持股	任職年份	備註
盛進商行	台北	1921	100	董事 代表董事 （1927）	8,000 （1932） 6,000 （1933） 5,000 （1937） 4,900 （1942）		1921～1943	核心企業
台灣資生堂販售	台北	1937	10	董事長			1937～1943	直系
台灣油脂	台北	1939	15	董事長			1939～1943	直系

日本活性碳	田中	1941	25	董事長			1941～1943	直系
台灣高級硝子 （玻璃）	新竹	1939	18	董事長			1941～	直系
台北交通	台北	1940	35	董事長			1940～1943	直系
盛進商事	台北	1932	30	顧問 （1934） 董事長 （1937）	2,000 （1934） 1,000 （1937）		1932～1943	直系
東光興業	台北	1936	60	董事長	1,000 （1937） 1,150 （1938）		1936～1943	直系
台灣精機工業	台北	1938	18 （1938） 100 （1942）	董事 （1939） 董事長 （1942）	400		1938～1943	旁系 轉直系
東光油脂工業 （後更名爲東光 會社）	台北	1925	50	顧問 （1927） 董事長 （1932）	500 （1932） 790 （1933） 1,130 （1937） 1,150 （1938）		1927～1943	旁系 轉直系
台北鐵道	台北	1919	100	董事 （1919） 董事長 （1938） 董事 （1941）	950 （1940）	450 （1932）	1919～1943	旁系 轉直系 再轉旁系
台北共榮（後改 組台北共榮建築 信購利組合）	台北	1927	40	董事長			1927～1930	直系
東亞肥料（後併 入台灣肥料）	基隆	1919	170	專務董事		6,940	1919～1924	直系
東海自動車運輸	花蓮港	1931	80	董事	1,000 （1934）	900 （1931）	1931～1943	旁系
台灣煉瓦	台北	1913	300	董事 （1932） 董事 （1942）		300 （1932）	1932 1942～1943	旁系

台灣爆竹煙火	台北	1916	15 （1933） 65 （1939）	股東 （1933） 董事 （1934）	100 （1933） 340 （1935）		1933～1943	旁系
台北州自動車運輸	台北	1938	150	董事	500 （1939）		1938～1943	旁系
台灣鋼材配給	台北	1938	45	董事			1938～1943	旁系
台灣鐵鋼製品統制	台北	1942	100	董事			1942～1943	旁系
台灣野蠶	台中	1938	50	董事			1941～1943	旁系
台灣肥料	基隆	1910	100	董事	523 （1932） 473 （1939） 104 （1941）		1925～1943	旁系
台灣膠印	台北	1921	100	董事	270 （1932）		1921～1943	旁系
台灣製鹽	台南	1919	250	股東 （1923） 監事 （1927） 董事 （1928）	4,375 （1932） 5,650 （1933） 11,050 （1934） 10,850 （1935） 2,450 （1940）	965 （1923）	1923～1943	旁系
台灣商工銀行	台北	1910	500 （1929）	董事 （1929） 監事 （1939）	3,849 （1934） 3,255 （1937） 1,426 （1938）		1929～1943	旁系
台灣苧麻紡織 （後更名爲台灣纖維工業）	台北	1935	200	董事	2,000 （1937）		1937～1943	旁系
台灣藤製品	台北	1922	3	董事			1922～1923	旁系
東洋珊瑚	基隆	1925	50	董事			1926～1928	旁系
基隆自動車	基隆	1926	10	董事			1928～1931	旁系
台灣陶器	台北	1930	6	董事			1930～1931	旁系

麥酒販售	台北	1930	200	監事顧問			1930～1931	旁系
高砂麥酒	台北	1919	150	監事（1933）	1,025（1938）1,225（1939）		1933～1943	旁系
台灣瓦斯	台北	1934	100	監事	1,000（1935）		1934～1943	旁系
台灣製麻	台南	1935	200	監事	1,000（1937）		1937～1943	旁系
共同商事	台北	1934	50	監事			1942～1943	旁系
日本精茶	京都	1920	250	監事			1923～	旁系
台灣勸業無盡	台北	1919	50	股東		333	1923～	公司投資
華南銀行	台北	1919	250	股東	375		1932～	個人投資
台灣銀行	台北	1899	1,500	股東	1,413（1935）		1935～1937	個人投資
北投窯業	台北	1919	15	股東	110（1938）		1938～	個人投資
日本興業	台南	1937	50	股東	1,500（1942）		1942～	個人投資
金瓜石礦山	基隆	1925	200	股東	1,800（1932）		1932～1934	個人投資
大正醬油	台北	1920	100	股東	500（1937）		1937～1938	個人投資

資料來源：杉浦和作，《台灣銀行會社錄》（台北：台灣實業興信所，1920～1942 年）；竹本伊一郎，《台灣會社年鑑》（台北：台灣經濟研究會，1932～1943 年）、千草默仙，《會社銀行商工業者名鑑》（台北：圖南協會，1928～1943 年）。

二、鄉土閥與高進商會

　　高進商會，為日治時期台灣最重要的機械批發商，其歷經高橋由義、高橋豬之助、高橋尚秀祖孫三代 50 年的經營，由一個小小的陸軍御用商人，發展成為跨足機械、畜牧、鋼材、玻璃等業的小型財閥，為日人赤手空拳赴台地創業有成的典範之一。其能夠成功，實有賴高橋家族的千葉縣鄉人之助，故其亦為日治時期日人在台鄉土閥企業的典型之一。

　　高進商會創始人高橋由義（1859～1930），為千葉縣香取郡人，其在 1896 年與婿養子高橋豬之助一同渡台，在台北北門街創立高進商會。初為陸軍御

用商人，經營小本的銅鐵器具製造。〔註75〕1898 年，轉營土木承包業。1900
年，再轉入機械五金、鐵路材料、土木建材的批發販售，〔註76〕因經營有術，
遂逐漸發跡，十餘年後，高進商會已成為台北最重要的機械批發商。1923 年，
高橋由義不僅將高進商會變更為資本額 100 萬圓的股份公司，亦擔任台灣畜
產的董事長，取得該公司的經營權。〔註77〕更重要的是，斯時高橋由義已著
手安排「婿養子」豬之助的接班，其命豬之助擔任高進商會副董事長兼專務
董事，實際負責公司的業務。〔註78〕

　　高橋豬之助（1875～1941），千葉縣立商業學校畢業後，〔註79〕即娶高橋
由義獨女，並成為高橋家的婿養子。〔註80〕1896 年，與養父高橋由義一同渡
台，奮鬥事業。高橋豬之助除灌注心力於高進商會外，1924 年，亦開始將投
資觸角伸向電氣事業，擔任台灣合同電氣的董事。〔註81〕1927、1931 年，養
父高橋由義更分別將台灣畜產、高進商會的董事長之位，交付高橋豬之助，
使其成為高進商會集團的新主人。〔註82〕

　　高橋豬之助接掌高進商會後，任事更為積極，陸續投資東海自動車運輸
（資本額 80 萬圓）、高砂麥酒（資本額 100 萬圓）、台灣商工銀行（資本額 500
萬）、台灣煉瓦（資本額 300 萬圓）、大成火災海上保險（資本額 500 萬圓）、
台灣苧麻紡織（資本額 200 萬圓）、南邦自動車（資本額 30 萬圓）等企業，
共投入約 30 萬圓的資金（參見表 2-2-3）。

　　1937 年，中日戰爭爆發，一般企業頗受衝擊，然高橋豬之助的事業，卻
因中日開戰而攀上高峰。一方面，高橋豬之助因囤積鋼材、土地而財富暴增，

〔註75〕岩崎潔治，《台灣實業家名鑑》（台北：1912 年），頁 49。
〔註76〕大園市藏，《台灣人物志》（台北：涩谷書店，1916 年），頁 223。
〔註77〕根據《台灣銀行會社要錄》（台北：台灣興信所，1920 年），頁 69；《台灣
　　　　會社銀行錄》1923 年版（台北：台灣實業興信所，1923 年），頁 167～168，台
　　　　灣畜產創立於 1919 年，最初董事長為小松仁三郎，高橋由義只是監事，但 1923
　　　　年後高橋由義已繼任董事長，高橋豬之助持有 1,215 股，高橋由義持有 300
　　　　股。1927 年高橋豬之助為董事長。
〔註78〕《台灣會社銀行錄》1923 年版（台北：台灣實業興信所，1923 年）。
〔註79〕唐澤信夫，《台灣紳士名鑑》（台北：新高新報社，1937 年），頁 129。
〔註80〕橋本白水，《台灣統治と其功勞者》（台北：南國出版協會，1930 年），頁 64
　　　　～65。
〔註81〕《台灣會社銀行錄》1924 年版（台北：台灣實業興信所，1924 年）。
〔註82〕《台灣會社銀行錄》1927 年版、1931 年版（台北：台灣實業興信所，1927、
　　　　1931 年）。

資產由 100 萬圓大幅增爲 200 萬圓；另方面，高橋豬之助亦因配合時局，發展小型國策公司，而大發戰爭財。〔註83〕1938 年，高橋豬之助銜台灣總督府之命，負責度量衡器具的統制，爲此，其創設了資本額 18 萬圓的台灣精機工業。〔註84〕再者，高橋豬之助亦配合鋼材的統制，設立台灣鋼材配給，資本額 45 萬圓，此一企業也讓高橋豬之助享有「鋼材王」的美譽。〔註85〕1939 年，高橋豬之助再創立資本額 10 萬圓台灣硝子高級工業，從事玻璃的製造。〔註86〕後又創立資本額 40 萬圓的台灣電氣製鋼。〔註87〕

　　高橋豬之助，雖在事業上頗有成就，然卻一如其養父高橋由義，只育有一女，事業陷入無人繼承的窘境。高橋豬之助不得已，乃覓千葉縣英才橫光尙秀爲養子，並將之更名爲高橋尙秀，寄望其能繼承並光大高橋家的事業。

　　高橋尙秀（1893～？），爲曾任台中州知事的橫光吉規之弟，〔註88〕學經歷十分優秀。其 1922 年東京帝大政治科畢業，後通過高等文官考試，歷任地方警視、府稅關事務官、監視部長、高雄警察署長、高雄州內務部教育課長、台中州內務部地方課長、高雄州警務部長、殖產局水產課長、基隆稅關長等職。〔註89〕1941 年，高橋豬之助病歿後，〔註90〕繼承家業，但尙秀至 1943

〔註83〕　《台灣實業界》昭和 16 年 11 月號。
〔註84〕　根據《台灣實業界》昭和 13 年 10 月號、昭和 13 年 11 月號，台灣精機工業，設立目的爲配合統制度量衡器具，並讓每年輸入數百萬圓的精密機械器具能夠自給自足，故亦爲一國策公司。董事長爲高橋豬之助，董事爲伊藤孜吉、中辻喜次郎、十文字俊夫、小野田正宗、上野浩、中島道一、小荒井忞次、池端清福等人；監事則由高島鈴三郎、植田由之助兩人擔任。
〔註85〕　《台灣實業界》昭和 16 年 11 月號。
〔註86〕　根據《台灣實業界》昭和 14 年 8 月號，台灣高級硝子工業，屬台灣精機工業系統，投資概況爲：高橋豬之助 300 股，白木慶治郎 800 股，伊藤孜吉 100 股，中辻喜次郎 100 股，八十川清 100 股，石坂莊作 100 股；池端清福 100 股。
〔註87〕　《台灣經濟年報》昭和 17 年版（東京：國際日本協會，1942 年），頁 381。
〔註88〕　《台灣實業界》昭和 13 年 11 月號。
〔註89〕　《台灣人士鑑》1943 年版（台北：興南新聞社，1943 年），頁 230。
〔註90〕　高橋豬之助所任之職銜，在企業方面有：高進商會董事長、台灣畜產董事長、台灣精機工業董事長、台灣鋼材配董事長、台灣高級硝子工業董事長、台灣合同電氣董事、台灣纖維工業董事、東海自動車運輸董事；在公共職務方面有：台北市協議會員、濱町區長、台北市町委員、台北市財源調查委員、台北市臨時土地整理委員、京和會專務理事、京町改築委員；在實業團體方面有：台北實業會理事、台北商工會常議員、台北市度量衡販賣組合長、台灣度量衡器計量器販賣組合聯合會會長、京町建築信用購買利用組合專務理

年始自官場退休，專心經營高進商會。

　　高橋家族事業的起點爲高進商會，該公司的董、監事全由千葉縣人壟斷，高進商會的重役：高橋由義（1923～1930 年任董事長）、高橋豬之助（1923～1930 年任副董事長，1931～1941 年任董事長）、高橋尚秀（1943～1945 年任董事長）、蔭山萬藏（1923～1926 年任董事，1927～1942 年任專務董事）、高橋由之（1923～1937 年任董事）、高橋濱子（1923～1941 年任董事）、高橋秀子（1923～1943 年任董事）、植田由之助（1923～1941 年任監事，1942～1943 年任董事）、宇賀村寅二（1923～1940 年任董事）、倉持正藏（1923～1943 年監事）等人，全爲千葉縣人，千葉縣人會台北事務所亦設於高進商會，〔註91〕故高進商會堪稱爲千葉閥之企業。

　　然值得注意的是，高進商會雖全由千葉縣人擔任董、監事，但在高橋家族的其他直系企業，如：台灣畜產、台灣精機工業、台灣鋼材配給等，卻非由千葉縣人壟斷，高橋家族只在台灣畜產、台灣精機工業安排植田由之助任監事；台灣畜產安排蔭山萬藏任監事；台灣鋼材配給安排高橋愛策任董事，其餘董監事皆非千葉縣人，顯見高進商會爲拓展資金、人才，亦必須與其他籍貫者合作，不能侷限於鄉黨主義。

表 2-2-3：日治時期高橋豬之助所經營和投資的企業

公司名稱	公司地點	創立年代	登記資本（萬圓）	職　務	個人持股	高進商會持股	任職年份	備　註
高進商會	台北	1923	100	副董事長（1923）董事長（1931）			1923～1940	核心企業
台灣精機工業	台北	1938	18	董事長	870（1939）	100（1939）	1938～1940	直系
台灣硝子高級工業	新竹	1939	10	董事長	300（1939）		1939～1940	直系
台灣鋼材配給	台北	1938	45	董事長	300（1939）		1938～1940	直系

　　　　事、台北建築信用購買組合長、台灣亞鉛鐵板線材製品配給組合理事長、台灣電氣工業組合長等。
〔註91〕泉風浪，《人と閥》（台南：南瀛新報社，1932 年），頁 20。

台灣畜產	台北	1919	100	股東 （1923） 董事長 （1927）	1,215 （1923） 2,355 （1932） 2,465 （1937） 2,535 （1939）	1,290 （1932） 1,320 （1939） 1,100 （1940）	1923～1941	旁系轉直 系父由義 原爲監事 1923年升 任董事長
台灣合同電氣	桃園	1920	200	董事	2,172 （1932） 2,336 （1935）	1,110 （1932） 1,164 （1933） 1,264 （1936）	1924～1939	旁系
東海自動車運輸	花蓮港	1931	80	董事 （1931） 股東 （1941）	1,000 （1932） 1,100 （1935） 1,010 （1938）		1931～1939	旁系
南邦自動車	台北	1936	30	董事	450 （1937）		1936～1940	旁系
台灣苧麻紡織 （後更名爲台灣 纖維工業）	台北	1935	200	董事			1937～1940	旁系
高砂麥酒	台北	1919	100	股東	855 （1932）	250 （1932）	1932～	個人公司 投資
台灣商工銀行	台北	1910	500	股東	1,321 （1934） 2,096 （1936） 2,508 （1938）		1934～1941	個人投資
台灣煉瓦	台北	1913	300	股東	670 （1934）		1934～	個人投資
大成火災海上保 險	台北	1920	500	股東	1,000 （1935）		1935～1938	個人投資

資料來源：杉浦和作，《台灣銀行會社錄》（台北：台灣實業興信所，1920～1942年）；竹本伊
　　　　一郎，《台灣會社年鑑》（台北：台灣經濟研究會，1932～1943年）；千草默仙，《會
　　　　社銀行商工業者名鑑》（台北：圖南協會，1928～1943年）。

三、鄉土閥與菊元商行

　　菊元商行爲日治時期台北屈指可數的棉布批發商，1932 年，跨足百貨業，更設立了台灣第一家百貨公司。菊元商行的創始人爲重田榮治（1877～？），山口縣岩國市人。其自義濟堂塾畢業後，曾在 1897 年渡台，尋找創業機會。1900 年，重田奉召入伍，參加八國聯軍戰役，立下戰功，〔註92〕獲頒勳八等白色銅葉章。〔註93〕1903 年，爲打開故鄉岩國町的棉貨銷路，再次入台，並立下驅逐中國棉貨，奪佔台灣市場的雄心。〔註94〕

　　重田最初在台北北門街設立菊元吳服店，後遷至文武街，1910 年，再轉往大稻埕太平町。〔註95〕菊元吳服店經重田十餘年的苦心經營，頗有成績，遂在 1925 年，改組爲合名會社菊元榮商店，資本額 10 萬圓。〔註96〕1932 年，除變更組織、改稱菊元商行株式會社外，亦將資本額增爲 50 萬圓。〔註97〕

　　1933 年，爲對抗三越、高島屋等日本內地大百貨商的入侵，〔註98〕重田乃投入 20 萬圓資金，在榮町興建樓高六層、佔地五百餘建坪的菊元大樓。〔註99〕菊元百貨在騎樓販售日用品、化妝品，在二、三樓販賣和服，在四樓販賣雜貨、運動用品、文具書籍，五樓爲休憩室及食堂，六樓則爲娛樂所，屋頂還有日式庭園，並可眺望全市。菊元大樓設立後，不僅成爲台北的新地標，附近地價亦迅速飆升，每坪高達 350 圓，成爲台北最貴的地方。〔註100〕

　　菊元百貨創設後，獲利甚豐，據時人估計，菊元百貨每月平均銷貨量約爲 15 萬圓，即一年約可售貨 180 萬圓，獲利以一成粗估，每年至少可有 18

〔註92〕《台灣人士鑑》1943 年版（台北：興南新聞社，1943 年），頁 183。
〔註93〕《台灣人士鑑》1937 年版（台北：台灣新民報，1937 年），頁 166。
〔註94〕大園市藏，《台灣人物志》（台北：澀谷書店，1916 年），頁 164。
〔註95〕《台灣實業家名鑑》（1912 年），頁 121。
〔註96〕杉浦和作，《台灣銀行會社要錄》大正 14 年（台北：台灣實業興信所，1925 年）。代表社員重田榮治出資七萬圓，業務執行社員三浦正夫出資三萬圓。
〔註97〕杉浦和作，《台灣銀行會社要錄》昭和 8 年（台北：台灣實業興信所，1933 年）。
〔註98〕《台灣實業界》昭和 7 年 12 月。菊元百貨董事長重田榮治說：我進軍百貨業後，聽到各種批評，但百貨公司時代已經來臨，我是想要建立具有本地商人經營特色的百貨公司，以免內地百貨公司蠶食了台灣的商賣市場，並非想要弱肉強食，搶零售商的生意。
〔註99〕大園市藏，《台灣人事態勢と事業界》（台北：新時代社台灣支社，1942 年），頁 6。
〔註100〕《台灣實業界》昭和 12 年 3 月。

萬圓的純利，這使得重田的財富快速累積。1937 年，《台灣實業界》調查台北售貨商人財富時，重田榮治已約有資產 130 萬圓，與新高堂的村崎長昶並列「橫綱」，成為台北售貨商人的首富。〔註101〕

此後，重田更以菊元百貨的獲利，擴張事業版圖。1937 年，中日戰爭爆發，對華貿易不振，重田為突破僵局，乃將海野商店改組為資本額 50 萬圓的東亞商工公司。由菊元商行、桑田商店、海野商店提供物資，高砂商店的上田光一郎、太田組的江原節郎、西尾靜夫、光口達郎、杉本觀之等人提供現金，銷售菊元商行的棉貨、桑田商店的雜貨、海野商店的機械等商品。〔註102〕

1938 年，重田不僅將菊元商行的資本額，增為 75 萬圓，亦在新竹設立資本額 19.5 萬圓的大和纖維，重田首度將事業跨出台北。更重要的是，重田在獲得日產自動車的代理權後，結合台南山田商店的柴田稔，設立資本額 48 萬圓的台灣日產自動車，開始跨足汽車銷售業，此為重田事業的一大突破。〔註103〕 1940 年，重田又設立資本額 10 萬圓的豐國殖產和資本額 18.8 萬圓大同自動車、100 萬圓的台北近郊乘合自動車等公司（參見表 2-2-4）。1942 年，被台灣總督府選為台灣纖維統制會社董事長，〔註104〕 此顯示重田在紡織業具有舉足輕重的地位。至此，重田已是紡織品、汽車銷售業的泰斗。

重田榮治赤手空拳赴台，歷四十餘年，由一小小棉布商發跡，成為台北著名商人，〔註105〕 其能飛黃騰達，個人旺盛的企圖心、堅實的經營手法固為主因，然得山口縣鄉人的幫助，亦為其事業成功的要素。菊元吳服店自 1910 年遷至大稻埕後，重田即苦尋左右手，至 1912 年，終於覓得鄉人三浦正夫。

〔註101〕《台灣實業界》昭和 12 年 5 月，言：1936 年，榮町的歲暮拍賣會，菊元百貨約壟斷了 40% 的銷售量。

〔註102〕《台灣實業界》昭和 13 年 5 月。東亞商工公司由重田榮治任董事長，海野幸德任經理，以上田光一郎、江原節郎、桑田剛助、三浦政夫、西尾靜夫、江口達郎等人為董事，以杉本觀之、谷口巖、岡今吉為監事。

〔註103〕《台灣實業界》昭和 13 年 6 月。台灣日產自動車以重田榮治為董事長，以上田光一郎、柴田稔任常務董事，並分兼台北營業所、台南營業所的監督，另外，董事有：海野幸德、桑田剛助、三浦正夫、藤川寅三等人，監事則由吉村佐平、上田藤平、江原節郎、江口達郎、千代田弘等人擔任。

〔註104〕《台灣人士鑑》1943 年版（台北：興南新聞社，1943 年），頁 183。

〔註105〕重田榮治不僅是著名商人，還曾擔任：台北市會議員（四任）、台北州會議員、台北商工會議所議員、城北地區防衛團長、台北市防空委員、台北消防組長等職。

三浦，山口縣人，1912 年山口高商畢業後，〔註106〕即進入菊元商行工作，因表現突出，升爲經理。在 1925 年菊元吳服店改組合名菊元榮商店時，三浦不僅出資 3 萬圓，並成爲新公司的執行業務社員，可見三浦已晉升爲重田的事業合夥人，不再只是一個受雇店員。在三浦的經營下，菊元榮商店業務蒸蒸日上，其後更在三浦的擘畫下，興建了榮町的菊元百貨，致重田榮治能獲得巨利。

　　菊元商行除重田榮治、三浦正夫外，董、監事亦清一色全爲山口縣人，佐佐木峻三、村松龍司、重田小一郎、重田平太郎〔註107〕、中村梅吉等人皆來自山口縣。〔註108〕可見重田榮治是在鄉土閥支持下，始能獲得資金、網羅人才，並打造出菊元商行的事業版圖。

表 2-2-4：日治時期重田榮治所經營和投資的企業

公司名稱	公司地點	創立年代	登記資本（萬圓）	職務	個人持股	公司持股	任職年份	備註
菊元商行	台北	1932	50(1932)75(1938)	董事長			1932～1943	核心企業
東亞商工公司	台北	1937	50	董事長	1,750(1939)		1937～1943	直系
台灣日產自動車	台北	1938	48	董事長			1938～1943	直系
大和纖維	新竹	1938	19.5	董事長			1942～1943	直系
豐國殖產	台北	1940	10	董事長			1940～1943	直系
大同自動車	台北	1940	18.8	董事長			1940～1943	直系
台北近郊乘合自動車	台北	1942	100	董事長	1,200		1942～1943	直系

〔註106〕《台灣實業界》昭和 11 年 3 月。三浦正夫爲山口高商第五屆畢業生，1936年時台灣約有山口高商畢業生有三十餘人，三浦爲山口高商的領袖。

〔註107〕重田榮治共有二子四女，重田平太郎爲重田榮治嗣子，慶應大學經濟科畢業。另有：次男己代治，亦慶應大學經濟部畢業；長女いき台北一女高畢業；二女民子台北一高畢業、實踐女子專門部畢業；三女久代子台北二女高畢業；四女和子台北一女高畢業。

〔註108〕參見千草默仙，《會社銀行商工業者名鑑》1933～1943 年各版（台北：圖南協會）。

東洋拓殖	新竹	1919	100	董事			1919～	旁系
台灣織物	台北	1920	150 (1932) 15 (1935) 19.5 (1941)	董事 (1932) 股東 (1939) 董事 (1941)	1,100 (1932) 165 (1934) 205 (1935) 105 (1939)		1932～1943	旁系
台灣苧麻紡織 （後更名爲台灣 纖維工業）	台北	1935	200	董事			1935～1943	旁系
台北中央市場	台北	1929	40	股東 (1938) 董事 (1942)	200 (1938)		1938～1943	旁系
台灣儲蓄銀行	台北	1921	100	監事			1938～1943	旁系
東光興業	台北	1936	60	監事			1936～1943	旁系
東光油脂工業 （後更名爲東光 會社）	台北	1925	50	監事	300 (1932) 400 (1934)		1932～1943	旁系
南邦自動車	台北	1936	30	監事 (1936) 股東 (1938)	300 (1936)		1936～1938	旁系轉 個人投資
北投窯業	台北	1919	15	股東	110 (1938)		1938～	個人投資
合資三星商店	台北	1919	5	股東			1919～	個人投資
大正醬油	台北	1920	100	股東	250 (1932) 350 (1935)		1932～1935	個人投資
台北州自動車運 輸	台北	1938	150	股東	500		1938～1943	個人投資

資料來源：杉浦和作，《台灣銀行會社錄》（台北：台灣實業興信所，1920～1942 年）；竹本伊
　　　　一郎，《台灣會社年鑑》（台北：台灣經濟研究會，1932～1943 年）；千草默仙，《會
　　　　社銀行商工業者名鑑》（台北：圖南協會，1928～1943 年）。

第三節 其他——以 11 個鄉土閥企業爲例

本節將再舉 11 個地緣網絡企業，以說明地緣網絡對日人在台企業菁英創立、發展事業的重要性。本節所選者，包括：煤業鉅商——近江商事（資本額 6 萬圓，秋田閥）〔註109〕，產業型財閥——櫻井組（資本額 100 萬圓，愛知閥），運輸倉儲界巨頭——台灣運輸（資本額 100 萬圓，關西閥）、辻本商事（資本額 10～100 萬圓，愛媛閥、關西閥）、柏原運送（資本額 10 萬圓，廣島閥）、內台通運（資本額 2.5 萬圓，愛媛閥、廣島閥）等，酒業泰斗——近藤商會（資本額 100 萬圓，大阪閥、鳥取閥）、台灣辰馬商會（資本額 100 萬圓，兵庫閥）、西村商會（資本額 30 萬圓，福井閥）等，建材界要角——東洋コンクリート（混凝土）（資本額 10 萬圓，靜岡閥），此外，還有官控會社的台灣製鹽（250 萬圓，福岡閥）等（參見圖 2-3-1）。

圖 2-3-1：日本府縣地圖

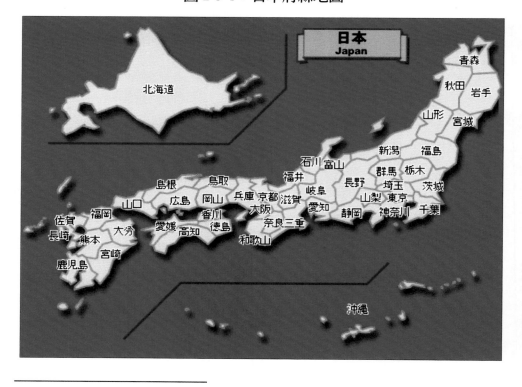

〔註109〕近江商事雖只有 6 萬圓，但若合計亦是秋田閥壟斷領導階層的芳隆炭礦（資本額 12 萬圓）、近江產業（資本額 38 萬圓），亦達 56 萬圓之多。

這 11 個鄉土閥企業體現各種意義，有利用地緣網絡籌資、覓才者，如：近江商事、櫻井組、台灣辰馬商會、近藤商會等；有標舉家鄉地名、原鄉河名，用以號召鄉人者，如：大阪組（台灣運輸的前身）、天龍木材商會等；亦有藉通婚，然後再運用姻親的地緣網絡者，如：內台通運；或是兼用養父、生父兩家的地緣網絡者，如：西村商會；甚至還出現借用他人地緣網絡者，如：辻本商事；另外，亦可看到某些企業瀕臨破產，邀請同鄉接手的情況，如：東洋コンクリート（混凝土）；或是某一地緣網絡退出一個企業後，再運用原來的網絡另起爐灶，創設新企業者，如：日本興業；當然亦有因地緣網絡太過狹隘導致失敗的例子，如：柏原運送，以下按上述順序申論之。

一、秋田閥與近江商事、芳隆炭礦、近江產業

近江商事、芳隆炭礦的創立者，為日治時期基隆煤業鉅子近江時五郎（1870～？）。近江為秋田縣人，其先祖在該縣經營阿仁礦山，故自幼即耳濡目染礦業知識。〔註 110〕秋田中學畢業後，先後在足尾銅山、島根大森銀礦、山形伊田銅山、福岡神崎煤山、藤田組保礦山、秋田小坂礦山等公司任職。〔註 111〕1899 年，以藤田組瑞芳金山採礦課長的身份渡台，辛勤奉獻七年，因意見與公司主管齟齬而辭職。〔註 112〕1906 年，獨立經營山形縣萩金山、鹿兒島縣龍鄉礦山。〔註 113〕1908 年，應第一代「台灣金山王」木村久太郎之邀，轉任基隆木村組經理，從此成為木村久太郎的左右手。〔註 114〕

1912 年，木村組因借期已屆，被迫將牡丹坑礦區讓售給田中組，轉向煤業發展。在近江的經營下，木村組所控之煤坑年產 10 萬噸，曾高佔全台產量的 1／4，不僅將木村久太郎由「金山王」轉變成「煤礦王」，〔註 115〕亦為自身贏得了「木村組的近江，近江的木村組」之美稱，近江即等同於木村組。1917 年，木村組變更為木村礦業株式會社，資本額高達 100 萬圓，近江亦因功升任專務董事。〔註 116〕此後，木村幾全住在日本內地，在台事業遂交由近

〔註 110〕內藤素生，《南國之人士》（台北：台灣人物社，1922 年），頁 3。
〔註 111〕唐澤信夫，《台灣紳士名鑑》（台北：新高新報社，1937 年），頁 91～92。
〔註 112〕內藤素生，《南國之人士》（台北：台灣人物社，1922 年），頁 3。
〔註 113〕唐澤信夫，《台灣紳士名鑑》（台北：新高新報社，1937 年），頁 91～92。
〔註 114〕《台灣人士鑑》1943 年版（台北：興南新聞社，1943 年），頁 70。
〔註 115〕《新人物》大正 4 年 11 月號，（台北：該雜誌社，1915 年），頁 91。
〔註 116〕上村健堂，《台灣事業界と中心人物》（台北：台灣案內社，1919 年），頁 191。

江全權負責。〔註117〕

　　近江自任木村礦業專務董事後，即大肆擴張。1918 年，以木村久太郎的名義，先後投資了基隆炭礦（資本額 1,000 萬圓）、台陽礦業（資本額 100 萬圓），並爲木村爭取了這兩家公司董事的頭銜。1919 年，近江除將木村礦業基隆鐵工場，擴大爲資本額 100 萬圓的基隆船渠外，亦以木村礦業的名義，投資了金包里礦業（資本額 100 萬圓）。1920 年，近江再將資本額 30 萬圓的基隆水產，擴大爲資本額 72.75 萬圓台灣水產，並任董事長；再者，木村久太郎亦在日本與三井財閥合作，創立資本額 1,100 萬圓的太平洋炭礦，並由木村擔任董事長，近江則任常務董事。

　　1924 年，近江已能獨當一面，遂欲建立自身之企業，其在本年先後創設了芳隆炭礦（資本額 12 萬）、近江商事（資本額 6 萬）。就在近江羽翼漸豐時，老東家木村久太郎卻再婚，娶了石田熏子，木村爲美婦耗盡雄心，〔註118〕導致 1925 年後事業敗象漸露。木村在台的事業和頭銜，亦漸由近江所繼承或接收，近江所繼承的企業重要者有：台灣水產、台灣船渠、基隆輕鐵、太平洋礦業、台陽礦業等（參見表 2-3-1）。另外，木村在民間社團的頭銜，亦漸由近江所取代，1930 年，近江繼木村之後，擔任基隆公益社的理事長，成爲基隆的民間代表者。

表 2-3-1：近江時五郎繼承木村久太郎事業的概況

企　業　名　稱	木村久太郎之職務		近江時五郎之職務		備　　註
	鼎盛時代	失勢時代	木村鼎盛	木村失勢	
台灣水產（1911 年創立）	董事長	董事顧問	董事	董事長	近江繼承
木村礦業（1917 年創立）	董事長	--	專務董事	董事長	近江繼承
基隆船渠（1919 年創立）	董事長	董事	專務董事	專務董事	近江繼承
基隆輕鐵（1912 年創立）	董事長	--	董事	董事	近江繼承
台陽礦業（1918 年創立）	董事	--	董事	董事顧問	近江繼承 實權握於顏雲年

〔註117〕上村健堂，《台灣事業界と中心人物》（台北：台灣案內社，1919 年），頁 249。
〔註118〕《台灣實業界》昭和 4 年 10 月號。

太平洋礦業（1920 年創立）	董事長	--	常務董事 董事	--	近江繼承 實權握於三井財閥
台灣土地建物（1908 年創立）	董事	--	監事	監事	木村支持近江任職
台北魚市（1915 年創立）	監事	--	董事	董事	木村支持近江任職
金包里礦業（1919 年創立）	董事	--	常務董事	--	木村支持近江任職
東洋珊瑚（1925 年創立）	董事 監事	--	董事	--	木村支持近江任職

資料來源：千草默仙，《會社銀行商工業者名鑑》（台北：圖南協會，1928～1943 年）；杉浦和
作，《台灣銀行會社要錄》（台北：台灣實業興信所，1920～1943 年）；竹本伊一郎，
《台灣會社年鑑》（台北：台灣經濟研究會，1932～1943 年）。

1930 年，近江不僅繼承木村成為基隆的民間代表者，其亦在本年被台灣總督府選為府評議會員，故近江實已自樹一幟。斯時，近江在秋田閥的協助下，事業卓然有成，其後更配合國策，推動旗下企業基隆船渠、台灣水產與日本內地三菱、日產等大財閥的合作，〔註 119〕並先後改組或併入台灣船渠、日本水產。

進入戰時後，近江的事業版圖擴張頗速，1938 年，其將芳隆炭礦、近江商事合併，另組近江產業。1939 年，近江又先後創立日本振興（資本額 30 萬圓）、金包里開發（資本額 15 萬圓），擔任代表社員。再者，本年亦投資東部水產（資本額 100 萬圓）、台灣化成工業（資本額 500 萬圓），並分別兼任董事、監事。1940 年，近江再創設台灣造船資材（資本額 18 萬圓），擔任代表社員。1941 年，近江則被台灣總督府推選為台灣石炭公司（資本額 700 萬圓）的董事（參見表 2-3-4）。

綜上所述，近江時五郎所創立的企業，計有：芳隆炭礦、近江商事、近江產業、金包里開發、日本振興、台灣造船資材；另外，繼承木村久太郎的公司，並改組成為己身之企業者，則有基隆船渠、台灣水產。這些公司除台灣造船資材非秋田閥、日本振興資料不詳外，其餘各公司近江皆倚重地緣網絡，提供資金或人才，助其經營。

在近江的嫡系公司：芳隆炭礦、近江商事、近江產業，全為秋田閥高度掌控的企業。在芳隆炭礦方面，共有 6 大出資者，秋田縣人就佔了 4 名，即：近江時五郎、柏木卯一郎、山田榮治、佐藤彌一郎；重要職員共 5 人，

〔註 119〕《台灣實業界》昭和 14 年 1 月號。

秋田縣人亦佔 3 名，即：細谷清治、山田政助、山田美智子。在近江商事方面，共有 12 大出資社員，秋田縣人就佔了 7 名，即：近江時五郎、近江正、佐藤彌一郎、小林三郎、原田斧太郎、山田榮治、柏木卯一郎；重要職員共 5 人，秋田縣人亦佔 3 名，即：細谷清治、山田政助、山田美智子。在近江產業方面，共 13 大出資社員，扣除籍貫不詳者 4 人，在其餘 9 人中，秋田縣人就佔了 5 名，即：近江時五郎、佐藤彌一郎、近江正、小林三郎、伊藤八郎。由上可知，近江的核心企業全爲秋田閥壟斷的企業（參見表2-3-2）。

再者，在基隆船渠、金包里開發等近江出資較少的直系公司，近江亦以秋田縣人掌握經營權。在基隆船渠方面，近江以秋田縣人原田斧太郎、柏木卯一郎、佐藤彌一郎等人，分任常務董事、監事、庶務主任。在金包里開發則以秋田縣人佐藤彌一郎爲經理（參見表 2-3-2）。

表 2-3-2：秋田縣人在近江時五郎所經營之企業任職的概況

企業\姓名	芳隆炭礦 1924 年創立 登記資本 12 萬圓	近江商事 1924 年創立 登記資本 6 萬圓	近江產業 1938 年創立 登記資本 18～35 萬圓	基隆船渠 1919 年創立 登記資本 100～50 萬圓	金包里開發 1939 年創立 登記資本 15 萬圓
近江時五郎	代表社員	代表社員	代表董事	專務董事 董事長	董事長
佐藤彌一郎	出資社員 經理	出資社員	出資社員 經理	庶務主任 總務係長	經理
柏木卯一郎	出資社員	出資社員		監事	
山田榮治	出資社員 經理	出資社員 經理			
細谷清治	職員 經理	職員			
山田政助	職員	職員			
山田美智子	職員	職員			
近江正		出資社員	出資社員		
小林三郎		出資社員	出資社員		

| 原田斧太郎 | | 出資社員 | | 董事兼經理
常務董事 | |
| 伊藤八郎 | | | 出資社員 | | |

資料來源：千草默仙，《會社銀行商工業者名鑑》（台北：圖南協會，1928～1943 年）；杉浦和
　　　　　作，《台灣銀行會社要錄》（台北：台灣實業興信所，1920～1942 年）；竹本伊一郎，
　　　　　《台灣會社年鑑》（台北：台灣經濟研究會，1932～1943 年）。

　　另外，自 1913 年起，亦與秋田縣人、台北商工會副會長木村泰治合作。近江投資木村泰治任董事長或專務董事的台灣土地建物、台灣拖網漁業、台北魚市、台北中央市場等企業，並兼任這些公司的監事或董事。反之，木村泰治亦投資近江任董事長或常務董事的台灣水產、金包里礦業、太平洋礦業等公司，並兼任這些公司的董事。再者，還有若干公司，兩人雖未非主事者，但兩人卻共同投資，並兼任董事或監事，這些公司包括：基隆輕鐵、東洋珊瑚、台北化成工業等（參見表 2-3-3）。

　　1938 年後，近江時五郎、木村泰治兩位秋田縣人，在政治、經濟界位居要津，近江獲推爲基隆商工議所會長、木村則任台北商工會議所副會長，並且同任台灣總督府評議員，一時傳爲美談。

表 2-3-3：秋田縣人近江時五郎、木村泰治在企業上的合作概況

企業名稱	創立年份	資本額（萬圓）	近江時五郎職銜	木村泰治職銜
台灣水產	1920	72.75	董事長	董事
太平洋炭礦	1920	1,100	常務董事	董事
台灣土地建物	1908	150	監事	專務董事、董事長
台北魚市	1915	10～40	董事	專務董事
台灣拖網漁業	1919	60	董事	董事長
台北中央市場	1929	40	股東	董事長
基隆輕鐵	1912	20～50	董事	監事
東洋珊瑚	1925	50	董事	董事
台灣化成工業	1939	500～750	監事	董事

資料來源：千草默仙，《會社銀行商工業者名鑑》（台北：圖南協會，1928～1943 年）；杉浦和
　　　　　作，《台灣銀行會社要錄》（台北：台灣實業興信所，1920～1942 年）；竹本伊一郎，
　　　　　《台灣會社年鑑》（台北：台灣經濟研究會，1932～1943 年）。
說　　明：在台灣土地建物，另有秋田縣人鎌田貞司曾任董事。

表 2-3-4：日治時期近江時五郎所經營和投資的企業

公司名稱	公司地點	創立年代	登記資本（萬圓）	職　務	個人持股	公司持股	任職年份	備　註
近江商事合資會社	基隆	1924	5.8	代表社員	48,000圓（1924）47,000圓（1927）		1924～1938	核心企業
芳隆炭礦合資會社	基隆	1924	6（1925）12（1926）	代表社員	15,000圓（1925）5,000圓（1926）	近江商事合資25,000元（1926）	1924～1931	核心企業
近江產業	基隆	1938	18（1938）35（1943）	董事長			1938～1943	核心企業
日本振興	基隆	1939	30	代表社員			1939～	直系
金包里開發	基隆	1925	15（1939）16（1942）	代表社員			1939～1943	直系
台灣造船資材	基隆	1940	18	代表社員			1940～	直系
基隆水產台灣水產（後併入日本水產）	基隆	1911	30（1911）72.75（1920）	董事（1911）董事長（1920）	100（1911）780（1933）1,250（1935）	近江商事合資650	1911～1937	直系
木村礦業	基隆	1917	100	專務董事			1917～	旁系
金包里礦業	基隆	1919	100	常務董事			1919～	旁系
台灣耐火煉瓦	台北	1920	20（1920）15（1924）	董事（1920）專務董事（1923）董事（1925）			1920～1926	旁系
基隆船渠（後併入三菱財閥的台灣船渠）	基隆	1919	100（1919）50（1929）	專務董事（1919）顧問（1937）	2,878（1919）695（1935）		1919～1937	旁系
太平洋炭礦	東京	1920	1,100	常務董事（1920）			1920～1929	旁系

				董事 （1924）				
基隆製冰	基隆	1911	20	董事			1911～	旁系
台北魚市	台北	1915	10 （1920） 40 （1923）	董事			1915～1934	旁系
台灣拖網漁業	基隆	1911	60	董事			1920～	旁系
基隆輕鐵	基隆	1912	20 （1920） 50 （1926）	董事	200 （1923）		1920～1928	旁系
發動機船保險	基隆	1919	20	董事			1919～1926	旁系
東洋珊瑚	基隆	1925	50	董事			1927～1928	旁系
東部水產	花蓮港	1939	100 （1939） 110 （1942）	董事	100		1939～1943	旁系
台灣石炭	台北	1941	700	董事			1941～1943	旁系
台陽礦業	基隆	1918	500 （1932） 1,000 （1940）	董事 （1928） 顧問 （1942）			1928～1943	旁系
澎湖海運	澎湖	1920	10	顧問			1923～1926	旁系
台灣炭礦	基隆	1917	150	監事			1917～1930	旁系
台灣土地建物	基隆 台北	1908	150	監事	300 （1923）		1920～1941	旁系
台灣化成工業	台北	1939	500 （1939） 750 （1941）	監事			1939～1943	旁系
基隆劇場	基隆	1919	20	顧問	170 （1932）		1919～1939	個人 投資
台北中央市場	台北	1929	40	股東		台灣水產 240 （1932）	1932～1935	公司 投資
台灣電化	基隆	1935	200	股東		基隆船渠 800	1937～	公司 投資

資料來源：千草默仙，《會社銀行商工業者名鑑》（台北：圖南協會，1928～1943 年）；杉浦和作，《台灣銀行會社錄》（台北：台灣實業興信所，1920～1943 年）；竹本伊一郎，《台灣會社年鑑》（台北：台灣經濟研究會，1932～1943 年）。

二、愛知閥與櫻井組

　　櫻井組的創始人爲櫻井貞次郎，其以櫻井組爲事業核心，廣泛投資各類事業，有如美麗的鑲嵌圖一般，令人迷眩。日治末期經濟史家大山綱武，曾稱譽櫻井貞次郎爲台地崛興的六大「產業資本型財閥」之一。〔註120〕櫻井組亦爲利用鄉土閥招募人力、籌集資金的代表企業之一，由此觀察地緣網絡與企業之實際運作，亦爲佳例。

　　櫻井貞次郎，1866 年生，愛知縣中島郡人。1896 年渡台，初在親戚高橋氏下任職，不久，高橋氏赴中國發展，事業交由櫻井貞次郎繼承。1897 年，高橋氏客死，櫻井貞次郎將財產悉贈高橋氏遺族後返日。1898 年，再度入台，創立櫻井組，從事土木承包、建材五金販售。其後，與渡邊國重、平井晴次郎等人，在阿猴廳甲仙埔經營採腦會社，從事樟腦製造。1915 年，投資 30 餘萬，在樺太經營煤礦業，台灣事業暫委其弟櫻井賢一郎負責。

　　然櫻井貞次郎在樺太的事業並不順利，乃將事業重心再遷回台灣。此後，櫻井貞次郎即廣泛投資各類事業，頗爲駁雜。初期大致以土木承包、木材販售、採樟製腦爲中心，較重要的投資，計有：1916 年，投資合資台灣木材共同販售所（資本額 19.2～66.6 萬圓），並獲任理事。1919 年，響應台灣總督府政策，將自己的製腦所併入台灣製腦（資本額 1,000 萬圓），並被選爲董事。1923 年，將資本額 10 萬圓的合名會社櫻井組，改組爲資本額 100 萬圓的株式會社櫻井組，並榮任董事長。1926 年，投資合資台灣丸太（圓木）共同購買所（資本額 60 萬圓），成爲該社出資社員。

　　日治中期，櫻井貞次郎投資廣泛，雜亂而欠缺系統，所投資和經營的事業，大致可分爲五類：

　　（一）水產相關事業，計有：1919 年，投資南洋漁業（資本額 50 萬圓），並擔任監事。1925 年，投資台灣漁業（資本額 50～55 萬圓），並獲選爲監事。1929 年，投資台北中央市場（資本額 40 萬圓），並膺任董事。

　　（二）運輸相關事業，計有：1926 年，投資新高拓殖軌道（資本額 30 萬圓），並被推爲董事。1929 年，投資基隆自動車（資本額 10 萬圓），並榮任董事。1932 年，由基隆輕鐵（資本額 20 萬圓）董事升任爲董事長。1938 年，取代台南士紳津田毅一，擔任關子嶺軌道（資本額 15 萬圓）董事長。

〔註120〕台灣經濟年報刊行會編，《台灣經濟年報》昭和 17 年版（東京：國際日本協會，1942 年），頁 382～383。

　　（三）化工相關事業，計有：1925 年，投資東光油脂工業（資本額 50 萬圓），並任董事。1926 年，投資台灣爆竹煙火（資本額 15～65 萬圓），獲推爲董事。1930 年，東光油脂工業改組，榮升董事長。1931 年，升任爲台灣爆竹煙火專務董事。1936 年，投資東光興業會社（資本額 60 萬圓），並取得董事席位。1937 年，再升任爲台灣爆竹煙火董事長。

　　（四）民生相關事業，計有：1925 年，榮任大正醬油（資本額 100 萬圓）董事長，再者，投資台灣織物（資本額 150～19.5 萬圓），並被推爲董事。1929 年，收購三備商會（資本額 5 萬圓），從事陶器製造，並榮膺代表董事；再者，升任爲台灣織物董事長。1932 年，將三備商會改組爲台灣陶器（資本額 6 萬圓），並任代表董事。

　　（五）採礦相關事業，計有：1927 年，擔任日東礦業（資本額 23 萬圓）董事。1929 年，投資關子嶺興業（資本額 20 萬圓），採取石灰原石，並被選爲董事。1938 年，升任爲關子嶺興業董事長。

　　日治晚期，櫻井貞次郎配合戰爭發展，將事業重心置於製鋼事業。1937 年，收購中田鑄工所，改組爲中田製作所（資本額 12 萬圓），聘鐵工界老將中田久之助爲專務董事，並自任董事長。〔註 121〕1938 年，投資台灣鋼材配給（資本額 45 萬圓）、台灣故銅鐵屑統制（資本額 50 萬圓）〔註 122〕，並分任兩家公司的常任監事、董事。1939 年，將中田製作所改組爲資本額 100 萬圓的櫻井電氣鑄造所，並擔任董事長。1942 年，創立台灣鋼業（資本額 20 萬圓），並榮任董事長，再者，投資台灣鐵鋼製品統制（資本額 100 萬圓），並被推爲董事（參見表 2-3-5）。〔註 123〕

　　櫻井貞次郎所經營和投資之事業，十分雜蕪，但以櫻井組爲核心企業，株式會社櫻井組的董、監事及重要主任，皆爲愛知縣出身，包括：櫻井貞次

〔註 121〕《台灣實業界》昭和 13 年 8 月號。

〔註 122〕《台灣實業界》昭和 13 年 10 月號，言：台灣故銅鐵屑統制會社，由台灣總督府商工課協調創立，聘任櫻井貞次郎爲創立委員長，原計畫資本額 25 萬圓，後增爲 50 萬圓。

〔註 123〕櫻井貞次郎之生平，係綜參岩崎潔治，《台灣實業家名鑑》（台北：1912 年版），頁 108；《新台灣》1915 年 11 月號，頁 37；上村健堂，《台灣事業界と中心人物》（台北：台灣案内社，1919 年），頁 247；橋本白水，《台灣統治者と其功勞者》（台北：南國出版協會，1930 年），頁 63；《台灣人士鑑》1937 年版，頁 506；《台灣人士鑑》1943 年版（台北：興南新聞社），頁 177；《台灣實業界》昭和 4 年 11 月號等資料寫成。

郎（1923～1943 年擔任董事長）、櫻井信太郎（1923～1943 年擔任專務董事）、櫻井賢一郎（1923～1937 年擔任董事）、櫻井三重郎（1923～1943 年擔任監事）、櫻井愛藏（1923～1943 年擔任監事）、櫻井光夫（1938～1943 年擔任董事）〔註124〕、大塚愛二（金物部主任）、池山重一（木材部主任）、北川年雄（營業部主任）、淺井五百治（會計部主任）等人，故櫻井組堪稱爲愛知閥主宰之企業。

櫻井家族的成員，亦助櫻井貞次郎經營其他事業，如：櫻井賢一郎，1867年生，爲貞次郎之弟，〔註125〕除任櫻井組董事外，還擔任台灣爆竹煙火、東光油脂工業、南洋漁業三家公司的董事。櫻井信太郎，除任櫻井組專務董事，負責櫻井組台北本店業務外，亦任台灣織物股東、櫻井電氣鑄鋼所董事。櫻井愛藏，除任櫻井組監事外，亦任台灣爆竹煙火股東、櫻井電氣鑄鋼所監事等職。

表 2-3-5：日治時期櫻井貞次郎所經營和投資的企業

公司名稱	公司地點	創立年代	登記資本（萬圓）	職　務	個人持股	櫻井組持股	任職年份	備　註
合名會社櫻井組	台北	1908	10	代表社員			1908～1923	核心企業
櫻井組	台北	1923	100	董事長			1923～1943	核心企業
台灣爆竹煙火	台北	1916	15(1920)65(1937)	董事(1926)專務董事(1931)董事長(1937)	100(1932)392(1937)	642(1932)745(1933)710(1934)2,272(1935)2,982(1939)5,488(1940)2,888(1941)	1926～1943	直系
基隆輕鐵	基隆	1912	20	董事(1923)	560(1923)	580(1932)	1923～1934	直系

〔註124〕櫻井光夫，貞次郎嫡孫，1936 年，被貞次郎指定爲繼承人。
〔註125〕岩崎潔治，《台灣實業家名鑑》（台北：1912 年），頁 532。

				董事長 （1932）	100 （1932）			
大正醬油	台北	1920	100	董事 （1924） 董事長 （1925）	200 （1932）	2,330 （1932） 2,400 （1935） 2,420 （1938）	1924～1943	直系
三備商會	桃園	1926	5	代表董事			1929～1932	直系
台灣陶器	台北	1932	6	代表董事			1932～1935	直系
關子嶺軌道	白河	1927	15	董事長			1938～1939	直系
關子嶺興業	白河	1926	20	董事 （1929） 董事長 （1938）			1929～1939	旁系 轉直系
中田製作所	台北	1937	12	代表者			1937～1939	直系
櫻井電氣鑄鋼所	台北	1939	100	董事長			1939～1943	直系
台灣鋼業	台北	1942	20	董事長			1942～1943	直系
東光油脂工業 （後更名東光會 社）	台北	1925	50	董事 （1925） 董事長 （1930） 顧問 （1932） 股東 （1935） 董事 （1936）	300 （1932）	280 （1932）	1925～1943	直系 轉旁系
合資台灣丸太 （圓木）共同購 買所	嘉義	1926	60	代表社員 （1926） 社員 （1930）	60,000		1926～1932	直系 轉旁系
台灣興業	阿猴		50	董事			1918～	旁系
台灣製腦	台北	1919	1,000	董事 （1919）	2,666 （1920）	4,000 （1920） 5,550 （1932） 5,790 （1933）	1919～1933	旁系

台灣織物	台北	1920	150 （1920） 15 （1933） 19.5 （1941）	董事 （1925） 代表董事 （1929） 董事 （1933）		840	1925～1943	旁系
台灣鐵鋼製品統制	台北	1942	100	董事			1942～1943	旁系
東光興業	台北	1936	60	董事			1936～1943	旁系
新高拓殖軌道	集集	1926	30	董事	200 （1933）		1926～1939	旁系
日東礦業	台北	1920	23	董事			1927～1928	旁系
基隆自動車	基隆	1926	10	董事			1929～1931	旁系
台北中央市場	台北	1929	40	董事		500 （1935）	1930～1943	旁系
南洋漁業	台北	1919	50	監事			1919～1931	旁系
台灣漁業	台南	1912	50 （1925） 55 （1928）	監事			1925～1929	旁系
台灣鋼材配給	台北	1938	45	常任監事	500		1938～1943	旁系
台灣故銅鐵屑統制	台北	1938	50	董事 （1940） 股東 （1941）		櫻井 電氣 鑄鋼所 300	1938～1943	旁系轉 公司投資
合資台灣木材共同販售所	嘉義	1916	19.2 （1918） 60 （1923） 66.6 （1930）	理事 股東	33,000 圓		1916～1932	旁系轉 個人投資
台北工業	台北	1920	10	股東		20	1932～	公司投資
台灣肥料	基隆	1910	100	股東		50	1932～	公司投資
北投窯業	台北	1919	15	股東	110		1938～	個人投資

資料來源：竹本伊一郎，《台灣會社年鑑》（台北：台灣經濟研究會）；千草默仙，《會社銀行商工業者名鑑》（台北：圖南協會）；杉浦和作，《台灣銀行會社錄》（台北：台灣實業興信所）相關各版。

三、兵庫閥與台灣辰馬商會

　　台灣辰馬商會爲兵庫縣辰馬財閥的「分家」，辰馬財閥的創始人爲辰馬吉左衛門，辰馬財閥的旗下有三大事業，即：辰馬本家酒造、辰馬汽船、辰馬海上火災保險。辰馬本家酒造在1896年，於台南創設辰馬商會支店，銷售該公司製造的白鹿清酒。辰馬商會台灣支店在河東利八、川端伊之助、河東富次等人的領導下，業務興隆，與近藤商會、宅商會台灣支店，並稱台灣三大酒商，宰制台灣酒品市場，1921年，在辰馬財閥的援助下，乃創立資本額高達100萬圓的台灣辰馬商會，以擴大業務。〔註126〕

　　台灣辰馬商會因係在兵庫縣辰馬財閥的支持下設立，故台灣辰馬商會的領導幹部，包括：董事長淺尾豐一（1921～1932年）、常務董事河東富次（1921～1933年）、常務董事川端昇太郎（1933～1943年）、董事大塚茂十郎（1921～1943年）、董事山縣勝見（1933～1943年）、監事川端伊之助（1921～1933年）、監事中西藤吉（1933～1943年）等人，全來自於兵庫縣，故台灣辰馬商會可謂亦爲鄉土閥企業，亦即爲兵庫閥所支配的企業。

　　辰馬財閥在台灣尚有一關係企業，即：資本額100萬圓的台灣膠印，該社創立於1921年，同時，亦爲兵庫閥支配的企業。該社的領導幹部，雖非全爲兵庫縣人，但在曾任董、監事的15名幹部中，至少有8人出身兵庫縣，即：淺尾豐一（1921～1941年任董事長）、山縣勝見（1933～1941年任董事，1942～1943年任董事長）、藤井松之介（1921～1943年任專務董事）、川端伊之助（1921～1933年任監事）、河東富次（1921～1933年任監事）、川端昇太郎（1938～1943年任監事）、淺尾英夫（淺尾豐一長男，1941年任監事，1942～1943年任董事）、淺尾佐代子（淺尾豐一妻，1942～1943年任董事），故台灣膠印亦爲兵庫閥所壟斷的企業。

四、大阪閥、鳥取閥與近藤商會

　　近藤商會與台灣辰馬商會、台灣宅商會並稱台地三大酒商，其創始人爲第一代近藤喜惠門，大阪府堺市人。其在1895年底渡台，1897年，創設近藤商會經營酒類生意，並漸成台地酒商龍頭。1913年，第一代近藤喜惠門過世，嗣子近藤喜千松，襲父名繼承家業，是爲第二代近藤喜惠門。第二代近藤喜

〔註126〕河東利八、河東富次、川端伊之助、川端昇太郎之詳細事跡，請參見本書第壹章第一節。

惠門經營有術，1921 年，爲擴大營業，乃將近藤商會變更爲資本額 100 萬圓的股份公司。〔註127〕

近藤商會自 1921 年創立後，即由大阪府、鳥取縣兩地出身的董、監事所掌握。在曾任近藤商會董、監事的 8 人中，出身大阪府者，計有：第二代近藤喜惠門（1921～1943 年任董事長）、近藤勝次郎（第一代近藤喜惠門表弟，後成爲「婿養子」，1921～1943 年任專務董事）、近藤喜禧（1921～1934 年任董事）、勝間久吉（1921～1929 年任監事，其爲近藤勝次郎生父家的親戚）等 4 人；出身鳥取縣者，計有：生田和豬知（1921～1932 年任董事）、小林憲二（1930～1934 年任監事、1935～1940 年任董事，1941～1943 年任董事兼經理）、音田堅太郎（1935～1943 年任監事）等 3 人，只有監事山本勉彌爲山口縣人，非大阪府或鳥取縣人，〔註128〕故近藤商會亦爲鄉土閥之企業。

五、關西閥與台灣運輸、台灣運輸荷役

杉本音吉、杉本三郎父子爲台灣運輸界的鉅子，與大坪與一、大坪佐苦樂父子的日東商船組，田中庄吉、田中鐵之助兄弟的後藤組，本地才一郎的丸一組並列爲台灣島內的四大運輸公司。杉本父子所打造之運輸王國的兩大支柱爲高雄的大阪組（台灣運輸之前身）及基隆的台灣運輸荷役。杉本父子出身大阪府河內郡，其吸收阪神、京都地區運輸業者之資金，並好用大阪人擔任重要幹部，故亦爲鄉土閥企業之典型。

杉本音吉（1870～1927），1896 年渡台，初在安平、淡水經營大阪組，爲大阪商船專屬運送店。1898 年，在打狗設立出張所，其後更將本店遷往打狗。1922 年，將大阪組改組爲資本額 50 萬台灣運輸，並任專務董事。再者，杉本音吉亦任勞働需給組合理事長，壟斷高雄之勞工供給。此外，杉本音吉還擔任高雄消防組組長、高雄街協議會員等職。〔註129〕

〔註127〕 第一代近藤喜惠門、第二代近藤喜惠門、近藤勝次郎之詳細事跡，請參見本書第壹章第一節。

〔註128〕 參見千草默仙，《會社銀行商工業者名鑑》（台北：圖南協會）及杉浦和作，《台灣銀行會社錄》（台北：台灣實業興信所）相關各號。

〔註129〕 杉本音吉之生平，綜參鈴木常良，《台灣商工便覽》（台中：台灣新聞社，1919年），頁 86；《最近の南部台灣》（台南：台灣大觀社，1923 年）附錄，頁 53；宮川次郎，《新台灣の人人》（東京：拓殖通信社，1926 年），頁 473；上村健堂，《台灣事業界と中心人物》（台北：台灣案內社，1919 年），頁 266；內藤素生，《南國之人士》（台北：台灣人物社，1922 年），頁 327 等資料寫成。

　　杉本三郎，1899 年生，舊名河崎三郎，為杉本音吉養子。其經大分中學、熊本五高，1924 年，東京帝大政治科畢業。杉本三郎完成學業後，即進入《報知新聞》，擔任記者，吸收頗多新思想，故個性積極而明朗。〔註 130〕1927 年，養父杉本音吉過世，杉本三郎辭卸記者之職渡台，進入台灣運輸任職，準備繼承父業。1934 年，台灣運輸合併台灣運輸荷役（碼頭勞工），並增資為 100 萬圓、完成全島運輸網，成為台灣島內運輸會社之首，〔註 131〕杉本三郎亦在此時升任台灣運輸的專務董事。中日戰爭爆發後，杉本三郎不僅在島內陸續設立羅東運輸（資本額 10 萬圓）、松山合同運輸（資本額 5 萬圓）、舊城合同運輸（資本額 10 萬圓）、水裡坑合同運輸（資本額 10 萬圓）、高雄合同運送（資本額 15 萬圓）、台灣運送興業（資本額 18 萬圓）等運輸公司，並投資台北州自動車運輸（資本額 150 萬圓）、高雄州自動車運輸（資本額 100 萬圓）、台南州自動車運輸（資本額 120 萬圓），成為這 3 家運輸統制會社的董事（參見表 2-3-6）。此外，還配合台灣總督府南進基地化政策，將事業擴及漢口、上海、廣東、海南島、中南半島等地。〔註 132〕1942 年，再榮升台灣運輸董事長，成為 3,000 名社員、數萬名勞工的總帥。〔註 133〕

　　杉本音吉、杉本三郎父子出身大阪府，再者，其事業的主要往來公司又為大阪商船會社，故其將白手創業的公司命名為「大阪組」，此不僅顯露杉本音吉具有濃厚的鄉土意識，亦用此名號召鄉人。1921 年，杉本音吉更與阪神、京都出身的運輸業者：富島組專務董事高野吉太郎〔註 134〕、安田安太、朝垣榮三郎等人，將大阪組改組為台灣運輸，次年，同一批人馬又創設台灣運輸荷役，這造成台灣運輸、台灣運輸荷役兩家公司喜用大阪、兵庫、京都

〔註 130〕《台灣實業界》昭和 13 年 6 月號。

〔註 131〕太田肥洲，《新台灣を支配する人物と產業史》（台北：台灣評論社，1940 年），頁 567～568。與台灣運輸關聯的大公司，有 21 家之多，台灣運輸為大阪商船會社專屬店、大板垆代理店、山下汽船船舶處理、台灣青果聯合會代理店、陸海軍指定貨物處理、鹽水港製糖製品處理、新興製糖、三五公司、日本石油、台灣電化、日本鋁業、台灣興業等社之處理店，台灣運輸在高雄、基隆、台北、台中、台南、嘉義、屏東、溪州、新營、員林、彰化、宜蘭、蘇澳、九曲堂、松山等地設有支店、營業店。

〔註 132〕《台灣實業界》昭和 15 年 7 月號。

〔註 133〕《台灣人士鑑》1943 年版（台北：興南新聞社），頁 207。

〔註 134〕高野吉太郎，1871 年生，原為台灣海關官吏，後進入大阪商船會社，再轉進滿鐵，後辭自創富島組，任專務董事，再升任董事長，為關西運輸界的龍頭之一。

籍貫者。〔註 135〕

以台灣運輸言，董、監事中，出身大阪、兵庫、京都者，至少有 11 人，即：杉本音吉（大阪人，1923～1926 年任董事，1927 年任專務董事）、杉本綱子（杉本音吉遺孀，大阪人，1928～1932 年任董事）、杉本三郎（大阪人，1932 年任董事兼經理，1933～1941 年任專務董事，1942～1943 年任董事長）、高野吉太郎（大阪人，1923～1929 年任董事長，1930～1932 年任董事，1933～1937 年，再任董事長）、安田安太（兵庫人，1930～1932 年任董事長，1933～1940 年任董事）、朝垣榮三郎（京都人，1926～1927 年任董事，1928～1932 年任專務董事，1933～1942 年任董事）、井上虎治（大阪人，1923～1929 年任董事）、櫻井勘助（大阪人，1934～1943 年任董事）、家坂喜（兵庫人，1941～1943 年任董事）、荻原裕（兵庫人，1935～1937 年任經理，1941～1943 年任監事）、土井宗次郎（大阪人，1935～1939 年任基隆支店長，1940～1942 年任監事，1943 年任董事）等。

再者，在台灣運輸本店、支店的重要職員中，出身大阪、兵庫、京都者，亦至少有 9 人，即：青木光司（大阪人，曾任基隆支店會計主任等職）、田崎信一（大阪人，曾任基隆支店庶務主任等職）、高木輝司（大阪人，曾任基隆支店海務監督、基隆支店現場監督等職）、太田十一（大阪人，曾任台北支店入貨主任、基隆支店長等職）、乘越正一（大阪人，曾任高雄本店會計主任等職）、田中林之助（大阪人，曾任台北旅客案內所主任等職）、朝日貞三（大阪人，曾任高雄本店艀船係長等職）、松村兵吉（大阪人，曾任高雄本店出納係主任、高雄本店現場係主任等職）、太田精三（大阪人，曾任宜蘭營業所主任等職）等。

再以台灣運輸荷役言，董、監事中，出身大阪、兵庫、京都者至少有 11 人：杉本音吉（大阪人，1923～1927 年任董事）、杉本三郎（大阪人，1932～1934 年任董事）、安田安太（兵庫人，1930～1932 年任董事長，1933～1934 年任董事）、高野吉太郎（大阪人，1922～1929 年任董事長，1930～1934 年任董事）、朝垣榮三郎（京都人，1923～1932 年任專務董事，1933～1934 年任董事長）、長谷川彌兵衛（兵庫人，1923～1928 年任董事）、村田豐（兵庫人，1923～1934 年任監事）、柴田質朴（大阪人，1927～1934 年任監事）、井上虎治（大阪人，1923～1928 年任顧問，1929 年任董事）、荻原裕（兵庫人，

〔註 135〕《台灣實業界》昭和 5 年 8 月號。

1925～1934 年任董事兼經理）、長谷川春二（兵庫人，1923～1934 年任監事）等。重要社員中，出身大阪者，亦至少還有青木光司、柴田鼎三等 2 人。綜上所述，可見：台灣運輸、台灣運輸荷役兩家姐妹公司，自創立起即由關西閥主宰，故亦為鄉土閥之典範企業。

表 2-3-6：日治時期杉本三郎所經營和投資的企業

公司名稱	公司地點	創立年代	登記資本（萬圓）	職　務	個人持股	台灣運輸持股	任職年份	備　註
台灣運輸	高雄	1921	100	董事（1932）專務董事（1933）董事長（1942）			1932～1943	核心企業
台灣運送荷役（碼頭勞工）	基隆	1922	50	董事			1932～1933	核心企業
羅東運輸	羅東	1939	10	代表者			1939～1943	直系
舊城合同運輸	舊城	1939	10	代表者			1939～1943	直系
水裡坑合同運輸	集集	1939	10	代表者			1939～1943	直系
高雄合同運送	高雄	1939	15	代表者			1939～1943	直系
松山合同運輸	松山	1939	5	代表者			1939～1943	直系
台灣運送興業	高雄	1941	18	代表者			1941～1943	直系
高雄新報	高雄	1934	10	代表者			1939～1940	直系轉旁系
台北州自動車運輸	台北	1938	150	董事		1,600	1939～1943	旁系
高雄州自動車運輸	高雄	1937	100	董事			1940～1943	旁系
台南州自動車運輸	台南	1940	120	董事			1941～1943	旁系
國際運輸組	高雄	1929	25	董事		2,900	1941～1943	旁系
台灣產業	基隆	1925	100	監事			1941～1943	旁系

資料來源：竹本伊一郎，《台灣會社年鑑》（台北：台灣經濟研究會）；千草默仙，《會社銀行商工業者名鑑》（台北：圖南協會）；杉浦和作，《台灣銀行會社錄》（台北：台灣實業興信所）相關各版。

六、愛媛閥、廣島閥與內台通運合資

　　內台通運合資會社為第二代明比實平所創設的企業，第二代明比實平之父為基隆商界元老第一代明比實平。第一代明比實平為愛媛縣人，1895 年底渡台，創設明比商店，經營雜貨批發業務，此後即逐漸發跡，成為基隆水產、製冰、運輸等業的鉅子。1924 年，第一代明比實平過世，嗣子明比憲吾襲父名繼承家督，同時，創立資本額 2.5 萬圓的內台通運合資，經營海陸運輸、勞力仲介等業務。〔註136〕

　　在第二代明比實平經營的內台通運合資，亦為典型的鄉土閥企業，饒富意義的是，明比實平與廣島縣的磯兼家通婚，並藉此攀上廣島縣之地緣網絡，導致內台通運合資成為愛媛閥、廣島閥聯合支持的企業，此顯現在內台通運合資的股東上，在曾為內台通運的 21 名出資社員中，至少有：第二代明比實平（1924～1943 年）、明比良子（1924～1935 年）、明比憲一（1928～1935 年）、伊藤正孝（1924～1943 年）、伊藤有造（1924～1928 年）、越智賴次（1924～1928 年）等 6 人為愛媛縣人；磯兼茂一（1934～1943 年）、磯兼友二（1924～1928 年）、磯兼友雄（1924～1927 年）、磯兼綾子（1924～1943 年）、磯兼富貴子（1924～1928 年）、脅本仁市（1924～1928 年）等 6 人為廣島縣人，〔註137〕可見內台通運合資為愛媛閥、廣島閥共同掌控的企業。

七、福井閥與西村商會

　　西村商會為日治時期台北著名的雜貨商，該企業的創始人為第一代西村武士郎，出身自福井縣人，其養嗣子第二代西村武士郎，則為福井縣人豬坂吉太郎之次子。西村商會在西村武士郎養父子兩代的經營下，業務蒸蒸日上，1938 年，終於改組成資本額 30 萬圓的株式會社。〔註138〕

　　西村商會由於第二代西村武士郎的養父、生父皆為福井縣人，故其大量啟用福井縣族人、鄉親，逐漸將西村商會改造成鄉土閥企業，在曾任西村商

〔註136〕第一代明比實平、第二代明比實平之詳細事跡，請參見第壹章第一節。
〔註137〕另外 9 名社員，大西政市（1927～1937 年）、大西義行（1940～1942 年）等
　　　　2 人為香川縣人，佐佐木值（1924～1928 年）、小股平吉（1924～1928 年）
　　　　等 2 人為大分縣人，今井一（1934～1940 年）為山口縣人，大石政一（1924
　　　　～1926 年）、千葉鶴子（1924～1927 年）、田中義雄（1924～1927 年）、白上
　　　　淺次（1926～1927 年）、廣瀨文次郎（1924～1927 年）等 5 人籍貫不詳。
〔註138〕第一代西村武士郎、第二代西村武士郎之詳細事跡，請參見第壹章第一節。

會株式會社董、監事的 6 人中，即有：董事長第二代西村武士郎、專務董事猪坂利夫、常務董事野坂新太郎、監事吉川榮次郎等 4 人爲福井縣人，〔註139〕另外，西村商會的店員，亦頗多出身福井縣者，故西村商會堪稱係由福井閥所支配的公司。

八、愛媛閥、關西閥與辻本商事

辻本商事設立於 1925 年，其創始人爲山下汽船台灣支店長辻本正春，該公司堪稱山下汽船的關係企業，經營運送煤炭、木材、肥料、米穀業務。辻本正春雖出身自兵庫縣，但卻能活用老東家——山下汽船之愛媛閥力量，不僅對其經營

本商事有所裨益，亦有助其能攀搭上愛媛縣人、台電董事長松木幹一郎，進而創設台灣瓦斯，擔任該公司的專務董事、董事長。再者，辻本正春亦藉兵庫縣的關係，得以聯絡大同鄉、京都人、台地崛興第一財閥後宮信太郎，並處處仿傚後宮，致後宮亦視正春爲嫡系，有助於正春事業的發展。

辻本正春，1892 年生，兵庫縣人。1915 年，神戶高商畢業後，即在隔年進入山下汽船任職。1918 年，渡台發展，獲山下汽船首任台灣支店長內藤正太郎指導。〔註140〕1925 年，內藤正太郎專任山下汽船常務董事，所留遺缺由辻本正春繼任。同年，正春又創立資本額 10 萬圓的辻本商事，並擔任董事長。

1929 年底，爲正春事業的轉捩點，斯時，民政黨的台灣總督石塚英藏，爲驅逐政友會的台電董事長遠藤達，乃拔擢曾任山下汽船監事、副董事長的松木幹一郎，擔任台電董事長（詳見第肆章第一節）。擅長交際的辻本正春，〔註141〕乃向山下汽船董事長山下龜三郎、常務董事白城定一求助，山下、白城既是松木幹一郎的老東家、同僚，又爲愛媛縣同鄉，於是，正春藉著山下汽船、愛媛閥的雙重關係，獲得松木幹一郎的信賴，並且交從過密，正春乃獲得運銷撫順煤炭給台電的商機，獲致巨利，因而發跡。

〔註139〕參見千草默仙編，《會社銀行商工業者名鑑》昭和 15 年版（台北：圖南協會，1940 年），頁 291，只有常務董事宮本孝、監事越智次太郎非福井縣人。

〔註140〕《台灣實業界》昭和 4 年 4 月號。

〔註141〕《台灣實業界》昭和 13 年 4 月號，辻本正春好酒及美女，高爾夫球、撞球、交際舞樣樣精通。

　　正春持續關注煤炭的利益，1932 年，其又投資台灣炭業（資本額 100 萬圓），並在次年獲推爲該公司的董事。然此時，正春亦將目光移至瓦斯此一新興事業，其以台電毋需耗費半文，僅以設備即能抵充 35 萬圓爲誘，游說松木幹一郎修改台電定款，將瓦斯納入營業範圍。〔註 142〕1934 年，籌畫近三年、資本額 100 萬圓的台灣瓦斯終於成立，正春領頭推戴大同鄉、京都人後宮信太郎爲董事長，後宮投桃抱李，亦指派正春爲專務董事。〔註 143〕

　　正春頗爲崇拜後宮信太郎，處處師法後宮，後宮以金瓜石礦山致富，1936 年，辻本正春亦投資台灣產金，經營台北州、花蓮港的淘金事業，欲變成「金山王」後宮信太郎第二，〔註 144〕此時，外界實已將正春視爲後宮之嫡系。1938 年，後宮信太郎辭卸台灣瓦斯董事長，並將董事長之位傳給辻本正春。〔註 145〕

　　再看正春經營的辻本商事，亦有借助愛媛閥、關西閥的影子。在可考知籍貫的辻本商事（1935 年，更名爲台灣產業）11 名董、監事中，〔註 146〕非愛媛縣、關西人，僅有：井上忠之助（山形縣人，1926～1943 年任董事）、三卷俊夫（山口縣人，1927～1928 年任監事）、木村泰治（秋田縣人，1935～1938年任監事）、松本晃吉（高知縣人，1941～1943 年任董事）等 4 人。

　　出身愛媛縣者，則有：兵頭忠市（1927～1931 年擔任董事兼基隆支店長）、越智眞澄（1928～1931 年任技師、1932～1934 年任董事、1935 年任專務董事）、吉見將雄（1932～1935 年任監事、1936～1943 年任董事兼經理）、吉住喜市（1928～1938 年任高雄支店社員、1939～1940 年任監事、1941～1943 年任高雄出張所長）等 4 人。出身關西者，亦有：辻本正春（兵庫人或奈良縣人，1925～1943 年任董事長）、杉本三郎（大阪人，1941～1943 年任監事）、三好正雄（京都人，1941～1943 年任監事）等 3 人。再者，正春也奉戴京都人後宮信太郎爲最高顧問，亦爲辻本商事內關西閥加分。此外，

〔註 142〕《台灣實業界》昭和 9 年 3 月號。
〔註 143〕《台灣實業界》昭和 9 年 6 月號，其他重役爲：第二專務董事米花伊太郎（台電代表），董事：畠山敏行（台電代表）、木村泰治、越智寅一、林獻堂等。監事：中辻喜次郎、坂本素魯哉、顏國年等。
〔註 144〕《台灣實業界》昭和 11 年 9 月號。
〔註 145〕《台灣人士鑑》1943 年版，頁 271；《台灣實業界》昭和 15 年 8 月號、昭和 13 年 4 月號。
〔註 146〕無法考知籍貫的董監事，計有：浦上房夫（1925～1926 年任董事）、菅朝太郎（1925～1926 年任監事）、江尻吉之助（1929～1931 年任董事）等三人。

在可考知籍貫的辻本商事 14 名重要社員之中，出身愛媛縣者，計有：野村俊夫、平山賢吉、安藤泰二等 3 人，出身關西者，亦有目賀田伸（兵庫人）1 人。

綜上可知，辻本正春雖非出身愛媛縣，卻能活用老東家愛媛閥之力，其藉愛媛閥攀搭上台電董事長松木幹一郎，使兩人事業互蒙其利，同時，亦以愛媛閥為中堅幹部，助其經營辻本商事。其次，辻本正春亦善用己身之地緣網絡，其出自兵庫縣，正春將其擴大為關西閥，並藉以親近大資本家後宮信太郎，獲取在台灣瓦斯中的優越地位，再者，正春亦招聘多名關西人，協助其經營辻本商事。此外，正春願意擔任台灣運輸的顧問，亦係念該公司的專務董事杉本三郎，與其有關西閥的同鄉之誼，兼酬謝杉本三郎在 1941 年投資辻本商事，並出任監事的情義。

表 2-3-7：日治時期辻本正春所經營和投資的企業

公司名稱	公司地點	創立年代	登記資本（萬圓）	職　務	個人持股	公司持股	任職年份	備　註
辻本商事（後更名為台灣產業）	基隆	1925	10（1925）100（1941）	董事長	920（1937）		1925～1943	核心企業
台灣瓦斯	台北	1934	100	專務董事（1934）董事長（1938）	1,000（1935）1,300（1938）1,400（1940）2,500（1941）		1934～1943	直系
台灣資源保存	台北	1938	20	董事長			1938～1943	直系
台灣炭業	台北	1920	100	股東（1932）董事（1933）	1,080（1938）		1932～1943	旁系
台灣運輸	大阪	1919	70	顧問			1935	旁系

資料來源：竹本伊一郎，《台灣會社年鑑》（台北：台灣經濟研究會）；千草默仙，《會社銀行商工業者名鑑》（台北：圖南協會）；杉浦和作，《台灣銀行會社錄》（台北：台灣實業興信所）相關各版。

九、靜岡閥與東洋コンクリート

東洋コンクリート（混凝土）的前身為東洋コンクリート工業，該社為酒井祐之助、秋山眞澄等人，籌資 50 萬圓，在 1917 年創立於東京市。該社初僅在台北設有支店，同時，亦非典型的鄉土閥企業，但自 1924 年靜岡人金原舜二入社擔任監事後，靜岡閥勢力即漸在東洋コンクリート工業形成。

1925 年，該社由於業務不振，原任專務董事酒井祐之助下台，由秋山眞澄繼任董事長，秋山改派東京人前田治吉為台北支店長。但同年 9 月，金原舜二卻與前田治吉合作，獨立創設資本額 10 萬圓的東洋コンクリート。新公司由前田治吉擔任專務董事，金原舜二、金原巳一郎、阿部彌三郎、大野健吉擔任董事，金原金二、宮田浪擔任監事。在此 7 人中，僅前田治吉、大野健吉 2 人非靜岡人，其餘 5 人皆出自於靜岡縣，鄉土閥似已支配東洋コンクリート的發展。

然金原舜二等人的力量並不雄厚，故靜岡閥在東洋コンクリート的勢力尚不夠穩固，直至飯田清 1927 年入社擔任監事、1930 年升任董事長後，東洋コンクリート始發展成典型的鄉土閥企業。

飯田清，為在台發跡之木材業鉅子。其 1884 年生，靜岡縣濱名郡人。1907 年，靜岡縣人鈴木信一等創立合資會社天龍木材商會，飯田清應聘入社任職。1913 年，以台北支店長之身份，渡台發展業務。1920 年，合資會社天龍材木商會，變更為資本額 75 萬元的株式會社天龍商會，飯田清仍任台北支店長。1921 年，飯田清以在台成績優良，被推選為董事兼台北支店長。1923 年，飯田清投資合資台灣木材共同販賣所 3 萬圓，1926 年，再投資合資台灣丸太（圓木）共同購買所 7.2 萬圓，至此，飯田清已成為台灣著名的木材商人。

1927 年起，飯田清逐漸跨足木材業以外之事業，其投資東洋コンクリート、東光油脂工業（資本額 50 萬圓），並獲任兩家公司之監事。1930 年，飯田清事業獲重大突破，其繼櫻井貞次郎之後，被推為合資台灣丸太共同購買所的代表社員，同時，亦獲東洋コンクリート選為董事長。

1936 年，飯田清創立合資天龍運輸社（資本額 0.5 萬圓），擔任代表社員；再者，投資東光興業（資本額 60 萬圓），獲選為董事。1938 年，飯田清又創設合資天張協榮（資本額 3 萬圓），擔任代表董事。1941 年，投資資本額

300 萬圓的南邦林業，並被選爲監事（參見表 2-3-8）。〔註 147〕

　　飯田清崛起於天龍木材商會，該社之董、監事幾全爲靜岡人，爲示該社爲靜岡閥之企業，乃特以靜岡縣名河天龍川爲社名，一見「天龍」二字即令人聯想起靜岡縣。〔註 148〕飯田清既發跡於鄉土意識濃厚的天龍木材商會，故亦特別熱衷靜岡縣的相關事務，其不僅主動組織「靜岡縣人會」，擔任會長，〔註 149〕並將會址設於天龍木材台北支店。

　　在強烈的鄉土意識作祟下，當鄉人金原舜二向飯田清求援時，其即毫不猶豫伸出援手，以維持靜岡閥高度壟斷東洋コンクリート董監事之情況。故東洋コンクリート自 1925 年創立起，該社的董監事、台北本店主任即多由靜岡縣人擔任，這至少包括：金原舜二（1925～1943 年擔任董事，1928 年曾短暫擔任董事長）、金原巳一郎（1925～1928 年擔任董事）、金原巳三郎（1929年擔任董事）、阿部彌三郎（1925～1929 年擔任董事）、宮田浪（1925～1937年擔任監事）、金原金二（1925～1929 年擔任監事）、金原善二（1940～1942年擔任監事）、飯田清（1927～1929 年擔任監事，1930～1943 年擔任董事長）、台北本店主任稻垣次男等 9 人。

　　而非靜岡縣或籍貫不詳者，能擔任東洋コンクリート董、監事者，只有：東京人前田治吉（1925～1930 年擔任專務董事）、大野健吉（1925～1927 年擔任董事）、森山謙之助（1932～1940 年擔任董事）、成瀨鹿次郎（1940～1943年擔任監事）等 4 人。

〔註 147〕飯田清之生平，係綜參：內藤素生，《南國之人士》（台北：台灣人物社，1922年），頁 14；大園市藏，《台灣人事態勢と事業界》（台北：新時代社台灣支社，1942 年），頁 143；《台灣人士鑑》1937 年版（台北：台灣新報社），頁11；《台灣人士鑑》1943 年版（台北：興南新聞社），頁 21 等資料寫成。此外，飯清田還擔任諸多公職，包括：下崁公會會長（1922 年起）、台北州方面委員（1923 年起）、台北市協議會員（1928 年起）、工材信用組合監事（1928年起）、台北教化聯合會城西教化區第六區區長（1933 年起）、台北市會議員（1935 年起）、台北木材組合組合長、台灣材友會常務理事等。

〔註 148〕橋本白水，《台灣統治と其功勞者》（台北：南國出版協會，1930 年），頁 76。

〔註 149〕《台灣人士鑑》1943 年版（台北：興南新聞社），頁 21。

表 2-3-8：日治時期飯田清所經營和投資的事業

公司名稱	公司地點	創立年代	登記資本（萬圓）	職　務	個人持股	公司持股	任職年份	備　註
天龍木材商會	靜岡	1910	75（1921）150（1923）	董事兼台灣支店長（1921）常務董事兼台灣支店長（1939）	325（1923）348（1932）368（1934）418（1937）		1910～1943	核心事業
合資台灣丸太（圓木）共同購買所	嘉義	1926	60	出資社員（1926）代表社員（1930）	7.2 萬圓		1926～1932	旁系轉直系
東洋コンクリート	台北	1925	10	監事（1927）董事長（1930）	500（1932）		1927～1943	旁系轉直系
合資天龍運輸社	台北	1936	0.5	代表者			1936～1943	直系
合資天張協榮	台北	1938	3	代表者			1938～1943	直系
東光興業	台市	1936	60	董事			1936～1943	旁系
東光會社	台北	1925	50	監事	240（1932）		1927～1943	旁系
南邦林業	台北	1941	300	監事			1941～1943	旁系
合資台灣木材共同販賣所	嘉義	1916	19.2（1918）60（1923）66.6（1930）	出資社員	3～4 萬圓		1923～1932	旁系

資料來源：竹本伊一郎，《台灣會社年鑑》（台北：台灣經濟研究會）；千草默仙，《會社銀行商工業者名鑑》（台北：圖南協會）；杉浦和作，《台灣銀行會社錄》（台北：台灣實業興信所）相關各版。

十、福岡閥與台灣製鹽、日本興業

　　日人治台之初，原對製鹽業採取放任政策，但鹽業日益衰敗，故自 1899 年後改行專賣制度。〔註150〕1919 年，台灣總督府爲擴張台南鹽田，增加製鹽

〔註150〕林進發，《台灣發達史》（台北：民眾公論社，1936 年），頁 93。

量，又慫恿林本源家族與台南士紳富地近思、越智寅一、佐佐木紀綱、黃欣等人合作，共同設立資本額 250 萬圓的台灣製鹽。〔註 151〕

　　台灣總督府在台鹽創設的過程中，雖未費分文，但因鹽屬於專賣品，故對台鹽的人事亦擁有至高無上的發言權。〔註 152〕斯時，台灣總督爲出身政友會的田健治郎，故乃選任同屬政友會的眾議院議員、在台南開業的律師津田毅一（1868～1937）爲台鹽的首任董事長。〔註 153〕再者，由於林本源家族爲台鹽的最大股東（參見表 2-3-9），故亦由林熊徵指定家族財務顧問中山秀之擔任專務董事。〔註 154〕

表 2-3-9：1923 年時台灣製鹽十大股東持股的概況

排名	大股東	持股數	備　　註	排名	大股東	持股數	備　註
1	大永興業	8,310	林熊徵家族	6	樋口典常	2,000	福岡人
2	中山秀之	2,880	林熊徵家族支持	7	麻生商店（麻生太吉）	1,000	福岡人
3	堀三太郎	2,650	福岡人	8	野坂寬治	1,000	
4	建昌興業	2,215	李春生家族	9	辰馬商會台北支店	1,000	
5	藤瀨政次郎	2,000		10	盛進商行	965	

資料來源：杉浦和作編，《台灣會社銀行錄》（台北：台灣實業興信所，1923 年），頁 281。

　　津田自任台鹽董事長後，雖聲望日隆，甚至享有「南台灣民間總督」的美譽〔註 155〕，但一次大戰後的景氣蕭條亦日益深重，致台鹽陷入經營困難，

〔註 151〕《台灣銀行四十年誌》（台北：台灣銀行，1939 年），頁 180～181。
〔註 152〕《台灣實業界》昭和 4 年 12 月。
〔註 153〕林肇，《伸び行く台灣》（台北：經政春秋社台灣支社，1936 年），頁 273。津田，千葉縣人，1890 年東京專門學校法律科畢業（早稻田大學前身），1899年入台，曾任台南、台中、台北地方法院的檢察官，1906 年，轉入行政職，又歷任桃園、台南、嘉義三地的廳長。1916 年，辭官返日，次年，在家鄉千葉縣當選眾議院議員。1919 年，再度入台，在台南任開業律師。1920、21年，相繼被選爲台南州協議會員、台灣總督府評議員，1931 年，又被推爲台南辯護士會長。
〔註 154〕根據《最近の南部台灣》（台南：台灣大觀社，1923 年），附錄頁 14。中山秀之，大分縣人，1898 年，東京帝大德法科畢業，1900 年，進入三井銀行任職，後轉任三井物產札幌出張所所長。1910 年渡台，次年，任總督府殖產局囑託。1916 年辭官，轉任林本源第一房顧問。1922 年，被選爲台南州協議會員。
〔註 155〕田中一二，《台灣の新人舊人》（台北：台灣通信社，1928 年），頁 486。

負債六十餘萬。〔註 156〕1927 年，憲政會的上山滿之進總督，終將政友會的津田毅一剷除，〔註 157〕改由後藤文夫總務長官力薦的前台南市尹荒卷鐵之助（1865～1934）〔註 158〕，繼任台鹽董事長。〔註 159〕荒卷在走馬上任的同時，亦啓用舊屬兼福岡同鄉的大津山周造擔任經理，整頓財務。〔註 160〕

　　福岡人在荒卷出任董事長前，已是台鹽重要的投資者，十大股東內即有：董事樋口典常〔註 161〕、監事堀三太郎、麻生太吉等三人出身福岡，自荒卷獲推爲董事長、大津山周造出任經理後，福岡人又取得台鹽的經營權，至此，福岡閥在台鹽內乃逐漸形成。

　　1934 年初，荒卷以年老多病，欲辭台鹽董事長之職，遂引發各路人馬的覬覦。董事中辻喜次郎開始大量收購台鹽股票，〔註 162〕掌握近二萬股的股票，隨時伺機而動。10 月，荒卷去世，各方角逐益烈，首先，前文部省政務次官床次竹二郎力拱嫡系人馬東鄉實，爭取台鹽董事長之位，東鄉實甚至拜會同屬政友會的台鹽大股東樋口典常，尋求支持。其次，前台南州知事、後藤文夫內相的同學橫光吉規，亦來自薦。但關說最力的則是：多位東京政要聯名向台灣總督中川健藏推薦前新竹州知事豬股松之助（前台灣製腦董事長三村三平女婿），繼任台鹽董事長。〔註 163〕中川總督不得已乃託台鹽監事後宮信太郎，與專賣局長田端幸三郎會商，田端爲免開罪各方，以節省台鹽董

〔註 156〕大園市藏，《台灣產業の批判》第壹卷（福岡：台灣產業の批判社，1927 年），頁 289。

〔註 157〕《台灣實業界》昭和 4 年 12 月。

〔註 158〕根據《台灣人士鑑》1934 年版（台北：台灣新民報社，1934 年），頁 2。荒卷鐵之助，1865 年生，福岡士族，1896 年渡台，歷任台南廳警視、警務課長、宜蘭廳長、台南市尹。曾得伊澤總督的信賴，1927 年，就任台灣製鹽董事長、並任總督府評議員。

〔註 159〕田中一二，《台灣の新人舊人》（台北：台灣通信社，1928 年），頁 488。

〔註 160〕根據大園市藏，《台灣の中心人物》（台北：日本植民地批判社，1935 年），頁 17。大津山周造，1876 年生，福岡縣人，1901 年入台，歷任澎湖廳屬、恒春廳屬、鳳山廳屬、桃園廳屬，1913 年，任總督府屬，1919 年，升任台北廳事務官、財務課長。1920 年，再升任總督府理事官，後轉任台南市稅務課長，1926 年辭官。

〔註 161〕根據林進發，《台灣官紳年鑑》（台北：民眾公論社，1932 年），頁 238。樋口典常，福岡八女郡人，中央大學畢業。曾當選三屆代議士，1932 年，更任政友會福岡縣支部幹事長。曾在新竹山區創立農林會社，自任董事長。

〔註 162〕《台灣實業界》昭和 9 年 3 月。

〔註 163〕《台灣實業界》昭和 11 年 9 月，言：豬股謀取台鹽董事長不成後，轉入台灣青果擔任常務董事。

事長一年一萬圓薪俸爲名，主張由台鹽董事堀三太郎或樋口典常內升董事長。〔註164〕此時，田端專賣局長雖向中川總督提報由堀或樋口二人擇一擔任董事長，但樋口屬政友會，中川總督則爲民政黨，故樋口實已被淘汰出局，中川總督囑意的人選就是堀三太郎。

堀三太郎要繼任台鹽董事長，尚有一問題有待克服，即必須勸服中辻喜次郎退讓。如前所述，中辻喜次郎已掌握了近兩萬股的台鹽股票，而堀三太郎卻只控制一萬五千股的股票（參見表 2-3-10），中辻若欲硬取，勝負難料。就在此時，台鹽內部的福岡閥發揮了相當大的力量，由於中辻以好用正統的盛進商行幹部出名，若由中辻繼任台鹽董事長，中辻勢必以盛進商行系統人員取代福岡閥，〔註165〕故福岡閥忐忑不安乃表態全力支持堀三太郎擔任董事長，在此情勢下，中辻只有退讓一途。最後，台灣總督府發表人事，以堀三太郎爲台鹽多年大股東，並曾在內地專賣局任職，故由其接任台鹽董事長。〔註166〕

表 2-3-10：1932 年台灣製鹽內福岡閥持股的概況

公司大股東排行	福岡人股東	股　票	備　　　　註
第 2 名	堀三太郎	5,800	堀三太郎＋堀礦業
第 3 名	荒卷鐵之助	4,410	
第 6 名	樋口典常	2,000	
第 11 名	麻生太吉	1,000	
第 14 名	大津山周造	770	
總　　　　計		13,980	

資料來源：《台灣株式年鑑》（台北：台灣經濟研究會，1932 年），頁 189。
說　　明：此時台鹽資本額 250 萬，共股票發行 5 萬股。

1936、1937 年之際，日本新興財閥開始向台灣伸展勢力，鹽爲是化學工業的重要原料，故日本曹達（蘇打）對台鹽產生高度的興趣。〔註167〕加上，

〔註164〕《台灣實業界》昭和 9 年 11 月。
〔註165〕《台灣實業界》昭和 9 年 3 月。
〔註166〕《台灣實業界》昭和 9 年 11 月。
〔註167〕《台灣實業界》昭和 12 年 12 月，日曹領導人中野友禮，曾爲民政黨的國會議員，其在一次大戰後，以旭玻璃爲基地，向事業界進軍，至 1937 年時，日曹已成爲擁有 24 家子公司的大財閥，以化學工業爲中心，廣及礦業、製鋼、製煉、石油、人造絲、火藥、煤、內燃機、電力、製鹽等業，總資本額高達二億數千萬圓。

日本曹達董事長中野友禮長期在九州任職，不僅與福岡出身的台鹽董事長堀三太郎熟識，亦與堀的舊識、長期住在福岡的台拓董事長加藤恭平頗爲好友，是故，台鹽內部的福岡閥對日曹的中野友禮較能接受。恰好前述競爭失利的中辻喜次郎，已對台鹽董事長之位絕望，準備抛售台鹽股票，中野乃利用機會收購中辻的持股（參見表 2-3-11），奪取台鹽的經營權。〔註 168〕1937 年 6 月，台鹽改組，由日曹的中野友禮獲得董事長之位，並由出澤鬼久太取代大津山周造擔任經理。〔註 169〕而福岡閥退出台鹽後，亦未消滅，在堀三太郎、大津山周造、樋口常彌等人的領導下，另創資本額 50 萬圓的日本興業，轉入製粉、製糖業。〔註 170〕

表 2-3-11：1937 年 6 月台灣製鹽十大股東持股的概況

持股排行	股東姓名	持股數	持股排行	股東姓名	持股數
1	日本曹達	24,465	6	荒卷とし	1,155
2	中辻喜次郎	2,450	7	中野友禮	1,100
3	三井合名	2,000	8	中辻正清	1,065
4	堀三太郎	1,300	9	越智寅一	1,000
5	台鹽俱樂部	1,200	10	麻生商店	1,000

資料來源：竹本伊一郎，《台灣會社年鑑》昭和 13 年版（台北：台灣經濟研究會，1937 年），頁 375。

在日曹掌握下的台鹽，不僅在 1938 年與大日本鹽業〔註 171〕、台灣拓殖共同籌資設立資本額 1,000 萬圓的南日本鹽業（參見表 2-3-12）〔註 172〕，亦

〔註 168〕《台灣實業界》昭和 12 年 1 月、12 月。
〔註 169〕根據《台灣人士鑑》1943 年版（台北：興南新聞社），頁 274。出澤鬼久太，1888 年生，1911 年，東洋協會專門學校畢業。1912 年起，歷任總督府專賣局書記、專賣局花蓮港支局長、府屬、專賣局副參事、台南支局長、台中支局長。1937 年，退官轉任台鹽董事兼經理，1942 年，升任專務董事，並兼任南日本鹽業董事、南日本化學工業董事等職。
〔註 170〕千草默仙編，《台灣會社銀行名鑑》昭和 12 年版（台北：圖南協會，1938 年），頁 333～334。
〔註 171〕《台灣實業界》昭和 13 年 7 月，大日本鹽業董事長爲一宮銀生，其兄爲正金銀行副董事長一宮鈴太郎，銀生原爲東洋冷藏董事長，將東洋冷藏轉虧爲盈後，應中野友禮邀請轉任大日本鹽業專務董事，後升任董事長，南日本鹽業創立後，再兼任南日本鹽業董事長。
〔註 172〕《台灣實業界》昭和 13 年 4 月。南日本鹽業董事會長爲中野友禮，董事長爲

在 1941 年將台灣製鹽增資爲 500 萬圓。台灣製鹽與大日本鹽業、南日本鹽業三家公司皆爲日曹集團旗下的一員，這三家製鹽公司寡占了台灣的鹽田、製鹽與銷售。

表 2-3-12：1938 年南日本鹽業大股東持股的概況

持股排行	大股東	持股數
1	大日本鹽業	98,600
2	台灣拓殖	59,700
3	台灣製鹽	39,500

資料來源：竹本伊一郎，《台灣會社年鑑》昭和 18 年版（台北：台灣經濟研究會，1942 年），頁 139。

十一、廣島閥與柏原運送部、山ヨ運送

　　合資柏原運送部、山ヨ運送株式會社爲基隆運輸業的要角，曾盛極一時，兩家公司都是廣島縣人柏原米太郎所創立的鄉土閥企業。柏原米太郎（1867～1935 年），廣島縣御調郡人。1900 年渡台，從事船舶運輸業。1902 年，成爲基隆田中組金瓜石礦山長仁坑的專屬運送店，[註 173] 柏原亦因賴此逐漸發跡。1918 年，投資台灣製筵（資本額 5 萬圓），獲推爲監事。1919 年，柏原已擁有船舶 35 艘，倉庫 850 坪，並爲鐵道部、大阪商船、日本郵船的專屬運送店。[註 174] 再者，本年柏原亦投資基隆岡崎造船鐵工所（資本額 50 萬圓）、員林果物（資本額 10 萬）兩家公司，並分別獲任專務董事、監事。1920 年，柏原與陳尪、藤田伊奈介、小松利三郎等人，共同創立資本額 60 萬圓的台灣海陸物產，並獲推爲副董事長。[註 175] 1925 年，柏原又創設資本額 10 萬圓的合資柏原運送部，並自任代表社員。1931 年，柏原再設立資本額 10 萬圓的山ヨ運送株式會社，並擔任代表董事。[註 176]

　　一宮銀生，專務董事則爲柳悅耳。
[註 173] 岩崎潔治，《台灣實業家名鑑》（台北：1912 年），頁 36。
[註 174] 上村健堂，《台灣事業界と中心人物》（台北：台灣案内社，1919 年），頁 203。
[註 175] 佐佐英彥，《台灣銀行會社要錄》（台北：台灣興信所，1920 年）。
[註 176] 橋本白水，《台灣統治と其功勞者》（台北：南國出版協會，1930 年），頁 130。

　　合資柏原運送部、山ョ運送株式會社兩社亦是鄉土閥之典型企業，在曾任兩家公司董監事、出資社員的 14 人中，出身廣島縣者，計有：柏原米太郎（1925～1933 年任柏原運送部代表社員；1931～1935 年任山ョ運送代表董事）、柏原初太郎（1925～1933 年任柏原運送部出資社員；1931～1935 年任山ョ運送董事）、柏原忠一（1925～1933 年任柏原運送部出資社員）、柏原鹿松（1925～1933 年任柏原運送部出資社員）、峰松勝千代（1925～1933 年任柏原運送部出資社員）、池見常市（1931～1935 年任山ョ運送經理）等 7 人。

　　合資柏原運送部、山ョ運送株式會社的營運，在柏原米太郎的晚年，即因鄉土閥過份狹礙，出現資金不繼的問題，故在 1931 年將合資組織的柏原運送部改組爲株式會社的山ョ運送，企圖擴大資金來源，然山ョ運送仍侷限於地域主義，無法突破，情勢岌岌可危，故當 1935 年柏原米太郎去世，山ョ運送即爲岡山縣人本地才一郎所收購，並改組爲丸一組，廣島閥控制山ョ運送之局，亦因此告終。

小　結

　　美籍日裔學者法蘭西斯・福山在其名著《信任──社會德性與繁榮的創造》一書中，討論韓國五種可以超越狹隘家族主義的社交集會橋樑時，曾言韓國第二種橋樑爲地域觀念，並言中國亦有濃厚的地域觀念，然而福山卻說這種地域觀念在日本難以見到，〔註177〕可見在日本較少以地域觀念作爲社交集會的橋樑。但這在殖民地時期的台灣卻不適用，日治時期隨處可見日人在台企業菁英藉同府縣關係建構網絡，藉以壟斷人事升遷，或返鄉吸納資金、招募人才，進而建立了許多鄉土閥所支配的企業。

　　本章一共討論了 15 個鄉土閥企業，由這 15 個企業可知：日人在台企業菁英普遍皆知運用地緣網絡，作爲發展事業的助力。就資本規模言，大從資本額 480 萬、250 萬圓的彰化銀行、台灣製鹽，中到 100 萬圓的盛進商行、高進商會、櫻井組、台灣運輸、近藤商會、台灣辰馬商會、辻本商事，小至資本額 10 萬～2.5 萬圓的山ョ運送、東洋コンクリート（混凝土）、近江商事、

〔註177〕法蘭西斯・福山著，李宛蓉譯，《信任──社會德性與繁榮的創造》（台北：立緒出版社，2004 年），頁 174。

內台通運皆有，惟以資本額 100 萬圓的中型商事企業最需要利用地緣網絡，在 15 家中即佔 7 家。就產業性質言，遍及運輸、售酒、雜貨、採礦、建材、金融、雜工業等，惟人力需求較多者，如：運輸、售酒、雜貨等業特別喜用地緣網絡，在 15 家即佔 9 家之多。就原鄉分布言，從東北的秋田縣，到九州的福岡縣皆有，惟較密集於關西的京都、大阪、兵庫及四國高知、愛媛、德島、香川等四縣。

其次，從這 15 個鄉土閥企業，分析日人在台企業菁英運用地緣網絡的目的主要有二：一為藉以壟斷人事升遷，進而將某一企業改造為鄉土閥所支配的企業，一為賴以返鄉籌措資金、尋覓人才，用以壯大企業的發展。

就前者言，可以彰銀、台鹽為代表。彰銀的坂本素魯哉，原僅任經理，其後陸續援引了至少二十餘位高知縣同鄉，進入彰銀擔任副支店長以上的職務，在彰銀建構出堅強的高知閥，並逐漸壟斷彰銀的經營權。接著，坂本又以彰銀為大本營，擴張事業版圖，至少在台灣中部設立 15 家企業，在台中建立起坂本閥，成為中台灣日人企業家之首。台鹽亦同，福岡人樋口典常、堀三太郎、麻生太吉等人，原僅為台鹽的大股東，但自 1927 年上山滿之進總督任命福岡人、台南市尹荒卷鐵之助，擔任台鹽董事長後，福岡閥即在台鹽內逐漸形成。荒卷以其僚屬、亦是福岡人的大津山周造擔任經理，從此，台鹽的經營權亦落入福岡人手中，台鹽被改造為福岡閥所壟斷的企業，故即使 1934 年荒卷去世，福岡閥的力量依舊強大，仍由福岡人堀三太郎繼任董事長，直到 1937 年日本曹達（蘇打）入主台鹽，福岡閥始漸退出台鹽。然儘管退出，這批福岡人很快又另起爐灶，創造資本額 50 萬圓的日本興業，轉往製粉、製糖業發展。

就後者言，可以盛進商行、高進商行、菊元商行三大商業財閥為代表。這三個企業的領導人，在事業初成時，即返鄉籌措資本、招募人才，用以茁壯企業，故在這三個企業內皆建構出強大的鄉土閥。以盛進商行、盛進商事言，中辻喜次郎、藤川類藏至少啓用了 31 位來自富山、德島、香川三縣的鄉親擔任領導幹部；在高進商會、菊元商行中，高橋由義父子、重田榮治所任命的董、監事，亦全為千葉縣、山口縣的鄉親，可見三個企業皆喜以同鄉者來承擔經營重任。

再者，由這 15 個鄉土閥企業，分析其運用地緣網絡的方式，亦有種種差異，其中有四種頗富意義，即：一、高舉家鄉地名、河名，用以號召鄉人者，

例如：運輸界巨頭、大阪人杉本音吉，其初創的公司即名爲大阪組；再如：木材界鉅子、靜岡人飯田清，他設立天龍運輸社，即以故鄉名河天龍川爲名。二、藉通婚將姻親的鄉黨力量引入者，例如：基隆運輸界要人、愛媛人明比實平（第二代），其與廣島人磯兼家聯姻，故其企業——內台通運即是結合兩地的資金而創立。三、兼用養父、生父的地緣網絡者，例如：台北雜貨界名商第二代西村武士郎，其養父第一代西村武士郎與生父豬坂吉太郎，爲福井縣鄉親，故豬坂吉太郎乃將其過繼給西村家，其後，第二代西村武士郎將家族企業，擴大改組爲股份公司西村商會時，即是集合生父家、養父家兩邊鄉親的資本而成。四、借用他人的地緣網絡，例如：辻本正春原在山下汽船任職，山下汽船爲愛媛閥所經營的企業，1929 年，曾在山下汽船任職的愛媛人松木幹一郎，被任命爲台電董事長，辻本正春乃向老東家山下汽船董事長山下龜三郎求助，藉愛媛閥攀上松木幹一郎，並與之交從甚密，進而取得運銷撫順煤炭給台電的機會，獲利巨萬。

藉地緣網絡既可獲得更多的信任，故企業領導人在尋覓繼承人或經理時，亦常喜用同鄉之人，例如：高進商會董事長高橋由義，挑選高橋豬之助爲婿養子，即因高橋豬之助爲千葉高商的英才，同樣地，高橋豬之助膝下無男嗣，亦擇千葉縣人、基隆稅關長橫光尙秀爲繼承人。又如：菊元商行董事長重田榮治，在尋覓經營左右手時，即選擇山口高商畢業的三浦正夫爲經理。另外，企業瀕臨破產時，亦較願意邀請鄉親接手，例如：1927 年，東洋コンクリート（混凝土）資金不足，該社董事金原舜二乃向靜岡縣同鄉飯田清求援，而飯田清亦毫不猶豫伸出援手投資該社，並在 1930 年接手，擔任董事長。

當然地緣網絡並非萬靈丹，其亦有過份狹隘之弊，例如：廣島閥壟斷下的柏原運送部，即因此業務不振，導致失敗。是故，盛進商行、高進商會、菊元商行、櫻井組等企業集團，皆僅核心企業由鄉土閥支配，其餘關係企業並未全由鄉親壟斷領導階層，爲開拓資金、人才的來源，亦必須與其他府縣人合作，不能陷於地域主義。再如：前述杉本音吉經營「大阪組」，雖業務蒸蒸日上，但當其欲擴大改組時，即必須放棄原鄉之名，改以「台灣運輸」爲名，以吸收其他籍貫者的資金與人才。

此外，地緣網絡之間亦會競爭、角力，例如：台鹽董事長荒卷鐵之助過世後，原支配該企業的福岡閥，抵制大股東、盛進商行的中辻喜次郎擔任台

鹽董事長，即因中辻喜次郎以好用鄉親著稱，其若入主台鹽，必會大量引用富山縣、德島縣、香川縣的鄉親，故福岡閥極力排斥中辻喜次郎擔任台鹽董事長。

　　最後，想討論日人在台企業菁英的認同問題。日人初到台灣，日人菁英在各城市的地緣網絡多僅止於籠統的「內地人組合」，其後逐漸分化爲兩種地緣網絡，一爲向日本內地聯繫的「府縣人會」，二爲向台灣本地生根的「町會」。惟向日本內地連結的府縣人會，似較向台灣本地札根的町會更爲蓬勃，以台北市爲例，在 1932～1937 年，台北市即曾設立 46 個府縣人會（參見表2-0-1），反觀町會，在 1919～1937 年之間，在台北市的 64 個町中，僅曾有 14 個町設立町會（參見表 2-4-1），可見日人在台企業菁英雖已逐漸對台地認同，但對日本原鄉的感情似更強烈。

表 2-4-1：1919～1937 年台北市內日人所設立的町會

編號	町　會　名	會　　址	歷任領導幹部
1	府前會 （後更名爲本町會）	本町二丁目	會　長：小松楠彌、吉鹿善次郎 副會長：川崎寅次郎、福田定次郎
2	府後會	表町一丁目	專任幹事：吉岡德松、杉坂六三郎、鈴木重嶽 常任幹事：松野茂介、葛岡陽吉
			會　長：德丸貞二、鈴木重嶽 副會長：吉岡松德
3	北門會 （後更名爲京和會）	大和町二丁目	會　長：土屋理喜治 副會長：近藤勝次郎、高橋豬之助
			專務理事：近藤勝次郎 專務理事：高橋豬之助 專務理事：小林準一
4	大同會	榮町一丁目	會　長：谷口巖 副會長：村崎長昶
5	西門會	壽町二丁目	會　長：木村匡、三卷俊夫、金子光太郎
6	新起公會	新起町二丁目	公會長：大歲德太郎、笠松好造、大栗巖 副會長：佐藤林吉
7	八甲會	老松町二丁目	會　長：太田重助、谷山愛太郎 副會長：谷山愛太郎、中川善郎
8	若竹町會	若竹町一丁目	會　長：平田藤太郎、園部良治 副會長：有馬彥二

9	城東町	東門町七七	會　長：竹林德松
10	南門公會	佐久間町二丁目	會　長：簀和藤治郎 副會長：田代彥四郎
11	元園町會	元園町二四四	會　長：今道定治郎 副會長：澀谷武次郎
12	下崁公會	新富町五丁目	會　長：飯田清
13	大成會	大正町二丁目	會　長：近藤滿夫
14	兒玉町會	兒玉町	會　長：福田馬吉

資料來源：《台灣民間職員錄》1919～1930 年（台北：台灣文筆社，1919～1930 年）；鈴木常良，《台灣商工便覽》（台中：台灣新聞社，1918 年），頁 16；千草默仙，《台灣商工業者會社銀行名鑑》昭和 7 年、昭和 9 年、昭和 10 年、昭和 12 年（台北：圖南協會，1932、1934、1935、1937 年）各版。

　　這種眷戀原鄉的感情體現出來的是，日人在台企業菁英經常在台灣發跡後，即想重返原鄉，根據《台灣實業界》的報導，彰銀董事長坂本素魯哉雖赤手空拳在台灣發跡，但對故鄉建設的捐款，卻遠遠超過台灣。其他在台創業有成的日人企業領袖，如：日人在台企業菁英巨商後宮信太郎、赤司初太郎等人亦莫不如此，他們皆渴望由「台灣的後宮」、「台灣的赤司」變成「日本的後宮」、「日本的赤司」，所以在他們成為千萬富翁後，都將事業重心移往日本。或許這是因為坂本賴原鄉的地緣網絡崛起，故對原鄉的思慕之情亦始終縈繞難離，當然，這種連帶感亦加強了台、日兩地的聯繫。